ADAC
Reiseführer

Mallorca

von Nana Claudia Nenzel

Intro

Mallorca Impressionen 6

Perle des Mittelmeers –
Trauminsel der Urlauber

Geschichte, Kunst und Kultur im Überblick 12

Von Piraten, Königen und einer
autonomen Inselrepublik

Unterwegs

Palma de Mallorca – Geschichte und Geschichten 18

1 Palma de Mallorca/La Ciutat 18
Das historische Palma mit Kathedrale – Zwischen Llotja und Rambla – Castell de Bellver – Gènova – Pueblo Español – Mit der Bahn nach Sóller

Die Südküste – Platja (Playa) de Palma bis Ses Salines 38

2 El Molinar und Coll d'en Rebassa 38
3 Platja de Palma/S'Arenal (L'Arenal) 39
4 Son Veri, Cap Regana und Cap Blanc 41
Son Veri Nou – Cap Enderrocat
5 Capocorb Vell 41
6 Cala Pi und La Ràpita 42
7 Banys de Sant Joan und Colònia de Sant Jordi 42
8 Ses Salines 44
Cabrera

Der Südosten – von Llucmajor zur Ostküste 47

9 Llucmajor/Lluchmayor 47
10 Campos del Puerto 49
Sant Blai
11 Santanyí/Santañy 50
Santuari de la Consolació
12 Felanitx 51
Santuari Sant Salvador – Castell de Santueri
13 Cales der Südostküste 55
Cala S'Almunia/S'Amonia – Cala Llombarts – Cala Santanyí – Cala Figuera – Cala Mondragó – Portopetro – Cala d'Or – Cala Serena – Sa Nau/Arsenau – Portocolom

Von Palma nach Porreres – Kunst und Tradition 59

14 Algaida und Randa 59
Oratorio de Nuestra Senyora de Gràcia – Santuari de Sant Honorat – Nuestra Senyora de Cura de Randa

15 Montuïri und Porreres 61
Santuari de Monti-Sión – Vilafranca de Bonany – Ermita de Nostra Senyora de Bonany – Els Calderers

Das Landesinnere – Kornkammer Mallorcas 64

16 Sineu 64
Sant Joan

17 Petra 66
Ermita de Nostra Senyora de Bonany

18 Maria de la Salut und Santa Margalida/Sta Margarita 67

19 Muro 68

20 Sa Pobla 68

21 Sencelles 69
Pina – Costitx

Der Nordosten – von Manacor zur Küste 70

22 Manacor 70

23 Portocristo und Son Servera 72
Coves del Drac – Coves dels Hams – Cales südlich von Portocristo – Reserva Africana – Son Servera – Torre de Canyamel – Coves d'Artà

24 Artà 75
Ses Païsses – Ermita de Betlem

25 Capdepera 76

26 Cala Rajada/Ratjada 77
Nördliche Buchten: Cala Agulla, Cala Molto, Cala Mesquida

Der hohe Norden – von Alcúdia bis Pollença 79

27 Badía d'Alcúdia 79
Can Picafort – Cova de Sant Martí – Port d'Alcúdia – Alcúdia – Ermita de la Victoria

28 Port de Pollença und Formentor 83
Cap de Formentor – Mirador de Mal Pas – Cala Pi – Cala Figuera

29 Pollença 85
Castell del Rei – Oratorio Santa Margalida de Crestatx – Campanet – Oratorio Sant Miquel – Coves de Campanet

Der Westen – die Tramuntana von Lluc bis Andratx 89

30 Lluc 89
Südliche Berge – Selva

31 Sa Calobra und Serra de Torrellas 91
Fornalutx

32 Sóller 93
Port de Sóller

33 Deià 97
Küste des Erzherzogs

34 Son Marroig, Miramar und Son Moragues 99

35 Valldemossa 101

36 Port de Valldemossa und Port d'es Canonge 102

37 Banyalbufar 103

38 Estellencs 104

39 Serra d'es Pinotells 105

40 Andratx 105
S'Arracó – Sant Elm – Sa Dragonera – Port d'Andratx

Der Südwesten – die Küste Calviàs 107

41 Santa Ponça 107
Portals Vells

42 Magaluf und Illetes 109
Palma Nova – Portals Nous – Nuestra Senyora de Portals – Porto Pi

Rund um den Puig de Galatzó – luftiges Hochland 111

43 Serra d'es Canyar 111
La Granja – Puigpunyent – Reserva Puig de Galatzó

44 Galilea 113
Capdella

45 Calvià 114

Von Palma nach Bunyola – Gärten voller Wein und Obst 115

46 Santa Maria del Camí 115

47 Consell 116

48 Binissalem 117

49 Inca und Lloseta 118
Ermita de Santa Magdalena

50 Alaró 121
Castell d'Alaró

51 Orient 124

52 Bunyola 125
Roter Blitz und Coll de Sóller – Jardines d'Alfàbia – Raixa

Mallorca Kaleidoskop

Die Juden Mallorcas 26
Ramón Llull: vom Don Juan zum Missionar 30
Ein Name – zwei Schreibweisen? 36
Flora 45
Majórica-Perlen: schöner als die echten? 71
S'Albufera 80
Finca-Land 84
›Die Balearen in Wort und Bild‹ 98
Chopin-Festival 100

Karten und Pläne

Mallorca – Südwesten vordere Umschlagklappe
Mallorca – Nordküste, Centro, Ostküste hintere Umschlagklappe
Palma de Mallorca 22/23
Catedral La Seu 24

Service

Mallorca aktuell A bis Z 129

Vor Reiseantritt 129
Allgemeine Informationen 129
Anreise 130
Bank, Post, Telefon 130
Einkaufen 131
Essen und Trinken 131
Feste und Feiern 132
Klima und Reisezeit 133
Kultur live 133
Nachtleben 133
Sport 134
Statistik 135
Unterkunft 135
Verkehrsmittel im Land 135

Sprachführer 136

Spanisch und Katalanisch für die Reise

Register 140

Bildnachweis 142
Impressum 143
Leserforum 143

Mallorca Impressionen

Perle des Mittelmeers – Trauminsel der Urlauber

Mallorca, die größte der Balearen-Inseln, gehört mit knapp 8 Mio. Besuchern (davon über 3 Mio. Deutsche) jährlich zu den beliebtesten Reisezielen der Welt. Massentourismus und Bauboom haben das Gesicht der reizvollen Insel mancherorts stark verändert. Vor der Silhouette riesiger Hotelanlagen tummeln sich sonnenhungrige Urlauber aus ganz Europa an weitläufigen Badestränden. Doch **La Luminosa**, ›Die Leuchtende‹, wie Mallorca von den Einwohnern genannt wird, hat trotz des Raubbaus an Natur und Umwelt viel von ihrer ursprünglichen Schönheit bewahrt. Im Zeitalter des sanften Tourismus entdecken immer mehr Besucher jenseits der belebten Strände das ›andere Mallorca‹, die Insel der Windmühlen und Fincas mit ihrer reichen Pflanzenwelt, den Wäldern voller Aleppokiefern und Steineichen, den versteckten, fjordartigen Buchten und den beinah alpinen Gebirgszügen.

Weniger bekannt als die Traumstrände und Naturschönheiten Mallorcas sind die bedeutenden Denkmäler seiner bewegten Geschichte. Schon Phönizier, Römer und Araber nutzten die Lage der Insel für Handel und Machtpolitik und hinterließen Zeugnisse ihrer Kultur. Mit der Wiedereroberung Mallorcas 1229 gewann Jaume I., König von Aragón, die Insel endgültig für das Christentum. Er legte auch den Grundstein zu der prächtigen Kathedrale von Palma. Allerorten gibt es auf der Insel Kirchen und Klöster zu entdecken, die dem Besucher einen Blick auf ihre Madonnenstatuen und versteckten Kirchenschätze gewähren. Baukunst aller Stilepochen von maurischer Architektur über Gotik bis zu Jugendstil bietet ebenso Abwechslung von Strand und Sport wie die Vielzahl von Kunstgalerien, in denen mallorquinische Künstler ihre Werke ausstellen.

Sport und Spaß

Der Reiz der Ferieninsel Mallorca wird durch die Vielfalt des Freizeitangebots noch erhöht. Vor allem **Wassersportler** kommen voll auf ihre Kosten. Mallorca ist ein wahres Paradies für Segler und Surfer. Tauchschulen erweitern die Badefreuden durch Ausflüge in die Unterwasserwelt. Von den mehr als 200 Buchten und Stränden ist etwa ein Drittel touristisch erschlossen. Die beliebtesten **Strände** liegen südöstlich der Inselhauptstadt Palma zwischen der Platja de Palma und S'Arenal, südwestlich von Palma bei Ma-

Oben: *Hauptstädtische Gemütlichkeit auf der Plaça Major von Palma de Mallorca*

Unten: *Das hübsche Hafenstädtchen Port de Sóller an der Nordwestküste Mallorcas ist heute ein attraktiver Ferienort*

Links: *Begeisterte Badenixen vor Wellengetümmel – Szene am Torrent de Pareis*

galuf und Peguera, sowie an der Ostküste der Insel um Cala Millor. Mallorcas Küstengewässer gehören zu den saubersten des Mittelmeers. Immerhin erhalten jährlich etwa 30 Strände und zehn Jachthäfen eine der begehrten Blauen Flaggen für gute Infrastruktur und Sauberkeit.

Immer mehr **Wanderer** entdecken die Gebirgszüge Mallorcas, vor allem die Serra de Tramuntana, die zu abwechslungsreichen Bergtouren einlädt. Seit einigen Jahren schließlich überrollen im Frühjahr und Herbst Kolonnen von **Radfahrern** die Insel: Jährlich zählt man an die 75 000 Radwanderer auf Mallorca. Viele Urlauber begeben sich noch lieber im **Leihwagen** auf Entdeckungsfahrt: Im Hochsommer sind inzwischen rund 30 000 (!) Mietfahrzeuge auf den Straßen der Insel unterwegs.

Bevölkerung

Den meisten Reisenden wird zwischen Strandurlaub und Sportabenteuer nur wenig Zeit bleiben, Kontakt mit der mallorquinischen Bevölkerung zu suchen. Diesen zu knüpfen ist außerdem nicht leicht, denn die Mallorquiner sind im Allgemeinen äußerst zurückhaltend und verschlossen. Dies gleichen sie jedoch durch besondere Geschäftstüchtigkeit aus – vielleicht ein Erbe aus der arabischen Vergangenheit der Insel.

Von den etwa 740 000 Einwohnern Mallorcas stammen rund 200 000 aus Andalusien. Sie kamen als ungelernte Arbeitskräfte aus der ›Armenregion‹ Spaniens, um auf der Insel im Tourismussektor zu arbeiten. Obwohl viele Familien hier schon in der zweiten Generation leben, tut Mallorca sich mit der Integration dieser Gastarbeiter noch immer schwer. Nicht nur in den ›besseren Kreisen‹ bleibt man am liebsten unter sich. Die Nachfahren jener spanischen Eroberer, die von Jaume I. das neu gewonnene Land zugeteilt bekommen hatten, stellen bis heute den mallorquinischen Adel dar. Sie besitzen ausgedehnte Ländereien, schöne Gutshöfe und prächtige Stadtpaläste, die sie meist streng unter Verschluss halten.

Oben links: *Jugenstilfassade mit Blattdekor an der Placa del Llotja in Palma*
Unten: *Zitronenzauber – Blick auf das Dorf Biniaraix im Norden unweit von Sóller*
Rechts: *Uralte Olivenbäume in der Tramuntana bei Deià. Über Stock und Stein – Mountainbiker in voller Fahrt. Stelldichein der Segelboote bei Portals Vells an der Westküste*

Nur unter Mühen gelingt es der mallorquinischen Regierung, Land aufzukaufen, um es der Öffentlichkeit zugänglich zu machen. Ebenso schwierig ist es, die Besitzer davon zu überzeugen, wenigstens ihre Patios, die wunderschönen Innenhöfe der Paläste, stundenweise zu öffnen oder durch ein schmiedeeisernes Tor, dessen Einbau subventioniert wird, einsehbar zu machen.

Jung-Millionäre

Die traditionelle Erbteilung auf dem Lande sah vor, dass der älteste Sohn den Hof erhielt. Je jünger die Kinder, desto wertloser war ihr Land, weil es der Küste näher lag und unfruchtbar war. Jene armen Bauern wurden quasi über Nacht zu mehrfachen Millionären, als ihr Land am Meer durch den Tourismus und die damit verbundene Baulandspekulationen einen enormen Wertzuwachs erfuhr. Ihre zuvor so privilegierten älteren Brüder, die Hofbesitzer, gaben sogar zum Teil die Landwirtschaft auf, weil sie an der Küste mit einem eigenen Hotel oder Restaurant leichter gutes Geld verdienen konnten.

Aufgrund dieser Besitzverhältnisse gehören die erfolgreichen Touristenzentren an der mallorquinischen Küste meist den landeinwärts liegenden Gemeinden an. Calvià z. B. ist heute die wohlhabendste Gemeinde (mit dem höchsten Pro-Kopf-Einkommen) Mallorcas und Spaniens überhaupt. Denn zum Gemeindegebiet gehören alle großen Ferienorte von Illetes über Palma Nova, Magaluf, Santa Ponça, Peguera und Andratx bis Sant Elm.

Landschaft

Mallorca liegt als Teil des balearischen Vorgebirges, eines unter dem Meeresspiegel verlaufenden Ausläufers der im Tertiär aufgefalteten Andalusischen Gebirgskette 82 km vor der Küste von Alicante. Die annähernd trapezförmige Insel ist 3640 km^2 groß. Ihre Landschaft ist von starken Gegensätzen geprägt. Die **Tramuntana**, auch Serra del Norte genannt, reicht vom Cap Formentor an der Nordostspitze Mallorcas bis zur Insel Dragonera an der Südwestspitze und weist mehrere Tausender auf. Der höchste dieser Gipfel ist der 1445 m hohe Puig Major nördlich von Sóller. Parallel zur Tramuntana bilden die niedrigeren Gebirgszüge am Meer wildfelsige Buchten: die **Costa Brava Mallorquina**. Südöstlich der Tramuntana breitet sich die große zentrale Llanura del Centro aus, auch einfach **Es Pla**, die Ebene, genannt. Sie ist der Gemüsegarten Mallorcas. Die **Bucht von Palma** (wie die anderen Buchten von Marsch- und Sumpfland geprägt) mit der Inselhauptstadt im Zenit bildet im Westen teils sandige Felsbuchten und im Osten eine fast 10 km lange Folge von Sandstränden. Ihr längster ist die so genannte Platja de Palma von Can Pastilla bis S'Arenal (ca. 6 km). Gegenpole zur Bucht von Palma sind im Nordosten die beiden Schwesterbuchten von Pollença und Alcúdia. Hier breitete sich bis ins 19. Jh. hinein ein malariaverseuchtes Sumpfgebiet aus, die **S'Albufera**. Von den Engländern trockengelegt, bewahrt sie heute als Mallorcas erstes Naturschutzgebiet die ursprüngliche Fauna und Flora der Insel. Vom nordöstlichen Ende der Bucht

von Alcúdia bis etwa in Höhe von Santanyí im Südosten gestalten die **Serranías de Levante** (im Schnitt zwischen 180 und 333 m hoch) fast parallel zur 40 bis 50 km entfernten Tramuntana die Landschaft mit ihren meist tief in den hellen Sandstein eingeschnittenen Buchten. Hier liegen so gnadenlos verbaute Badeorte wie Cala Millor, aber auch so schöne Ferienorte und Fischerhäfen wie Cala Figuera.

Die einzige bedeutende Erhebung aus der Llanura del Centro ist der zwischen Algaida und Llucmajor aufragende Tafelberg von **Randa** (542 m) mit seinen drei Klöstern. Am südlichsten Zipfel der Insel wird es schließlich ganz flach. Diese ins Meer vorgeschobene Zentralebene nutzten schon die Römer zur Salzgewinnung. Ses Salines heißt folgerichtig das Zentrum und die längst stillgelegten Salinen sind heute ein Paradies für die Vogelwelt.

Generell besteht die Insel aus kalkhaltigem Gestein mit z. T. starken Erosionen: Karst mit Aushöhlungen an der Oberfläche oder großartiger Höhlenbildung im Innern. Fünf der mehr als 200 **Tropfsteinhöhlen** Mallorcas sind der Öffentlichkeit zugänglich: Artá, Drac, Campanet, Genova und Hams.

Links oben: *Der Torrent de Pareis ist eine der romantischsten Strandkulissen Mallorcas*
Links unten: *Schlaraffenlandlader – in vielen Lebensmittelgeschäften Mallorcas hängt der Himmel voller Schinken und Würste*
Oben: *Die Fundació Pilar i Joan Miró bei Palma zeigt Werke des bis zu seinem Tod 1983 auf Mallorca ansässigen Meisters der Moderne*
Unten: *Flottes Paar – Vorführung traditioneller Tänze auf dem Landgut La Granja*

Der Reiseführer

Dieser Band stellt Mallorca in elf Kapiteln vor, beginnend in der Hauptstadt Palma de Mallorca. Die **Top Tipps** bieten Empfehlungen zu Hotels, Restaurants, Festen, Märkten, Stränden etc. **Übersichtskarten** und **Pläne** erleichtern die Orientierung. Den einzelnen Besichtigungspunkten sind jeweils **Praktische Hinweise** mit Adressen von Tourismusbüros, mit Hotel- und Restaurantempfehlungen angefügt. **Mallorca A bis Z** bietet Nützliches von Informationen vor Reiseantritt über Einkaufen, Essen und Trinken und Sport bis zu Verkehrsmitteln. Hinzu kommt ein umfassender **Sprachführer**. Das **Kaleidoskop** mit Kurzessays rundet den Reiseführer ab.

Geschichte, Kunst, Kultur im Überblick

Von Piraten, Königen und einer autonomen Inselrepublik

um 5000–4000 v. Chr. Vermutlich siedeln bereits um 5000 v. Chr. Einwanderer aus dem heutigen Frankreich auf der Insel, höchstwahrscheinlich in dem Gebiet zwischen Capdella und dem Puig de Galatzó.

2200–1400 v. Chr. Seefahrer aus dem östlichen Mittelmeer landen auf der Insel. Funde deuten darauf hin, dass lange Zeit Höhlen als Wohn- und Grabstätten dienen. Die Bewohner sind Jäger und Sammler und betreiben in bescheidenem Umfang Ackerbau.

1400–800 v. Chr. Wie auf Sardinien und Korsika entstehen auch auf den Balearen Gebäude und Siedlungen in Megalithbauweise. Bezeichnend ist hier der aus grob behauenen Steinen errichtete Talayot, ein konischer Turm, nach dem diese Kultur benannt wird. Vermutlich dienen die Talayot-Türme, von denen manche Ortschaften gleich mehrere besitzen, als Kultstätten. Spätere Funde von Keramik, Bronze- und Glasgegenständen belegen, dass schon zu dieser Zeit rege Handelsbeziehungen zu anderen Mittelmeerinseln und zum Festland bestehen.

um 660 v. Chr. Die Karthager gründen erste Handelsniederlassungen.

Jaume I. überreicht dem mallorquinischen Adel um 1230 den Codex seiner Privilegien, Miniatur aus dem Códice de privilegios de Mallorca (14. Jh.)

264–201 v. Chr. Im Verlauf der zwei Punischen Kriege macht Rom den Karthagern die Vormachtstellung im Mittelmeer streitig. Die Balearen bleiben lange unter karthagischem Einfluss. Als der Stern Karthagos zu sinken beginnt, nutzen die Einwohner der Balearen die Situation für Piratenüberfälle.

123 v. Chr. Nach dem Untergang Karthagos 146 v. Chr. unterwirft Quintus Caecilius Metellus die Balearen. Unter römischer Verwaltung erlebt Mallorca seine erste Blüte. Landwirtschaft, Handel und Kultur werden gefördert. Die Städte Palma und Pollentia (heute Alcúdia) werden gegründet.

3. Jh. n. Chr. Während das Römische Reich zerfällt, wird Mallorca von Spanien aus christianisiert.

455–534 Die Vandalen besetzen die Balearen und gliedern sie ihrem nordafrikanischen Imperium ein.

534 Nach der Zerstörung des Vandalenreiches durch den Feldherrn Belizar gelangt die Inselgruppe unter byzantinische Herrschaft. Mallorca gehört bis 903 zum Oströmischen Reich.

798 Karl der Große schließt einen Schutzvertrag gegen spanische Angriffe zugunsten der Balearen.

903–1012 Beginn der arabischen Herrschaft. Isam al Jawlani erobert Mallorca und unterstellt es der Verwaltungshoheit des Emirates von Córdoba. Die Insel wird fortan von einem Statt-

Ramón Llull, erst Playboy, dann zum Kirchenmann bekehrt. Das Denkmal des katalanischen Schriftgelehrten steht in Palma

halter regiert, der seine Residenz in der Medina Mayurqa (dem römischen Palma) hat.

1014–76 Mallorca untersteht als Provinz den von Córdoba unabhängigen Emiren von Dénia.

1076 Die Balearen werden ein unabhängiges, von arabischen Emiren regiertes Reich, das sich der Piraterie verschworen hat.

1113–15 Die Seerepublik Pisa erleidet durch beständige Piratenübergriffe großen Schaden und führt schließlich mit Unterstützung Kataloniens eine Strafexpedition durch. Medina Mayurqa wird dem Erdboden gleichgemacht. Dann jedoch fliehen die Eroberer vor der plötzlich auftauchenden Flotte der marokkanischen Almoraviden. Die Almoraviden übernehmen die Herrschaft auf der Insel und schließen Friedensverträge mit Pisa und Genua.

1203 Eroberung der Balearen durch Gouverneure der islamischen Almohaden-Dynastie. Erneutes Aufblühen der Medina Mayurqa, die jetzt zu einer der acht bedeutendsten Städte des Westens zählt. Die Einwohner sind Händler, Piraten und Bauern, die auf ausgedehnten Landgütern Baumwolle, Reis, Gemüse anpflanzen und Viehzucht betreiben. Zur Versorgung der Felder entsteht ein ausgeklügeltes Bewässerungssystem.

1229 Jaume I., König von Aragon, führt die Reconquista, die Wiedereroberung verlorener Gebiete durch christliche Truppen, auch auf den Balearen zum Erfolg. Er landet am 12. September beim heutigen Santa Ponça und marschiert gen Medina Mayurqa. Die Übergabe der Stadt am 31. Dezember 1229 bedeutet das Ende der muselmanischen Herrschaft: Mallorca wird dem katalonisch-aragonesischen Feudalwesen eingegliedert. In Erfüllung eines Gelübdes legt Jaume I. noch am selben Tag den Grundstein für die prächtige Kathedrale von Palma. Weitere Kirchen und Paläste, die schönsten gotischen Bauwerke der Insel, entstehen als Wahrzeichen des neuen christlichen Königreiches.

1276 Nach dem Tod Jaumes I. werden seine balearischen Besitzungen unter seinen beiden Söhnen aufgeteilt. Mallorca erlebt trotz der daraus resultierenden Erbstreitigkeiten während der Regierungszeit Jaumes II. als Königreich Mallorca eine Epoche wirtschaftlicher und kultureller Blüte.

1279 Jaumes Bruder Pedro III., König von Aragon und Katalonien, erhebt Anspruch auf die Balearen, die sich wiederum sein Sohn Alfonso III. mit der Einnahme der Festung von Alaró erkämpft. Der Philosoph und Sprachgelehrte Raimundus Llullus (katal. Ramón Llull) erhebt mit seinen Werken das Katalanische zur Literatursprache.

1311 Sancho I. übernimmt den Thron von seinem Vater Jaume II. Er ist jedoch als Regent wenig erfolgreich.

1324 Nach dem Tod Sanchos I. sorgt sein Nachfolger Jaume III. für erneuten Aufschwung. Er fördert durch Ausbau der mallorquinischen Flotte den Handel mit anderen Mittelmeerländern.

1349 In der Schlacht von Llucmajor wird Jaume III. von seinem Vetter, König Pedro IV. von Aragon, vernichtend geschlagen. Jaume findet auf dem Schlachtfeld den Tod. Nach dieser Niederlage wird das Königreich Mallorca wieder der katalonisch-aragonesischen Krone zugeführt.

1391 Während der Bauernaufstände gegen die Ausbeutung durch den Stadtadel kommt es zur ersten Judenverfolgung und zur Zerstörung des Judenviertels (Call) von Palma.

1469 Durch die Heirat Ferdinands II. von Aragon mit Isabella I. von Kastilien

Frédéric Chopin verbrachte den Winter 1838/39 in der Kartause von Valldemossa

Seine Begleiterin George Sand verfasste hier das Buch ›Ein Winter auf Mallorca‹

fällt Mallorca an das nun geeinte spanische Königreich.

ab 1492 Mit der Entdeckung Amerikas verlieren die spanischen Könige das Interesse an Mallorca und dem Mittelmeerraum. Sie verlagern den Handel in den Atlantik und die Türken beherrschen fortan das östliche Mittelmeer. Mallorcas Handel mit den Anrainerstaaten kommt folglich zum Erliegen. Ein wirtschaftlicher Niedergang ist unvermeidlich.

1521–22 Aufstände der mallorquinischen Bauern und Handwerker werden von königlicher Truppen niedergeschlagen und die Macht des Adels wieder hergestellt. In Palma entstehen die ersten Renaissance-Paläste.

1531 Catalina Tomás wird in Valldemossa geboren. Die noch heute hochverehrte Heilige stirbt 1574 in Palma (Heiligsprechung 1627).

um 1550 Zum Schutz gegen die Überfälle türkischer Seeräuber werden Mallorcas Städte befestigt und entlang der Küste Atalayas, Wachtürme, errichtet.

1701–14 Im Spanischen Erbfolgekrieg um das Erbe des letzten spanischen Habsburgers, Karls II., erheben Leopold I. (für seinen Sohn Karl) und Ludwig XIV. (für das Haus Bourbon) Ansprüche auf die spanische Krone. Schließlich wird Phillip, Enkel Ludwigs XIV., als Felipe V. zum spanischen König ausgerufen. Er ersetzt das Königreich Mallorca durch ein zentralisiertes Verwaltungssystem. Die Insel wird damit wirtschaftlich und militärisch von Spanien abhängig, Kastilisch wird Amtssprache.

1749 Der Missionar Junipero Serra (1713–1784) aus dem mallorquinischen Petra zieht in die Neue Welt und gründet dort u. a. den Ort San Francisco sowie die Missionsstationen von San Diego und Monterey, wo er 1784 stirbt (Heiligsprechung 1988).

1808 Unabhängigkeitskrieg Spaniens gegen die Vorherrschaft Napoleons. Die Balearen, beschützt von der englischen Flotte unter Lord Arthur Wellesley Wellington, berührt dieser Konflikt nur am Rande. Gleichwohl nimmt Mallorca 40 000 Flüchtlinge vom Festland auf.

1835 Nach dem Regierungsantritt Isabellas II. von Spanien werden Mallorcas Klöster und Kirchengüter säkularisiert.

seit 1837 Passagierdampfer verkehren regelmäßig zwischen Barcelona und Palma de Mallorca. Die Überfahrt dauert 18 Stunden.

1838–39 Frédéric Chopin und George Sand verbringen einen Winter auf der Insel. In ihrem 1842 veröffentlichten Roman ›Ein Winter auf Mallorca‹ zeigt sich die Dichterin Sand zwar beeindruckt von den Naturschönheiten der Insel, an den Mallorquinern jedoch lässt sie kein gutes Haar.

1854 Miquel Costa i Llobera wird in Pollença geboren. Der Theologe und Dichter sollte zum Wegbereiter der katalanischen Literatur werden († 1922).

1869 Der Erzherzog von Österreich, Ludwig Salvator (1847–1915), lässt sich auf Mallorca nieder. Hier erwirbt der Privatgelehrte und Forscher ausgedehnte Ländereien. Er verfasst neben zahlreichen anderen Schriften das siebenbändige Werk ›Die Balearen in Wort und Bild‹ zu Natur und Kultur der Inseln. Das Kompendium, bereits auf der Pariser Weltausstellung 1899 prämiert, gilt heute wegen seiner detaillierten Schilderung und Gestaltung als eine Kostbarkeit und wird als Faksimile verkauft.

1901 In Palma eröffnet das Gran Hotel, die erste Nobelherberge Mallorcas. Nach umfassender Restaurierung dient das Hotel seit 1993 als Kulturzentrum.

1904 Der bedeutendste Jugendstil-Architekt Spaniens, Antoni Gaudí, vollendet den Innenausbau der Kathedrale von Palma. Der örtliche Jugendstil, Modernismo mallorquin genannt, steht fortan unter dem Einfluss Gaudís und seiner Stilformen. Zeugnisse sind die prächtigen Jugendstil-Paläste Palmas.

1936–39 Spanischer Bürgerkrieg. Dem Westen und Norden Spaniens folgend schließt sich Mallorca dem Nationalisten General Francisco Franco an. Die Balearen sind Francos Truppenstützpunkt. Eine Zufluchtsstätte für politisch Andersdenkende ist in dieser Zeit das 1929 eröffnete Luxushotel Formentor an der Bucht Cala Pi.

1945 Der Künstler Joan Miró (1893– 1983) lässt sich auf Mallorca nieder, wo er an seinen berühmten Gemälden, Skulpturen und Keramiken arbeitet.

1956 Bau des ersten Flughafens von Mallorca bei Son Bonet nordöstlich von Palma (heute Aero Club).

1960 Beginn des eigentlichen Massentourismus. In den Küstengebieten Mallorcas schießen Hotelhochhäuser und Apartmentanlagen aus dem Boden.

1962 Auf Mallorca verbringen inzwischen 1 Mio. Touristen ihren Urlaub.

1964 Der mallorquinische Maler Josep Coll Bardolet ruft das Festival de Música Coral im Torrent de Pareis ins Leben.

1975 Nach dem Tod Francos beginnt unter König Juan Carlos I. die Demokratisierung Spaniens.

1981 In der Kartause von Valldemossa findet zum ersten Mal das bedeutende Chopin Festival statt.

1983 Die Balearen werden zur autonomen Region mit Palma de Mallorca als Hauptstadt.

1991 Programm zur Verbesserung der Infrastruktur touristischer Zonen.

1992 Man zählt auf Mallorca 6 Mio. Besucher pro Jahr. Der Flughafen Son Sant Joan wird erweitert. In Palma wird die Fundació Pilar i Joan Miró mit Museum gegründet.

1993 Bei den vorgezogenen spanischen Parlamentswahlen gewinnt auf den Balearen die rechte katalanische Partei PP die Oberhand. Nachfolger des parteilosen fortschrittlichen Tourismusministers Jaime Cladera wird PP-Mitglied und Betriebswirtschaftler Joan Flaquer. Er beschließt den ›Plan der Neuordnung des touristischen Angebots auf Mallorca‹.

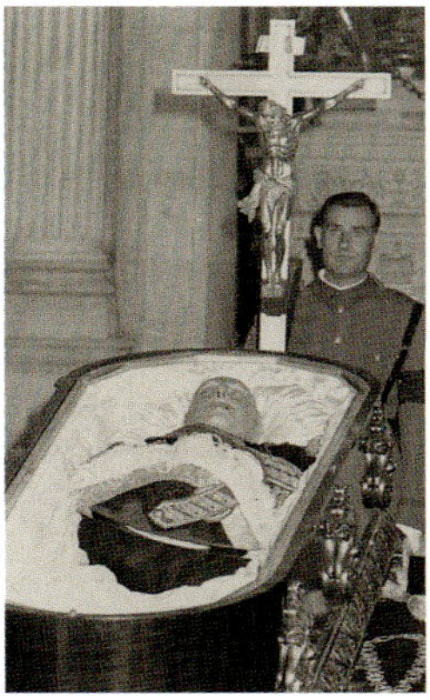

Nach General Francos Tod 1975 beginnt die Demokratisierung Spaniens

1996 Sprengung des ersten Hotels (Atlantik in Magaluf), das nicht den Verschönerungs- und Qualitätsrichtlinien Mallorcas entsprach.

1997 Neuerliche Flughafenerweiterung auf beinahe die doppelte Kapazität.

1999 Bei Kommunal- und Regionalwahlen dürfen erstmals Europäer, u. a. 10 000 Deutsche, die ihren ersten Wohnsitz auf Mallorca haben, das aktive und passive Wahlrecht ausüben.

2003 Nach den heftigsten Regenfällen auf den Balearen seit Beginn der Wetteraufzeichnungen sind die Wasserspeicher Mallorcas endlich wieder gefüllt. Im Oktober wird nach der Wahl einer konservativen Regierung die erst 2001 eingeführte und heftig umstrittene Ökosteuer wieder abgeschafft und der Baustopp aufgehoben.

2006 Gegen den Bürgermeister von Andtrax wird wegen Korruption ermittelt. Er soll bei der Ausweisung von Baugebieten die sonst üblichen Auflagen übergangen haben.

◁ *Der Künstler Joan Miró erfüllte sich 1945 mit dem Umzug nach Mallorca einen lang gehegten Wunsch*

Auch bei Nacht beherrscht La Seu, die prachtvolle Kathedrale, mit dem Königspalast zu Füßen das Stadtbild von Palma

Unterwegs

Palma de Mallorca – Geschichte und Geschichten

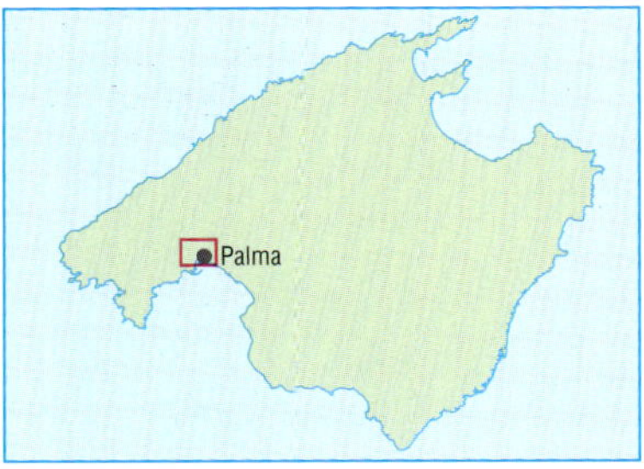

Palma, die **Inselhauptstadt**, ist mehr als eine erste Anlaufstelle für Mallorcaurlauber. Es lohnt sich, neben einer Besichtigung der berühmten **Sehenswürdigkeiten** wie z. B. der Kathedrale La Seu, des Almudaina-Palastes oder der Banys Arabs auch einen Streifzug durch weniger bekannte Straßen und Stadtviertel zu unternehmen, um abseits der vom Tourismus geprägten City das **Alltagsleben** ihrer lebensfrohen Bewohner ein Stück weit mitzuerleben. Dabei wird man auch entdecken, wie viele Kunstgalerien Palma zu bieten hat und wie vorzüglich man in einem der zahlreichen gemütlichen Altstadtrestaurants speisen kann.

1 Palma de Mallorca/ La Ciutat

Plan S. 22/23

Inmitten des Urlauberrummels präsentiert die ehrwürdige Ciutat (Stadt) die Denkmäler ihrer bewegten Geschichte.

Palma de Mallorca, kurz Palma genannt, liegt im Scheitelpunkt einer der schönsten und mit 20 km Länge einer der großzügigsten Buchten des Mittelmeeres. Hinter ihr erheben sich im Nordwesten die bewaldeten Hügel des Tramuntana-Vorgebirges, an die sich die vornehmen Villenvororte im Grünen schmiegen und welche gleichzeitig die rauen West- und Nordwestwinde von Palma fernhalten.

Fast wie eine Theaterkulisse wirkt das **Stadtpanorama** vom Meer aus gesehen: Über dem Hafen thront die Kathedrale La Seu und präsentiert mit ihrer prächtigen Südfassade ein bewegtes Schauspiel gotischer Architektur. Links sieht man den festungsgleichen Almudaina-Palast. Jenseits des Einschnitts der breiten Alleenfolge (Maura und Born) steht die Llotja (Lonja), in ihrem kunstvollen gotischen Stil eines der wichtigsten Bauwerke Palmas. Rechts und links davon erheben sich die Bollwerke Bastio del Princep sowie Bastio de la Pólvora. Letzteres wird vom Stadtbach Riera begrenzt. Auf der linken Seite schließt sich – hinter den

Exotische Schönheiten umschmeichelt von Palmen – La Seu und Palacio de la Almudaina ▷

Windmühlen – das einstige Fischerviertel an, und eben dort beginnen auch die neueren Viertel der Stadt – von Tereno bis zum Jachthafen Porto Pi.

Rund 375 000 Menschen leben in Palma, also fast die Hälfte der Gesamtbevölkerung Mallorcas. Arbeitsplätze bieten Tourismusbranche, Verwaltung, Handel, Banken, Verkehr (Hafen, Flughafen) sowie Handwerk und Gewerbe. Außerdem verfügt Palma über Fachschulen, Forschungsinstitute und eine Universität.

Geschichte Der Standort der ersten talayotischen Siedlung (ab 1400 v. Chr.) ist nicht genau bekannt. Man nimmt an, dass sie im Bereich von Born, Carrer de la Costitució und Plaça de la Reina lag. Im Rahmen seiner Eroberung der Balearen (ab 123 v. Chr.) gründete der römische Feldherr Quintus Caecilius Metellus im Jahr 122 v. Chr. an der Westküste Mallorcas die Ortschaft Palma (lat. Palmeria, Siegespalme).

Palma wurde wohl Anfang des 5. Jh. n. Chr. erstmals befestigt – zum Schutz gegen die Vandalen. Diese eroberten die Stadt dennoch und herrschten fortan über ganz Mallorca, bis sie im 6. Jh. von den Byzantinern vertrieben wurden. Im Jahr 903 beendeten die Mauren die Epoche der oströmischen Herrschaft. Sie blieben bis 1229 die Herren der Insel und der Medina Mayurqa (Palma), die sie mit Palästen und Moscheen schmückten. Der Almudaina-Palast beispielsweise steht auf den Resten einer maurischen Anlage, und die meisten Kirchen wurden über ehemaligen Moscheen errichtet. Aus der Maurenzeit stammen auch die gut erhaltenen Banys Arabs, die Arabischen Bäder des 10. Jh.

Der kleine Königsgarten, S'Hort del Rei, ist heute ein Spielplatz moderner Skulptur

Die Epoche maurischer Prachtentfaltung ging mit der Silvesternacht 1229 zu Ende. Die Reconquista, die Wiedererorberung der Balearen durch Jaume I., war vollendet, als der Wesir dem König die Stadtschlüssel der Medina Mayurqa überreichte. Im Jahre 1276 erklärte Jaume I. Palma unter dem Namen Ciutat (Stadt) zur Hauptstadt des Königreiches Mallorca, das bis 1349 bestehen sollte.

Danach folgte eine unruhige und teilweise blutige Zeit: 1374 und 1384 wütete die Pest, 1391 wurden die Juden von verschuldeten Bauern verfolgt. Immer wieder kam es zu Bauernaufständen, da die Abgaben für die Pächter und unabhängigen Kleinbauern unerträglich geworden waren. Dennoch galt die Epoche bis zum 16. Jh. als Blütezeit Palmas: Man baute zahlreiche Paläste im Stil der Gotik und Renaissance, eine neue Stadtmauer wurde 1562 errichtet, und die Kathedrale wurde aufwendig ausgestattet. Bereits 1483 entstand die geisteswissenschaftliche Universitat Literaria.

Das 17. und das 18. Jh. brachten hauptsächlich Unheil über die Stadt und ihre Bevölkerung und die Balearen erlebten einen kulturellen Niedergang: 1648 Hungersnot, 1652 Pest, Inquisition mit Ketzerverbrennungen, vor allem von Juden.

Ab 1700 wurde aus der Ciutat Palma, 45 Jahre später reduzierte sich die Stadtbevölkerung durch eine Epidemie um etwa 10 000 Einwohner. 1767 wurden die Jesuiten aus Mallorca vertrieben, die Säkularisierung von 1836 nahm vielen Klöstern ihre Existenzgrundlage. Gleichwohl baute man zu dieser Zeit stattliche Barockpaläste und gab wertvolle Gold- und Silberschmiedearbeiten in Auftrag. 1808 erschien in Palma die erste Tageszeitung.

Das Meer umspülte übrigens noch bis ins 20. Jh. hinein die Stadtmauer. Die heutige 3 km lange Meerespromenade Passeig Maritim wurde – anstelle des alten Hafens – für den späteren See des Parc de la Mar und die Hafenmolen aufgeschüttet.

Palma ist ein idealer Ausgangspunkt für Ausflüge. Fünf Ausfallstraßen gehen wie die Finger einer Hand vom Autobahnring aus nach Llucmajor, Manacor, Inca, Sóller und Andratx. Die Stadt Palma besitzt neben zahlreichen Sehenswürdigkeiten viele kulturelle Einrichtungen wie Theater, Museen und Galerien. Auch für Sportler ist gesorgt: So gibt es in unmittelbarer Nähe fünf Golfplätze (Son Vida, Bendinat, Santa Ponça, Poniente und San Antem), Tennisplätze, ein Fußballstadion sowie eine Pferde- und eine Hunderennbahn. Sieben Jachthäfen sind in der Umgebung von Palma angesiedelt (von Ost nach West): S'Arenal, Can Pastilla, Cala Gamba, Portixol, RCN de Palma, Club de Mar und Calanova.

Besichtigung Am besten parkt man in der Tiefgarage unter dem **Parc de la Mar**, der mit seiner Palmenanlage unterhalb der Kathedrale liegt. Beim Verlassen der Garage erblickt man einen künstlichen See mit modernen Skulpturen. Im Wasser spiegelt sich die Kathedrale von ihrer schönsten Seite, nämlich mit der Südfassade. Auf einer Seebühne finden im Sommer Freilichtkonzerte statt und auch rechts daneben – direkt an der hohen Stadtmauer unter einem luftigen Zeltdach – laden die Stadtväter während der Hauptsaison zu diversen Veranstaltungen wie Theater- und Musikfestivals ein, die stets gut besucht sind.

Das historische Palma mit Kathedrale

Hinter der Hafenkommandantur beginnt die breite, schattige Baumallee der Avinguda d'Antoni Maura. Zwischen ihr und dem Almudaina-Palast erstreckt sich unter ausladenden Ahornbäumen der kleine **S'Hort del Rei** 1 (Königsgarten) mit seinen Statuen und Wasserspielen. Vor dem Eingang steht die *Bronzeplastik* eines Hondero (mallorquin. Foner balear) von Llorenc Rosselló. Die Figur zeigt einen Steinschleuderer: Er symbolisiert die ersten Bewohner der danach benannten Balearen (griech. balein, werfen).

Hinter der Plastik öffnet sich der weite arabische Bogen der **Drassana Musulmana** (11./12. Jh.), der einzige erhaltene Teil des ersten Werft- und Hafengebäudes, welches zum Zeitpunkt seines Entstehens den Zugang zum muslimischen Almudaina-Palast bzw. zur Stadt bildete. Ein romantisches Plätzchen mit dekorativem Teich!

Rechts davon führt eine breite Freitreppe hinauf zur **Südfassade** der Kathedrale La Seu (s. u.). Der von mächtigen Strebepfeilern bestimmte gotische Bau ist mehr als eine ehrwürdige Kulisse für den herrlichen Ausblick aufs Meer und auf den südöstlichen Teil der Altstadt, denn die Fassade ist geschmückt mit der **Puerta del Mirador [A]**, dem prächtig ausgestatteten Seitenportal (1380–1430). Es wird bekrönt von einer Darstellung des Abendmahls und dem im Kreise der Engel thronenden Christus. Die Reliefrahmen um die Türen zeigen die Apostel Petrus und Paulus.

Man kann von der Drassana durch den königlichen Park Richtung Stadt gehen. Am Ende der Grünanlage versperrt eine *Bronzeskulptur* von Joan Miró den Weg – sie ist so einfach wie eindrucksvoll: ›Personatge‹, ein leicht schief angesetztes Ei als Kopf über einem hohlen Rumpf. Gleich hinter der Skulptur blickt man auf den **Palau March**, der 1945 in einer Stilmischung aus Renaissance und Barock erbaut wurde. In ihm befindet sich außer prachtvollen privaten Räumen für Konzerte auch eine öffentliche Bibliothek (im Erdgeschoss).

An der hohen Mauer des Palastes entlang steigt man nun die steile Treppe der Costa de la Seu hinauf. Links oben stehen die berühmten *Palma-Droschken* und warten oft lange auf Kundschaft für Stadtrundfahrten.

Rechter Hand führt der Carrer Palau Reial zum gotischen **Palacio de la Almudaina** 2 (Mo–Fr 10–18.30, Sa 10–14 Uhr). Der Königspalast (Palacio Real/Palau Reial), der nach der Wiedereroberung durch Jaume I. über der einstigen Residenz der Wesire errichtet wurde, ist heute zum Teil Sitz des Militärs. Außerdem dient er dem spanischen König Juan Carlos I. zu Repräsentationszwecken, wenn er auf der Insel weilt. Nur der Museumstrakt – u. a. mit Königshof und der kleinen Capilla de Santa Ana – ist zu besichtigen.

TOP TIPP

Dem Palast gegenüber erhebt sich die **Catedral La Seu** 3 (Juni–Sept. Mo–Fr 10–18.15 Uhr, April, Mai, Okt. Mo–Fr 10–17.15 Uhr, Nov.–März Mo–Fr 10.15–15.15 Uhr, jeweils Sa 10–14.15 Uhr, So/Fei nur zur Messe), der bedeutendste Sakralbau der Balearen. Jaume I. hatte in der Silvesternacht 1229 hier, an der Stelle der arabischen Hauptmoschee, den Grundstein für die Kirche gelegt. Doch

Der Palacio de la Almudaina, die Residenz der mallorquinischen Könige, bewahrt prachtvolle historische Ausstattungsstücke wie diese Wandteppiche

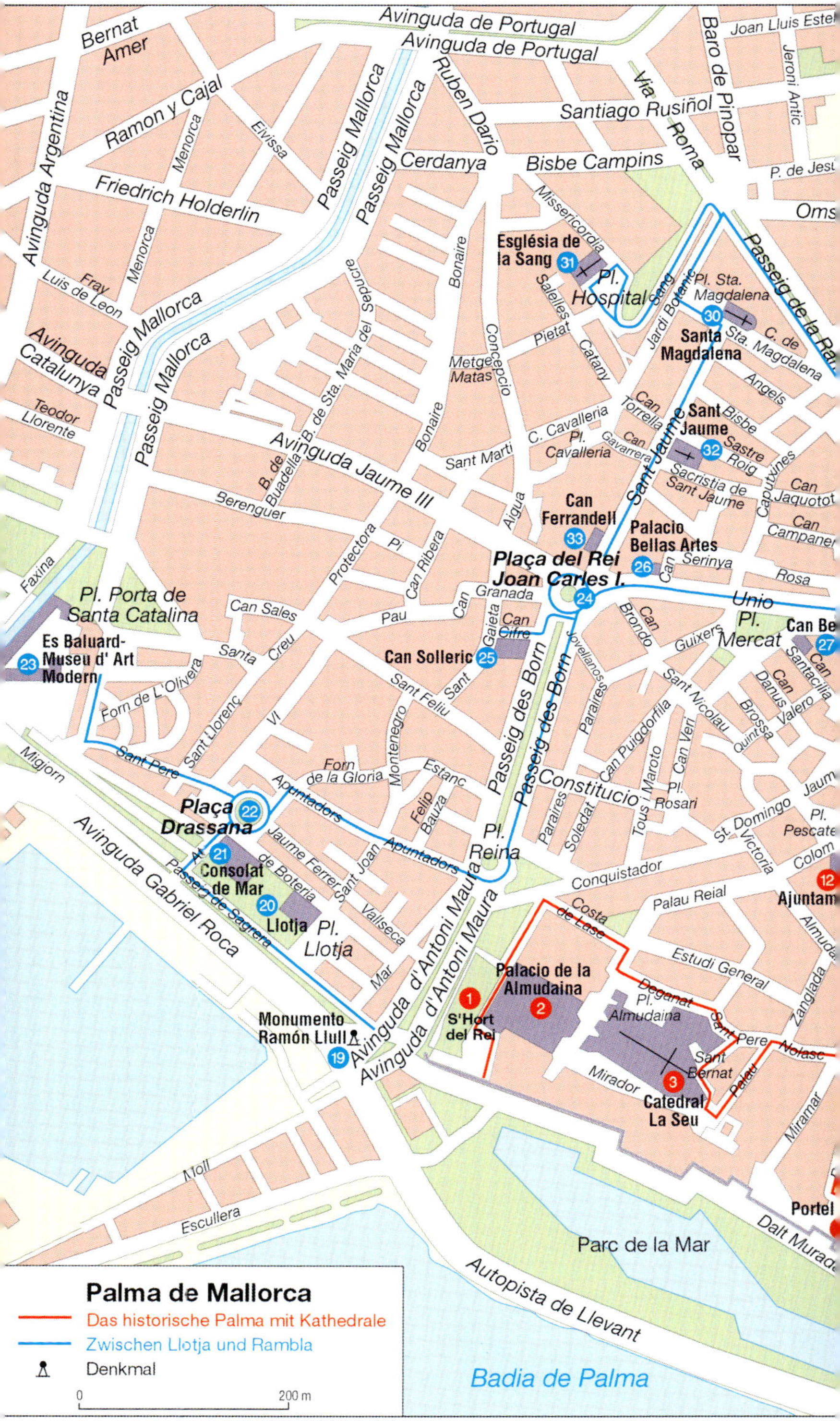
Palma de Mallorca
Das historische Palma mit Kathedrale
Zwischen Llotja und Rambla
Denkmal
0
200 m
Avinguda de Portugal
Passeig Mallorca
Avinguda Jaume III
Plaça del Rei Joan Carles I.
Passeig des Born
Pl. Porta de Santa Catalina
Es Baluard-Museu d' Art Modern
Plaça Drassana
Consolat de Mar
Llotja
Pl. Llotja
Monumento Ramón Llull
Avinguda Gabriel Roca
Avinguda d'Antoni Maura
Palacio de la Almudaina
S'Hort del Rei
Catedral La Seu
Església de la Sang
Santa Magdalena
Sant Jaume
Can Ferrandell
Palacio Bellas Artes
Can Solleric
Pl. Mercat
Pl. Reina
Parc de la Mar
Autopista de Llevant
Badia de Palma
Portel
Ajuntam

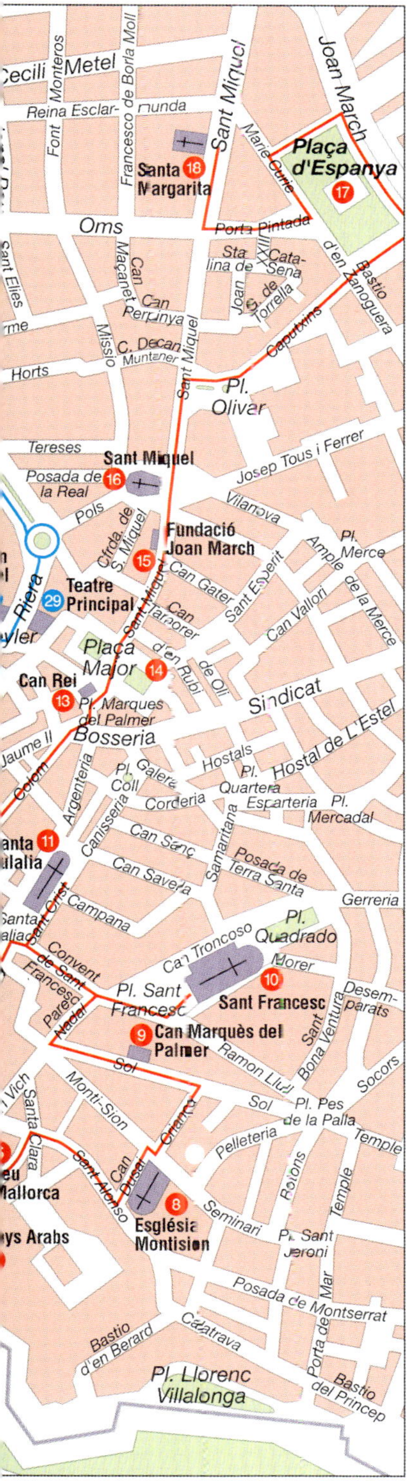

die Arbeiten kamen erst ab 1269 mit der Errichtung der Capilla Real, der Königskapelle des Chores, unter Jaume II. in Gang. Ab dem 14. Jh. führte man, teils mit längeren Unterbrechungen, den Bau des Kirchengebäudes fort, das erst durch die Arbeiten des berühmten spanischen Jugendstil-Architekten Antoni Gaudí 1904 seine Vollendung erfuhr.

Nicht nur die Baugeschichte verbindet La Seu mit den berühmten gotischen Kathedralen Europas. Tatsächlich steht sie den Monumentalbauten von Mailand, Chartres und Köln an Größe kaum nach. Der Außenbau verrät freilich nicht allzu viel von den beeindruckenden Dimensionen des Kirchenraums. Gleichwohl sollte man auch den Anblick der Hauptfassade mit den beiden Türmen (1904) und der **Puerta de la Almudaina [B]** von 1594 genießen. Das Portal zeigt die Figur Mariens, flankiert von Johannes dem Täufer und Johannes dem Evangelisten.

Ins Innere der Kathedrale gelangt man an der Nordseite. Nur während des Gottesdienstes ist die **Puerta de l'Almoina [C]** (1498) geöffnet. Zu anderen Stunden kommt man durch die **Casa de l'Almoina [D]**, das Almosenhaus von 1529, in die Kirche. Der Weg führt durch die Sakristei **Sacristía de Vermells [E]** in die beiden Kapitelsäle **Salas capitulares [F]** aus dem 15. und 17. Jh., in denen der Domschatz aufbewahrt wird. Auch der Zugang zum Glockenturm, dem **Campanario [G]** mit Kathedralmuseum, befindet sich hier, ebenso wie der **Claustro [H]**, der Kreuzgang aus dem 17. Jh.

Großartig ist die Wirkung des dreischiffigen Kirchenraums, der – begleitet von 18 Kapellen – in einer monumentalen Choranlage kulminiert. Mit einer Höhe von 44 m, einer Länge von 121 m (Breite 39 m), den 30 m hohen Seitenschiffen und den ungewöhnlich schlanken, 22 m hohen Bündelpfeilern bietet die Kathedrale einen erhebenden Anblick. Doch damit nicht genug: Die **Fensterrose** aus dem 14. Jh. über dem Triumphbogen der Capilla Real ist mit 12,55 m Durchmesser das größte gotische Kirchenfenster der Welt.

Während die Kapellen der Seitenschiffe mit überwiegend barocker Ausstattung glänzen, liegt der älteste Teil der Kirche im Chorbereich. Die **Capilla Real [J]**, die königliche Kapelle von 1269, präsentiert den *Hochaltar* unter dem von Antoni Gaudí 1904 errichteten *Baldachin* und einen *Bischofsthron* von 1261. Am äußersten Ende des Chores schließlich

La Seu – die mächtige Puerta de la Almudaina mit ihren Skulpturen, Säulchen und Zierbändern

liegt die **Capilla Trinidad [K]**, die Kapelle der Dreifaltigkeit, in der die mallorquinischen Könige Jaume II. († 1311) und Jaume III. († 1364) beigesetzt sind. Bemerkenswert ist außerdem die **Capilla de Corpus Cristi [L]** links vom Chor. Ihr monumentaler *Altaraufsatz* zeigt ein Abendmahlrelief (1607) von Jaime Blanquer.

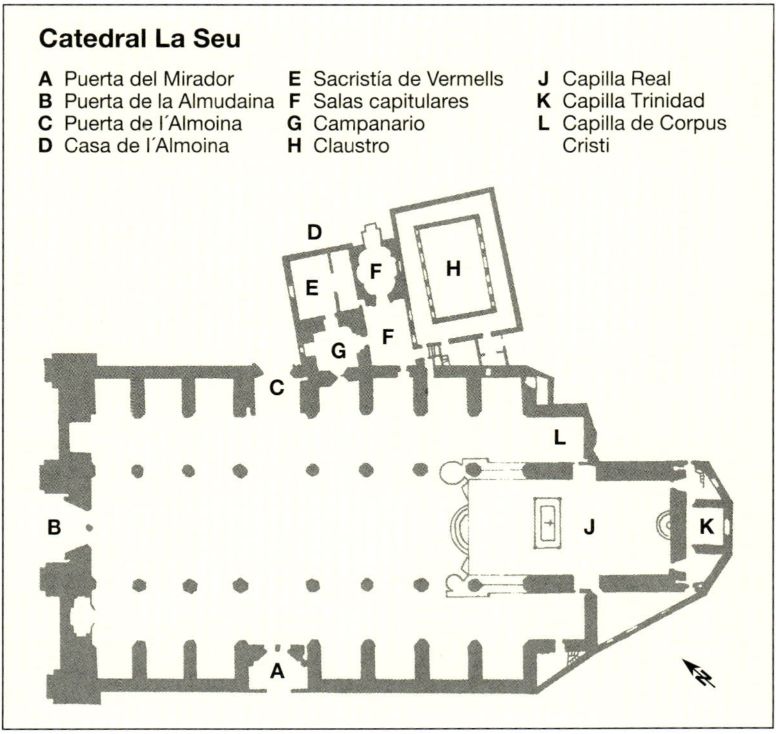

Überragend – La Seu ist eine der größten gotischen Kathedralen Europas

Unweit der Kathedrale La Seu und des Erzbischöflichen Palastes befindet sich in der Carrer d'en Calders 2 das **Museu Diocesà** (derzeit geschl., Wiedereröffnung ungewiss) mit seiner ausgesprochen umfangreichen Sammlung sakraler Kunst.

Vom Carrer de Sant Bernat aus (Haus Nr. 1) kann man einen Blick in den arkadengeschmückten barocken Innenhof des *Hospitalet de Cofrada* (Bruderschaft) von Sant Pere e Bernat (1775) werfen. Am Carrer de Sant Pere Nolasc (Nr. 1) sieht man durch ein Eisengitter hindurch wieder einen Patio mit umlaufenden Holzbalkonen und einem sehr hübschen Triforienfenster im oberen Stockwerk. Die Paläste in diesem alten Stadtteil besitzen fast alle im Dachgeschoss eine offene Loggia, die früher zur Belüftung diente und heute meist mit Fenstern geschlossen ist. Im **Carrer Morey** 4 hat man (vor allem vormittags) die Chance, in die schönen barocken Patios zu schauen. Nr. 11, die *Posada de l'Estorell* (auch Can Aiamans genannt), ist im gotischen Stil erbaut und wurde durch Renaissance-Elemente und einige Jugendstil-Formen ergänzt. *Nr. 12* gegenüber hat einen dunklen Innenhof, Nr. 9, *Can Oleza* (Renaissance, Mitte 16. Jh.), besticht durch einen herausragend schönen barocken Patio (Ende 17. Jh.). Dieser Innenhof ist ausgestattet mit einem Ziehbrunnen und einer Galerie auf stämmigen Säulen. Haus Nr. 8, *Can Ordines d'Almedrà*, auch Can Alabern, ist heute Sitz der Königlichen Medizinischen und Chirurgischen Akademie. Links bietet sich ein Blick auf den *Arc d'Almudaina*, der zwar in arabischem Stil ist, aber bereits auf die Römer zurückgeht. Man geht durch den Carrer Morey wieder zurück und wirft dabei einen Blick durch den Carrer Miramar und seinen Mauerdurchlass auf den See des Parc de la Mar.

An der Weggabelung biegt man halb links in den **Carrer Portella** ein – am hohen Eckhaus mit dem hinter Glas verborgenen Fresko ›Die Verspottung‹. Gleich zu erkennen ist linker Hand (Haus Nr. 5) der mächtige Palau mit den vielen Namen: Ca la Gran Cristiana, Can Aiamans oder Can Villalonga-Desbrull. Der Palast ist heute Sitz des **Museu de Mallorca** 5 (Di–Sa 10–19, So 10–14 Uhr). 1634 wurde er mit zwei barocken Innenhöfen über einem arabischen Vorgängerbau errichtet und im 19./20. Jh. neogotisch abgewandelt. Das Museum ist insbesondere wegen seiner archäologischen und sakralen Sammlungen einen Besuch wert.

Schräg gegenüber (Haus Nr. 8) steht die neogotische *Can Espanya-Serra*. Sie wurde um 1900 erbaut, war lange Zeit eine Pension und ist seit Jahren geschlossen. Schade, denn es ist ein sehr hübsches Gebäude mit interessantem Innenhof, an dessen leicht vorspringender Fassadenecke ein schlanker Jugendstil-Engel mit Sonnenuhr auffällt. Haus Nr. 12 steht auf gotischen Fundamenten und

Einen Abglanz einstiger Anmut bieten die Banys Arabs, die Arabischen Bäder

wurde im Barock (1732) mit manieristischen Elementen neu aufgebaut. Bekannt ist diese *Posada de la Cartoixa* (Kartäuserorden) durch die Eisenkette am Barockportal, das mit dem Kartäuserwappen geschmückt ist. Haus Nr. 14, heute Sitz der Architektenkammer von Mallorca (Mo–Fr 8–15 Uhr), heißt *Ca la Torre* und ist Ende des 17. Jh. entstanden. Daneben öffnet sich die Renaissance-Stadtmauer (1560, 1801 verändert) durch die **Portella** 6 (1785), die der Gasse ihren Namen gab. Schon zur Zeit der Mauren verlief hier die Stadtbegrenzung. Die Renaissance-Mauer soll der berühmte italienische Festungsbaumeister Gianbattista Calvi (u. a. Erbauer der Festung von Ibiza Stadt) entworfen haben.

Am Carrer Portella folgt das trutzige Haus Nr. 11, *Can Formiguera*, das Mitte des 17. Jh. von dem legendären Comte Mal bewohnt wurde. Auffallend sind der umlaufende Steinbalkon mit Holzgeländer über dem weit vorkragenden Gesims und die festungsartig kleinen Fenster. Um den Bau herum geht es links über den Carrer de Can Formiguera in den von hohen Mauern begrenzten Carrer d'en Serra. Auf der rechten Seite (Nr. 7) befinden sich die Arabischen Bäder, **Banys Arabs** 7 (tgl. 9–18, im Sommer bis 19.30 Uhr): Ein Kultbad aus dem 10. Jh., das als eines der wenigen gut erhaltenen Beispiele arabischer Architektur auf Mallorca gilt. Beeindruckend sind die akkurate, zierliche *Kuppelarchitektur* des Caldariums (Warmbades) und der zauberhafte *Garten*. Dem Carrer Serra folgend, geht man an der nächsten Kreuzung rechts und dann gleich wieder links durch die enge Gasse. Durch einen Hausbogen hindurch gelangt man zum Carrer Montision und steht dann vor der fast überladenen Barockfassade der Kirche **Església Montision** 8 (1571–1683). Sie wurde von den seit 1561 auf Mallorca tätigen Jesuiten an der Stelle der jüdischen Hauptsynagoge im Herzen des Ghettos (Call Major) errichtet. Die einschiffige Kirche besitzt

Die Juden Mallorcas

Die Toleranz der maurischen Herrscher ermutigte viele Juden dazu, sich auf Mallorca niederzulassen. Auch zur Regierungszeit Jaumes I. waren die handeltreibenden und vermögenden Juden ein **bedeutender Faktor** im wirtschaftlichen Leben der Insel und vor allem Palmas. Ihr Wohnviertel war die ›Call‹ zwischen Plaça Major und dem Carrer Calatrava [s. S. 27]. Die Bauernaufstände im Jahr 1391 setzten dem friedlichen Dasein der jüdischen Bevölkerung ein grausames Ende. Der Unmut der Bauern und Handwerker gegen die Adeligen, die sie zur Deckung ihrer Schulden immer unbarmherziger ausgebeutet hatten, wandte sich plötzlich gegen die Juden. Das fünftägige **Massaker** kostete 300 Menschen das Leben. Der Hass des Volkes zwang die Obrigkeiten zur zunehmenden Diskriminierung der jüdischen Bevölkerungsgruppe, die immer wieder in Pogromen und Folterungen eskalierte. Viele Juden sahen sich gezwungen, zum Christentum überzutreten oder ihre Identität völlig zu verleugnen. Die Verfolgung und Folterung der Juden fand im Jahr 1691 ihren Höhepunkt. Aus den Verliesen des Castell de Bellver, dem Staatsgefängnis, sollen die Schreie der gepeinigten Opfer bis nach Palma zu hören gewesen sein. Damals wurde mit den Strafgerichten der **Inquisition** die Unterwerfung von Andersgläubigen endgültig besiegelt.

Im Kreuzgang der gotischen Kirche Sant Francesc mit seinen fein ziselierten Maßwerkbögen finden an Sommerabenden klassische Konzerte statt

reich geschmückte *Seitenaltäre* und zum Teil noch original erhaltene *Alabasterfenster*. In schlichter Schönheit sind die Majolikasockel der Seitenkapellen gestaltet. Beachtenswert ist auch das mit Marmorintarsien ausgestattete *Mausoleum* des Heiligen Alonso Rodríguez (begonnen 1635, vollendet 1825).

Gegenüber der Kirche beginnt die schmale, dunkle Gasse Carrer de la Criança, welche zum Carrer del Sol führt. Sehenswert ist die Fassade (Haus Nr. 7) von **Can Marquès del Palmer** 9, auch Can Dezcallar oder Can Catlar genannt. Leider ist Fremden der Blick in den *Rokoko-Innenhof* verwehrt. Aber die schön restaurierte *Marés-Fassade* (Mitte 16. Jh.) allein bietet Anlass für eine längere Betrachtung. Bemerkenswert sind vor allem die Fensterlaibungen mit ihrem skurrilen Figurenschmuck. Es sind die in der Renaissance beliebten Darstellungen von grotesken Figuren – so sieht man etwa einen Mann mit Frauenbrüsten. Am rechten Fenster unten ist eine weibliche Gestalt zu erkennen, die sich einen Dolch in die Brust stößt – wohl eine Referenz an die römische Lukretia-Legende. Der Carrer del Sol trifft rechts auf den Carrer Pere Nadal, der zur Plaça Sant Francesc führt.

TOP TIPP Dort fasziniert die Fassade der Kirche **Sant Francesc** 10 (Mo–Sa 9.30–12.30 und 15.30–18 Uhr, So/Fei 9–12.30 Uhr) mit dem üppig dekorierten Portal und der eindrucksvollen Fensterrosette. Auch das Innere dieses Gotteshauses bietet Gründe für eine Besichtigung. Man sieht z. B. den berühmten spätgotischen *Kreuzgang*, den wohl schönsten Mallorcas, der getragen wird von schlanken Säulen (14./15. Jh.) mit zum Teil stark plastisch ausgearbeiteten Kapitellen. Sant Francesc selbst ist ein einschiffiges hochgotisches Langhaus mit zwei Seitenkapellen (1281–1384). Eine weitere Besonderheit ist die reiche Ausstattung: Sehenswert ist vor allem das *Alabastergrabmal* (1487) des großen mallorquinischen Philosophen und Schriftgelehrten Ramón Llull in der zweiten Kapelle links im Chorumgang (links Lichtschalter).

Es ist nur ein Katzensprung über den Carrer Convent de Sant Francesc nach links zur im 13. und 14. Jh. entstandenen Kirche **Santa Eulalia** 11 (Mo–Sa 7–13 und 17.30–20, So/Fei 8.30–13.30 und 16.30–20.30 Uhr) am gleichnamigen Platz, wo man auch das beliebte Café Moderno (1914) findet. Die dreischiffige Kirche besticht allein schon durch ihr prächtiges gotisches *Doppelportal* mit der Mariensäule in der Mitte. Wer genauer hinschaut, wird die steinernen Fabelwesen im Sockelbereich entdecken. Im Chorumgang befindet sich die Figur der *›toten Jungfrau‹* (Virgen muerta) in einem Glassarkophag aus dem 15. Jh.

Schlendert man von der Kirche weiter nach links, ist in wenigen Minuten die lebhafte Plaça Cort erreicht, das alte Ver-

Raumgreifend – das Rathaus von Palma, das Ajuntament, beherrscht die hübsche Plaça Cort mit seinem exzentrischen Stilmix

waltungszentrum der Stadt mit Gericht (daher ›Cort‹) und Schreibstuben. Linker Hand steht das prachtvolle **Ajuntament** 12 (Rathaus), dessen Fassade den Übergang vom Manierismus zum Barock zeigt (1649–80, Umbauten 18. Jh.). Allein das Vordach ist mit seinen farbig gefassten, kunstvollen Holzschnitzereien eine Sehenswürdigkeit. An dieser Stelle stand früher das Hospital de Sant Andreu, von dem in der Eingangshalle ein schönes gotisches Portal erhalten geblieben ist. Danach fand die Universität hier ein Zuhause und erst 1716 zog das Rathaus ein. Im großzügigen Vestibül des Erdgeschosses stehen vier kolossale folkloristische *Holzfiguren*. Im ersten Stock hängt das eindrucksvolle Werk ›*Sebastians Martyrium*‹ von Van Dyck, das jedoch wie die übrigen Bilder der reichen Rathaus-Sammlung nur auf Anfrage zu sehen ist.

An der Ecke zum Carrer Sant Domingo (mit Souvenirgeschäften und Schlemmerladen) steht das turmgeschmückte Can Corbella. Der Architekt Nicolau Llíteres hatte das Gebäude Ende des 19. Jh. entworfen, inzwischen wurde es in süßlichem Zuckerbäckerstil rosa restauriert. Von hier geht man zurück zur Plaça Cort und in den Carrer Colom. Viele kleine, gusseiserne Balkone verleihen dem Straßenbild einen heiteren Charakter, feine Geschäfte säumen die schmale, stark befahrene Einkaufsstraße. Und schon steht man linker Hand an der Plaça del Marquès de Palmer vor zwei schönen Jugendstilhäusern: dem mit Alkoven versehenen **Can Rei** 13 (1909), einem Projekt des Architekten Lluís Forteza Rey, und dem mosaikgeschmückten **Edifici l'Aguila**, 1908 nach Plänen von Gaspar Bennàssar erbaut.

Erzählfreude – das Portal von Santa Eulalia fasziniert durch reichen Skulpturenschmuck

Dahinter beginnt die großzügig angelegte Fußgängerzone Palmas, deren Mittelpunkt die **Plaça Major** 14 ist. Das große Rechteck mit seinen italienisch anmutenden Arkaden birgt im Untergeschoss ein Einkaufszentrum und eine Tiefgarage, bei deren Bau Ende der 1960er-Jahre Reste maurischer Mauern entdeckt wurden. Auf der Nordseite des Platzes soll das Geburtshaus Ramón Llulls gestanden haben (Gedenktafel).

Die zahlreichen Cafés der Plaça Major laden zu einer längeren Pause ein; am Samstagvormittag gibt es auch einen Markt. Geradeaus führt der Weg weiter in die nördliche quirlige Fußgängerzone des Carrer Sant Miquel. Im Eckhaus auf der linken Seite (Nr. 11) mit hübschen Jugendstilelementen über dem Eingangsportal präsentiert das *Museu d'Art Espanyol Contemporani* eine kleine Sammlung mit Werken spanischer Künstler des 20. Jh. In dieser **Fundació Joan March** 15 (Mo–Fr 10–18.30, Sa 10.30–14 Uhr, www.march.es) sind u. a. Picasso, Miró und Dalì vertreten.

Ein Stück weiter steht die Pfarrkirche **Sant Miquel** 16 (Mo–Sa 8–13.30 und 17–19.30, So/Fei 10–13.30 Uhr) mit ihrem gotischen Portal, das auf die Plaça de Mare de Déu de la Salut zeigt. Benannt ist der Platz nach der kleinen pausbäckigen *Madonna mit Kind*, die sich rechts in der Kapelle befindet und die von den Palmensern sehr verehrt wird. Die zur Schutzpatronin Palmas ernannte Madonna kam im Jahr 1229 mit Jaume I. nach Mallorca. Vor ihr hielt er hier, in der ehemaligen Moschee, den ersten Gottesdienst und machte Mallorca damit zu einer christlichen Insel. Sehenswert sind die *Deckenfresken* aus dem frühen 17. Jh. sowie der üppig gestaltete Altarraum. Sant Miquel zählt übrigens zu den beliebtesten Kirchen der Stadt. Schräg gegenüber der Kirche lohnt sich ein Blick in das Haus Nr. 30, wo sich die Sala de Exposiciones (Ausstellungssaal) im *Claustro Sant Antoniet* (Mo–Fr 10–13.30 und 17–20 Uhr) befindet.

Am Ende der Fußgängerzone öffnet sich rechter Hand die Plaça Olivar mit dem gleichnamigen Markt **Mercado Olivar** (nur vormittags), der Palmas schönster ist. Besonders reichhaltig ist das Angebot in der optisch eindrucksvollen Fischhalle. Man geht zurück zum Carrer Sant Miquel, an dem einige fein dekorierte, zu Beginn des 20. Jh. erbaute Wohnhäuser stehen (z. B. Nr. 56 und 58 von 1913 und Nr. 62). Rechts führt die Porta Pintada zur **Plaça d'Espanya** 17 mit dem stets taubenumschwirrten Bronzedenkmal von Jaume I. An der Nordostseite des Platzes ist auch die Endstation der historischen Schmalspurbahn ›Roter Blitz‹ [s. S. 36]. Links geht es in die breite Fußgängerstraße Oms. Geht man aber vorher noch ein kurzes Stück geradeaus, sieht man auf der linken Seite am Militärhospital die gotische Kirche **Santa Mar-**

garita 18 (zur Messe geöffnet, tgl. 18, So auch 10 Uhr). Großartig ist der Raumeindruck der fast leeren, einschiffigen Kirche mit ihren ungeschmückten Marés-Wänden. Dem Eingang gegenüber erinnert ein *Sarkophag* an einen gewissen Guillelmus de Turricella, der im September 1229 mit Jaume I. nach Mallorca kam, um die Insel wiederzuerobern und hier den Tod fand.

Ramón Llull: vom Don Juan zum Missionar

1232 oder 1235 wurde Raimundus Lullus oder Ramón Llull, wie er katalanisch heißt, auf Mallorca geboren. Sein Vater war ein Edelmann im Dienst Jaumes I., der Sohn avancierte daher bald zum Pagen am **Königshof** und wurde später wegen seiner Klugheit Hauslehrer des Prinzen.

Aufgefallen war er damals allerdings eher wegen seines ausschweifenden Lebensstils und Liebeslebens – ständig sorgte er für **Skandale**. Seine Eltern drängten ihn zur Heirat, aber auch als Vater zweier Kinder setzte Ramón sein unstetes Leben fort. In Palma verfiel er dem Liebreiz der verheirateten Senyora Ambrosia de Castello. Er folgte ihr sogar hoch zu Ross bis zum Altar der Kathedrale, um sie zu einem Treffen zu überreden. Ambrosia soll beim Rendezvous ihre Bluse aufgerissen und dem aufdringlichen Ramón mit den Worten »Ich bin eine Ausgestoßene der Liebe, mein Geliebter ist der Tod« ihre vom Aussatz zerfressene Brust gezeigt haben.

Dieses Ereignis bekehrte den bis dahin so leichtfertigen Lebemann! Er verließ Hof und Familie und beschloss, ein gottgefälliger Mensch zu werden. Auf dem Tafelberg von **Randa** soll er in einer Grotte Zwiesprache mit Gott gehalten haben. Ramón erweiterte außerdem die dort bereits bestehende franziskanische Eremitei um ein **Kolleg der lateinischen Grammatik**. Kreuz und quer reiste er durch Europa, lehrte in Paris und Montpellier, kam bis nach Kleinasien, Zypern und Nordafrika. 1315 erreichte der Achtzigjährige Tunesien, wo er 1316 von Moslems gesteinigt worden sein soll.

Llulls größtes Verdienst für Mallorca (und Katalonien) war die Etablierung der katalanischen Volkssprache als Schriftsprache mit eigener Grammatik.

Zurück geht es zum leicht abfallenden Carrer de los Oms, auf dem man überwiegend einfachere Geschäfte findet. Er endet am nördlichen Ende des Passeig de la Rambla, wo man im Schatten der hohen Alleebäume in einem der kleinen Lokale eine Ruhepause einlegen kann.

Zwischen Llotja und Rambla

Vom Parc de la Mar geht es linker Hand über die Avinguda d'Antoni Maura – in Höhe der Marine-Kommandantur – in den palmenbestandenen *Passeig de Sagrera*. Obwohl die Meerespromenade recht verkehrslaut ist, lockt sie an der stadtzugewandten Seite mit historischen Bauten und netten Lokalen. An der Kreuzung steht das **Monumento Ramón Llull** 19 (1967) für Mallorcas berühmtesten Sohn (lat. Raimundus Lullus). Dort befindet sich auch das bekannte Fischrestaurant Caballito del Mar. Es folgt der kleine Platz, auf dem die **Llotja** 20 (Lonja, nur bei Ausstellungen geöffnet, Di–Sa 11–14 und 17–21, So 11–14 Uhr) steht. Sie wurde von Guillermo Sagrera 1426–51 errichtet und ist eines der prächtigsten Bauwerke Mallorcas. Der gotische Profanbau ist einer Kirche nicht unähnlich: Als Karl V. ihn erstmals erblickte, glaubte er vor einem Sakralbau zu stehen. Diese ehemalige Handelsbörse war wahrlich eine ›Kathedrale des Geldes‹, Umschlagplatz der einstigen Handels- und Seemacht Palma. Das zweiteilige Hauptportal, dem Platz zugewandt, wird im hohen Spitzbogenfeld von einem großen Engel in bester Steinmetzarbeit bekrönt. Die vier Ecken der Seebörse werden von achteckigen, zinnengekrönten Türmen markiert. Große, mit feinem Maßwerk verzierte Fenster lassen viel Licht in die hohe, von sechs schlanken, zu Spiralen gedrehten Pfeilern getragene Halle. Sie dient heute dem *Museum der Schönen Künste* für Wechselausstellungen.

Westlich der Llotja erhebt sich die hohe *Porta Vella del Moll*, durch die früher die Handelsleute die Stadt betraten. Als das Meer noch bis hierher reichte, kamen auch die Schiffe dort an. Daneben steht das mit seiner Schauseite zur Meerespromenade gerichtete **Consolat de Mar** 21, das einstige Seehandelsgericht, das im 17. Jh. zunächst als Nautik- und Seefahrerschule errichtet wurde. Seit Jahrzehnten

Auf dem Passeig des Born, einer der Flaniermeilen Palmas, schlendert man im Schatten von Platanen plätschernden Brunnen entgegen

dient es nun als Sitz des Präsidiums der Balearen.

Verlässt man die Promenade und biegt nach rechts ab, gelangt man zur **Plaça Drassana** 22, einem der ältesten und belebtesten Plätze der Stadt. Drassana heißt Werft; hier wurden früher die Schiffe gezimmert, die Mallorcas Waren im Mittelmeerraum verteilten. Das *Denkmal* in der Mitte des Ovals zeigt Jaume Ferrer, den mallorquinischen Geographen und Seefahrer, der im 13. Jh. die Weltmeere bereiste. Heute beginnt an der Plaça Drassana ein belebtes Wohnviertel, in dem sich auch zahlreiche einfache Hotels und Restaurants sowie Kneipen und Nachtclubs befinden. Auch die berühmte gepflegte Unterhaltungsbar Abaco befindet sich in diesem Viertel. Weiter nördlich haben sich einige Kunstgalerien in alten Adelspalästen etabliert, etwa am Carrer Montenegro, Sant Feliu, Sant Gaieta oder Can Ribera.

Von der Plaça Drassana lohnt sich ein Abstecher zum 2004 eröffneten Museum **Es Baluard – Museu d'Art Modern** 23 (Juni–Sept tgl. 10–22 Uhr, Okt.–Mai Di–So 10–20 Uhr, www.esbaluard.org). In dem ehemaligen Festungsbau *Bastio de San Pere* werden neben Wechselausstellungen zur Gegenwartskunst im Mittelmeerraum Werke von Picasso, Magritte, Picabia, Barceló und anderen bekannten Künstlern gezeigt.

Im Osten wird das Viertel vom *Passeig des Born* begrenzt, der einst die schönste Einkaufsmeile war und heute mit der Rambla konkurrieren muss. Steingepflastert und mit einladenden Bänken unter breitschirmigen Platanen, führt die mehrfach umgestaltete Straße von der Plaça Reina zur **Plaça del Rei Joan Carles I.** 24. Dort lockt eine Fontäne mit hohem Obelisk, der von vier kleinen Schildkröten getragen wird: der ›Schildkröten-Brunnen‹. Auf der linken Seite erhebt sich der größte Privatpalast Palmas, **Casal Solleric** 25 (Di–Sa 10–14 und 17–21, So 10–13.30 Uhr, im Winter Di–Sa 10–14, So 9–13.30 Uhr), der auch *Palacio Morell* genannt wird. Ab 1763 wurde er errichtet und dient heute als Ort für wechselnde Ausstellungen.

Rechts am Platz befindet sich Bosch – das ›In‹-Café Palmas. Hier sitzt man bis spät in der Nacht draußen, sieht und will gesehen werden. Von der Plaça Carles I. zweigt links die schöne Einkaufsstraße Avinguda Jaume III. ab, rechts geht es über den breiten und viel befahrenen Carrer Unio zur **Plaça Weyler**. Am Abzweig befindet sich auch der interessante barocke Casal Balaguer, heute **Palacio Bellas Artes** 26 (Unio 3, Mo–Fr 11–13.30 und 17.30–20.30, Sa 11-13.30 Uhr), in dem die Akademie der Schönen Künste untergebracht ist. Auch wechselnde Kunstausstellungen finden dort statt. Schräg gegenüber breitet sich unter hohen Bäumen der alte Marktplatz *Plaça Mercat Vell* (früher Plaça Catalina Tomás) aus.

Zwei auffallend schmale Jugendstilhäuser flankieren die enge Gasse Santacília: Edifici Casasayas (Haus Nr. 13 und 14), 1908–11 vom Architekten Francesc Roca geplant und von Guillem Reyenés vollendet. Gerne werden sie auch als Gaudí-Häuser bezeichnet (die Ähnlichkeit mit seinem Stil ist nicht zu übersehen). Sie entstanden im Auftrag des Besitzers der wohl ältesten Patisserie Palmas, der Confitería Frasquet (17. Jh.), die köstliche Pralinen verkauft (Carrer Orfila/Ecke Brossa).

Ausladend ist der großartige **Can Berga** 27, im 18. Jh. aus einem mittelalterlichen Bau entstanden – nahe der Plaça Weyler; er ist der zweitgrößte Privatpalast Palmas und gehörte einst der Adelsfamilie Berga. Heute wird Can Berga als Justizpalast genutzt und ist bedauerlicherweise nicht mehr zu besichtigen.

Das restaurierte Gran Hotel dient seit 1993 als Sitz der Fundació La Caixa

Einen weiteren Anziehungspunkt hat die Plaça Weyler: das **Gran Hotel** 28, das erste größere Hotel der Insel. Es stand lange Zeit leer, dann wurde der eigenwillige Jugendstilbau von 1901 nach historischen Plänen und Fotografien des Architekten Lluís Domènech i Montaner rundum erneuert. Der Architekt schuf mit diesem Bauwerk ein eklektizistisches Meisterstück und das schönste Beispiel des balearischen Jugendstils. Das Gran Hotel gehört heute der Bank La Caixa, die dort 1993 ihre Stiftung *Fundació La Caixa* (bei Ausstellungen Di–Sa 10–21, So/Fei 10–14 Uhr) unterbrachte. Neben einem Buchladen, einigen Galerien und dem Boulevard-Café gibt es als weitere Attraktion eine 2 m hohe Wäscheklammer – sie ist eine Skulptur von Joan Miró.

Gegenüber, gleich nach der Treppengasse zur Plaça Major, erhebt sich der breite Bau des **Teatre Principal** 29. Er wurde nach italienischem Muster mit einem erhöhten Bühnenhaus und arkadengeschmückter Fassade von Antoni Sureda 1854–60 in spätklassizistischem Stil errichtet. Innen wird das Haus bestimmt von Plüsch und Blattgold.

Die beim Theater beginnende **Rambla**, die über dem trockengelegten Bach Riera verläuft, wurde mehrmals verändert. Zuletzt 1937, als man am Südende die beiden römisch inspirierten Sphingen aufbaute, die eine Hommage an den italienischen Faschismus waren. Schon 1868 wurde der Samstagsmarkt vom mittelalterlichen Marktplatz hierher verlegt. Heute findet auf dem breiten Mittelstreifen täglich Blumenmarkt statt.

Links vom Passeig de la Rambla sind die Gassen eng und mittelalterlich verwinkelt. Mehrere Kirchen, Klöster und schöne Stadtpaläste bestimmen das Bild, und viele *Kunstgalerien* haben sich in diesem Stadtbezirk eingerichtet, vor allem nördlich der Plaça del Rei Joan Carles I. Am Ende der Rambla, wo die Fußgängerstraße Oms in Höhe eines hübschen Brunnens einmündet, steht gegenüber das von modernen Skulpturen umgebene städtische *Kulturzentrum* im säkularisierten Klosterkomplex de la Misericordia. Links führt der Carrer Jardi Botanic zu einem kleinen Platz mit der Kirche **Santa Magdalena** 30 (Sa–Do 9.30–12.30/13 und 17–19, Fr 17–19 Uhr). Wer die authentischen

Die Rambla mit ihren Blumenständen ist wahrlich ein Fest für die Augen

Stätten, an denen die einzige weibliche Inselheilige Mallorcas, *Catalina Tomás* weilte, sehen möchte, sollte diese Kirche besuchen. In dem stillen Augustinerinnenkloster (noch heute in Funktion) lebte die Novizin aus Valldemossa ab 1552. Die einschiffige Barockkirche wurde 1740 völlig umgebaut. Die große, von hohen korinthischen Säulen getragene Kapelle links wurde 1815 im Auftrag des Kardinals Despuig aus kostbarem Marmor erbaut. Dieses klassizistische Bauwerk ist das Grabmal der hl. Catalina (1533–1574).

An der Südseite der Kirche öffnet sich eine der schönsten Gassen Palmas, durch die man ganz gemächlich gehen sollte. Doch vorher lohnt noch ein Blick in die Heiligblut-Kirche **Església de la Sang** 31 (Mo–Fr 7.30–13 und 16–20, Sa/So 7.30–13 und 17–20 Uhr) des großen Hospital General (gegründet bereits 1458). Von der Hauptpforte des Krankenhauses aus kommt man zum schlichten Spitzbogenportal des Gotteshauses. Rechts führt eine Treppe hinauf zur großen und wichtigsten Kapelle der Kirche, *Sant Crist de la Sang*. Quer zur Hauptachse liegt die ovale Grabkapelle des in Palma verehrten Franziskanermönchs Bartolomeu Catany († 1462). Schlanke kannelierte Säulen mit Kompositkapitellen tragen die Kuppel, unter der das große Kruzifix steht.

Von der Kirche geht es zurück zum Magdalenenkloster und dann rechts in den schönen **Carrer Sant Jaume**. Er ist benannt nach der gotischen Kirche **Sant Jaume** 32 in seiner Mitte, die ein schönes Barockportal ziert. Die Gasse ist schmal und wird von drei- bis vierstöckigen Adelspalästen flankiert, die wenig Sonnenlicht auf das dunkle Steinpflaster des mittelalterlichen Sträßleins fallen lassen. Schon Erzherzog Ludwig Salvator nannte die Gasse gar begeistert eine ›wahrlich fürstliche‹. Galerien finden hier einen entsprechenden Rahmen, ebenso Restaurierungswerkstätten.

Haus Nr. 17, rechter Hand, zeigt eine besonders prächtige Fassade der **Can Torrella**. Sie wurde 1860 Juan Bautista Peyronnet geschaffen, der in erster Linie nach Palma gekommen war um die Westfassade der Kathedrale zu vollenden. Seit dem Jahr 2002 befinden sich dahinter Luxuswohnungen. Ebenfalls auf der rechten Straßenseite besticht **Can Sant Simón** (Haus Nr. 7, heute Autorenhaus) mit seiner an der Renaissance orientierten Fassade von Miquel Ferrà (1854–56): Das Erdgeschoss ist in Rustika gestaltet; erstes und zweites Geschoss sind durch Pilaster mit korinthischen Kapitellen zusammengefasst und neben den Fenstern befinden sich schmiedeeiserne Balkone.

Zwei Adelspaläste im Carrer Sant Jaume sind sogar seit den 90er-Jahren des 20. Jh. öffentlich zugänglich: Am südlichen Ende nahe der Plaça del Rei Joan Carles I. wurde das 1723 erbaute Haus Nr. 3, **Can Ferrandell** 33 (seit 1954 Hotel Born), völlig renoviert und 1993 wieder eröffnet. Der barocke Patio wird bestimmt von rötlich-braunen Marmorsäulen und ist ebenso sehenswert wie die Eingangshalle. Dem Hotel gegenüber in Nr. 4 ist die **Fundació Barceló** (Mo–Fr 10.30–13.30 und 17–20, Sa 10.30–13.30 Uhr, Aug. geschl.) untergebracht – ein Kulturzentrum für wechselnde Ausstellungen und Sitz einer Stiftung zur Förderung junger Maler. Der Palast mit hübschem Innenhof wurde 1883 im neogotischen Stil als Can Rullan von Bartolomeu Ferrà erbaut. Daneben lockt das urige Lokal Salamanca mit guten Tapas. Über Born und Avinguda Maura gelangt man schnell wieder zur Meerespromenade.

TOP TIPP Castell de Bellver

Die am westlichen Stadtrand gelegene Festung Bellver (Juni–Sept. Mo–Sa 8.30–20.30, So 10–17 Uhr, Okt–Mai Mo–Sa 8–19.30 Uhr) ist am besten mit dem Auto

Architektur voll wuchtiger Eleganz präsentiert das romanisch-gotische Castell de Bellver

Das Atelier des großen Miró ist heute Teil der Fundació Pilar i Joan Miró in Gènova

zu erreichen. Die Aussicht von der Burg aus ist bezaubernd, mit Palma und dem Golf zu Füßen. Bereits unter König Jaume I. wurde der Bau der Festung begonnen. Königssohn Jaume II. vollendete mithilfe seines Lieblingsarchitekten Pedro Salvá das Kastell im Jahr 1309. Der kreisrunde Festungsbau verfügt über drei Wachtürme und ist durch eine Steinbrücke mit dem höher gelegenen Rundturm *Torre de Homenaje*, dem Huldigungsturm, verbunden.

Das Kastell hat einen runden Innenhof mit gotischen Arkadenumläufen und gilt als einer der schönsten Festungsbauten des Mittelmeerraumes. Als 1349 Jaume III. die Schlacht von Llucmajor gegen Pedro IV. verlor und fiel, wurde das Schloss zum **Gefängnis** für die Witwe und Kinder des mallorquinischen Königs. Später diente es auch als Gefängnis für Banditen und Seeräuber. Joan I. residierte im Kastell ab 1395 und machte daraus ein wahres Lustschloss. 1521 belagerten Aufständische das Schloss, weil sich mehrere Adelige dorthin geflüchtet hatten. Sie konnten es erobern und nahmen blutige Rache am Adel. Während der Piratenüberfälle diente Bellver als Schutzburg für die Bevölkerung, zu Beginn des 19. Jh. wurde es dann wieder als Gefängnis für französische Kriegsgefangene und später für politische Häftlinge genutzt. Ein berühmter Sträfling war *Gaspar Melcior Jovellanos* (1744–1811), Minister und Schriftsteller, der hier während einer vierjährigen Haft seine besten Werke schrieb. Eine Büste im Park erinnert an ihn. Diese Grünanlage dient den Palmensern als beliebter Ausflugsort im Sommer. Und am Sonntag nach Ostern wird hier das größte Kinderfest der Insel begangen.

Gènova

Vom Bellver aus ist es ein Katzensprung nach Gènova, wohin die Palmenser (vor allem am Wochenende) fahren, um u. a. Schinken und Schnecken zu essen, die hier zu den besonderen Delikatessen zählen. Kunstfreunde sollten einen Besuch der in der Nähe befindlichen

TOP TIPP

Fundació Pilar i Joan Miró (Carrer Joan de Saridakis 29, Di–Sa 10–19 Uhr, Winter Di–Sa 10–18, So/Fei 10–15 Uhr, http://miro.palmademallorca.es) einplanen. Allein das sternförmige lichtdurchflutete Museumsgebäude Edificio Estrella und das angegliederte Atelier Estudio Sert, das so erhalten blieb, wie Joan Miró (1893–1983) es nach rund 30-jähriger Tätigkeit auf Mallorca hinterlassen hat, sind sehenswert. Zu den Beständen der Sammlung gehören bedeutende Gemälde, Zeichnungen und Grafiken des großen Meisters der abstrakten Kunst.

Pueblo Español

Ebenfalls im Westen der Stadt, nahe dem Klinikum Son Dureta, breitet sich der Pueblo Español (Zufahrt gut ausgeschildert, tgl. 9–20, im Winter tgl. 9–18 Uhr, die Geschäfte sind So/Fei geschl.) in der gleichnamigen Straße aus. Im Jahr 1965 wurde das spanische Dorf fertig gestellt. Es zeigt

Ein Name – zwei Schreibweisen?

Auf den Balearen und in den spanischen Regionen Katalonien und València wird von alters her Katalanisch gesprochen. Auf Mallorca existiert außerdem der **Mallorquin** genannte heimische Dialekt. Als Hochspanisch gilt das Kastilische. General Franco hat dieses Kastilisch während seiner Regierungsjahre als Nationalsprache in Spanien durchgesetzt.

Doch mit der Demokratisierung nach 1975 konnten auch die Balearen wieder zum öffentlichen Gebrauch der katalanischen Sprache zurückkehren. Die Umbenennung der Orte, Straßen, Plätze und Gebäude ist indes noch nicht in allen Teilen der Insel durchgeführt. Daher bemüht sich der vorliegende Band, die Namen der Sehenswürdigkeiten in der Form wiederzugeben, wie sie tatsächlich, vor Ort, gebräuchlich sind. Überwiegend handelt es sich dabei um die katalanische Schreibweise. Dort, wo auch das Kastilische noch verwendet wird, steht es in Klammern hinter der katalanischen Bezeichnung, z. B. Llotja (Lonja). Einige Beispiele sollen das erläutern: Das katalanische Magaluf entspricht dem kastilischen Magalluf. Llucmajor hieß früher Lluchmayor. Portocristo findet man auch noch als Porto Cristo. Die Platja de Palma ist im Kastilischen Playa de Palma, das katalanische Port de Pollença ersetzt Puerto de Pollensa.

einige der bedeutendsten Gebäude des Landes in verkleinerter Form: etwa das Rathaus von Vergara, die Puerta de Bisarga von Toledo, die Alhambra von Granada und auch ein typisches andalusisches Viertel, dessen Gassen mit Balkonen verziert sind.

Mit der Bahn nach Sóller

Auch wer Mallorca mit dem Auto erkundet, sollte es einmal stehenlassen und mit der Eisenbahn nach Sóller [Nr. 32] fahren. Die etwa einstündige Reise mit der Schmalspurbahn ›Roter Blitz‹ über Bunyola [Nr. 52] und dann mitten durch die Serra de Alfàbia gehört zu den beeindruckendsten Landschaftserlebnissen einer Mallorca-Reise.

i Praktische Hinweise

Information

OIT (Oficines d'informació turística/ Oficinas información turística), Carrer Morey 8 und Passeig des Born 27 (Casal Solleric), Palma, Tel. 902 10 23 65, Fax 971 22 59 66, www.a-palma.es

OIT, Plaça de la Reina 2, Palma, Tel. 971 71 22 16, Fax 971 72 02 51. Für ganz Mallorca.

Hotels

*******Arabella Sheraton Golf Hotel Son Vida**, Carrer de la Vinagrella s/n, Palma, Tel. 971 78 71 00, Fax 971 78 72 00, www.arabellasheraton.com. Modernes und gemütliches Luxushotel unter deutsch-schweizerischer Leitung, etwa 5 km oberhalb von Palma. Hauseigener Golfplatz (Son Vida). Kinderfreundlich.

*******Castillo Hotel Son Vida**, Raixa 2, Urbanización Son Vida, Palma, Tel. 971 79 00 00, Fax 971 79 00 17, www.hotelsonvida.com. Traditionsreiches Hotel (The Leading Hotels of the World), in herrlicher Panoramalage über Palma inmitten eines 500 ha großen Parks. Hauseigener Golfplatz, ganz in der Nähe liegt der von Son Muntaner.

******San Lorenzo**, Carrer San Lorenzo 14, Palma, Tel. 971 72 82 00, Fax 971 71 19 01, www.hotelsanlorenzo.com Hübsches kleines Altstadthotel mit sechs individuell gestalteten Zimmern. Das Haus verrät viel Liebe zum Detail, sogar mit kleinem Pool auf der Terrasse.

*****Almudaina**, Avinguda Jaume III. 9, Palma, Tel. 971 72 73 40, Fax 971 72 25 99, www.hotelalmudaina.com. Typisches traditionelles Stadthotel an belebter Einkaufsstraße mit schlichten Zimmern.

*****HM Jaime III.**, Passeig de Mallorca 14, Palma, Tel. 971 72 59 43, Fax 971 72 59 46, www.hmhotels.net. Am baumbestandenen Altstadtring zentrumsnah und doch relativ ruhig gelegenes, modernes Hotel.

*****Palladium**, Passeig de Mallorca 40, Palma, Tel. 971 71 28 41, Fax 971 71 46 65, www.hotelpalladium.biz. Einfacheres, angenehmes Stadthotel am Rande des Zentrums.

TOP TIPP ****Born**, Carrer Sant Jaume 4, Palma, Tel. 971 71 29 42, Fax 971 71 86 18, www.hotelborn.com. Zentraler und altstadttypischer kann man kaum wohnen als in diesem Barockpalast von

1723 mit einem großzügigen Innenhof und herrlicher Eingangshalle mit dunklen Marmorsäulen. Suite Nr. 103 besitzt ein schönes Deckenfresko.

Restaurants

Ca's Cuiner, Plaça Cort 5, Palma, Tel. 971 72 12 52. Kleines Schlemmerparadies mit eigener Schweinefarm (Sobrasada vom schwarzen mallorquinischen Schwein!). Hier gibt es u. a. auch Tapas zum Mitnehmen (Mo–Sa 9–20, So/Fei 11–15.30 Uhr)

Casa Jacinto, Carrer Barranco 20, Gènova, Tel. 971 40 18 58. Berühmt für hervorragende Schneckengerichte und guten Schinken. Echt mallorquinische Gerichte, für Fremde ein fast schon folkloristisches Erlebnis (Di geschl.).

Es Parlament, Carrer Conqueridor 11, Palma, Tel. 971 72 60 26. Im Parlamentsgebäude und daher mittags voller Parlamentarier. Zwei schöne Jugendstil-Räume mit einer langen Theke, an der man ein paar Tapas oder Drinks beim Warten auf einen freien Tisch genießen kann. Berühmt ist der von der Tinte des Tintenfisches schwarze, saftige Reis (So geschl.).

La Boveda, Carrer Boteria 3, Palma, Tel. 971 71 48 63. In einer kleinen Gasse nahe der Llotja versteckt sich dieses von Einheimischen gern besuchte einfache Restaurant. Eine Besonderheit ist die lange Tapas-Bar mit spanischen und mallorquinischen Leckereien (Sa geschl.).

Marcellino El Gallego, San Lorenzo 23 A, Palma, Tel. 971 71 26 73. Unscheinbar ist dieses mit hellen Möbeln eingerichtete kleine Souterrain-Lokal, das manchen wegen der hohen Preise überraschen mag. Aber kaum jemand in Palma bietet frischeren Fisch und köstlichere Meeresfrüchte, von galizischer Kennerhand perfekt zubereitet (Mo/Di geschl.).

Meson Salamanca, Carrer Sant Jaume 3, Palma, Tel. 971 7[illegible] 82 74. Das Restaurant im ersten Geschoss des Patrizierhauses ist relativ gediegen. In der Enothek im Erdgeschoss kann man eine Auswahl mal-lorquinisch-spanischer Weine und Tapas probieren (So geschl.).

Cafés und Patisserien

Bar Bosch, Plaça Joan Carles I. 6, Palma, Tel. 971 72 11 31. Das ›In‹-Café Palmas. Kaum jemand kann der Versuchung widerstehen, sich hier niederzulassen.

Ca'n Juan de S'Aigo, Carrer Sanc 10, Palma, Tel. 971 71 07 59. Mallorcas älteste Schokolateria, eine Oase der Stille in einer Altstadtgasse nahe Santa Eulalia. Man sollte eine echt mallorquinische, dickflüssige Schokolade trinken und eine süße Ensaimada, Schneckengebäck, eintunken (Di geschl.).

Confitería Frasquet, Carrer Orfile 4/ Ecke Carrer Brossa 19, Palma, Tel. 971 72 13 54. Die im 17. Jh. gegründete Patisserie produziert u. a. die leckersten Pralinen der Stadt. Das Geschäft ist eine Augenweide (auch So vormittags geöffnet).

Bars und Nachtclubs

Abacanto, Camino Nuevo s/n, im Vorort Son Nicolau, an der alten Landstraße nach Bunyola, Tel. 971 43 06 24. Ab 22/23 Uhr ist das alte Landgut des mit seiner üppigen Dekoration aus Früchten und Blumen in Herrenhaus und Park ein beliebter Treffpunkt.

Abaco, Carrer Montenegro/Ecke Carrer Santo Joan 1, Palma, Tel. 971 71 59 74. In einem historischen Herrenhaus westlich des Born. Dekoration wie im Abacanto, nur intimer (tgl. ab 21 Uhr).

Tito's, Passeig Maritim/Plaça Gomilla, Palma, Tel. 971 27 10 16. Palmas berühmteste Disco mit Meeresblick. Daneben ist Tito's Piano Bar im Stil einer Galeone eingerichtet, jedoch mit Kuschelecken.

Früchte der Nacht – das Abaco ist ein Nachtclub wie aus einem Märchen

Die Südküste – Platja (Playa) de Palma bis Ses Salines

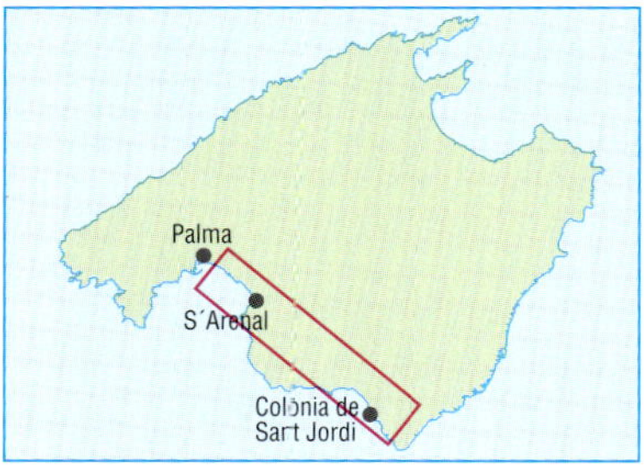

S'Arenal ist wohl das bekannteste Urlaubsgebiet Spaniens. Hier stehen die auf **Massentourismus** ausgerichteten Bettenburgen – hier sind die Nächte laut und lebendig. Vor allem deutsche Touristen kommen hierher und finden vor Ort den deutschen Metzger und den deutschen Bäcker sowie in den Bars die vielen deutschen Biersorten. Nicht selten gibt es in den Restaurants Schweinshaxe mit Sauerkraut. Arenal steht aber auch für **familienfreundlichen Urlaub**, weil der Strand flach abfällt und relativ gefahrlos ist. Arenal bietet zudem eine perfekte Infrastruktur: Hotels in allen Kategorien, kleine Familienbetriebe, Pensionen und Ferienwohnungen. Vergnügliche Ferien werden all diejenigen haben, die sich vom Alltag loslösen und erholen wollen – aber eben mit einigem Rummel.

2 El Molinar und Coll d'en Rebassa

Fischer- und Badeorte der Palmenser sowie lebhafte Touristensiedlungen vor den östlichen Toren von Palma de Mallorca

Man verlässt Palma im Osten an der Strandpromenade, biegt aber noch vor dem Autobahnring ab auf die Straße C 717 nach Portixol, Ciutat Jardí etc. und fährt direkt am Meer entlang. Gleich hinter dem Jachthafen von Portixol, der früher Palmas Fischerhafen war, fängt **El Molinar** an. Hier findet man Fischerhäuser mit kleinen Dachterrassen, auf denen Wäsche zum Trocknen im Wind flattert. Pastellfarben sind diese ein- oder zweistöckigen Häuser, die fast spielzeughaft wirken. Um die Osterzeit werden sie herausgeputzt, die Klappläden und Fassaden werden frisch gestrichen.

Hier wohnen kaum noch Fischer, dafür aber zeitweilig deren Nachkommen aus Palma. Sie verbringen in El Molinar Wochenenden und Feiertage – Frauen und Kinder leben auch während der Sommermonate hier. Abends lassen sie sich von der Brise auf dem Damm erfrischen, die Jugend zieht vielleicht Richtung Arenal, um den Urlaubsrummel zu beobachten oder mitzuerleben. Der kleine *Hafen* bietet noch so manchem Fischerboot Platz. Das hohe, spitz zulaufende Denkmal *La Torre de los Vientos* auf der Promenade – das einen im Flug die Schwingen weit öffnenden Kranich zeigt – ist den Fischern gewidmet.

Gleich im Anschluss an El Molinar geht der Kenner hauptsächlich im grünen Villenort **Ciutat Jardí** essen, vornehmlich Fisch und Meeresfrüchte. Man sollte unbedingt eines der meerabgewandten Häuser aufsuchen, wo man sich meist in Gesellschaft von Geschäftsleuten und mallorquinischen Feinschmeckern befinden wird, denn Touristen bevorzugen wegen des schönen Ausblicks meist das Jachtklub-Restaurant.

Die von kleinen *Jachthäfen* unterbrochenen *Sandstrände* in diesem Gebiet hat man längst erweitert und verschönert. Dabei wurde das alte Hotel Ciutat Jardí, eine Bilderbuch-Schönheit, in die Promenade integriert. Es war 1921/22 für die ersten Strandtouristen Palmas gebaut worden.

Das Ende von Ciutat Jardí markiert die Artilleriefestung *La Torre den Plau*, einst Teil des Verteidigungsrings um Mallorca. 1898 wurde die nur 15 m über dem Meeresniveau stehende Anlage verstärkt und um einen tiefen Graben erweitert. 1976 erwarb die Stadt Palma die Festung und gestaltete sie in eine hübsche Gartenanlage mit leicht musealem Charakter um.

In **Coll d'en Rebassa**, zu dem auch der ›feinere Ortsteil‹ Ciutat Jardí gehört, kauft

Lustwandeln unter grünen Wedeln – Strand und Uferpromenade von Arenal werden von zahlreichen hübschen Palmen beschattet

man ein. Hervorragend ausgestattet ist beispielsweise der Komplex Continente jenseits der Autobahn. Hier befinden sich auch der Großmarkt Mercapalma, das städtische Schlachthaus sowie eine Getränkefabrik.

Der Badeort **Can Pastilla** (mit Jachthafen, breitem Sandstrand und zwei vorgelagerten Inselchen) liegt direkt in der Einflugschneise des Flughafens Son Sant Joan – immerhin Spaniens meistfrequentierter. Dieser Vorort zählt wegen seiner ungünstigen Lage zu den preiswertesten Urlaubszielen Mallorcas.

i Praktische Hinweise

Hotel

****__Ciutat Jardí__, Isla de Malta 14, Ciutat Jardí, Tel. 971746070, Fax 971746072, www.hciutatj.com. Das historische Hotel besticht mit 20 reizenden Zimmern, davon fünf mit Panoramablick über die Küste, und einer überkuppelten Suite.

Restaurants

TOP TIPP **Can Jordi**, Isla de Chipre 37, Ciutat Jardí, Tel. 971491909. Eines der besten Fischlokale Mallorcas in kühlem Ambiente. Besonders zu empfehlen: Mariscos variados, die gemischte Meeresfrüchte-Platte.

El Portixol, Calle Sirena 27, El Molinar, Tel. 971271800. Direkt am hübschen, gleichnamigen Jachthafen, kurz vor dem Ort El Molinar gelegenes Lokal mit Blick auf Palma (besonders schön am Abend). Berühmt für köstlich zubereitete Langusten.

3 Platja de Palma/ S'Arenal (L'Arenal)

Mallorcas und Spaniens Badeort Nummer eins mit rund 50 000 Ferienbetten für den Massentourismus.

Die einst vom Festland herbeigebrachten Palmen haben schon lange endgültig Wurzeln geschlagen. Sie machen den Badeort mit seinen weltberühmten Balnearios und dem lang gezogenen, verbreiterten Sandstrand auch optisch zu einer touristischen Attraktion. Ein buntes, offenes Bähnlein fährt die 4 km lange Platja-Front zwischen Can Pastilla und Arenal hin und her.

Für Verwirrung sorgt der Name dieser Küste: *Platja de Palma* möchten die Stadtväter von Palma auch Arenal benannt wissen – aber richtig ist es dennoch nicht. Umgekehrt wird die eigentliche Platja de Palma häufig als Arenal bezeichnet, z. B. wenn die Reiseveranstalter ihre Hotels anpreisen. So wird beispielsweise auch

Starke Maschinen, coole Typen – die Straßencafés an der Promenade von Arenal bieten jede Menge Gelegenheit zu effektvoller Selbstdarstellung

das Riu-Center, das eigentlich in Platja de Palma steht, mit dem Gebiet Arenal in Verbindung gebracht. Dieses Riu-Center ist das deutsche Kommunikationszentrum des Strandortes, mit dem Club Mallorquin, medizinischem Notdienst, Reisebüro, Banken, Cafés und Kneipen sowie Boutiquen und kleinen Supermärkten.

Arenals Club Náutico wurde am 31. August 1978 eingeweiht und zieht im Sommer so manche feine Jacht an. Denn direkt dahinter beginnen die im Grünen liegenden Villen-Urbanisationen von Son Veri und Son Veri Nou [Nr. 4]. In der Nähe des Clubs liegt ein Meeresmuseum, die **Aula de la Mar** (tgl. 9–13 Uhr, Führungen auf Anmeldung, Tel. 971 44 20 19, Carrer Miramar).

Wer noch ein wenig ursprüngliches Arenal entdecken möchte, findet es in der Nähe des kleinen Hafens oder entlang der Küstenstraße: Hier stehen kleine, höchstens zweistöckige Häuser mit hausbreiten Veranden. Außerdem gibt es noch immer echte Tapas-Bars sowie mallorquinische Bäckereien und Lebensmittelläden. Der Wochenmarkt von Arenal findet jeden Dienstagvormittag statt und ist wegen seines vielfältigen Angebots gut besucht.

Wichtig zu wissen: In Platja de Palma und Arenal werden Ortsangaben bzw. Adressen nach Balnearios benannt, von Balneario 1 im Osten von Arenal bis Balneario 15 an der Platja de Palma.

i Praktische Hinweise

Information

OIT, Plaza Meravelles s/n, Platja de Palma, Tel./Fax 971 26 45 32

Hotels

****__Riu Bravo__, Carrer Misión de San Diego 4, Platja de Palma, Tel. 971 26 63 00, Fax 971 26 42 42, www.riu.com.
Bei Deutschen beliebtes Hotel inmitten eines blühenden Gartens mit Pool.

***__Paradiso Garden Hotel__, Carrer Perla 28, Platja de Palma, Tel. 971 26 06 16, Fax 971 26 13 76, www.mac-hotels.com.
Beliebtes Ferienhotel unter deutscher Leitung; ruhig und zentrumsnah gelegen, mit Gartenterrasse und Pool. Günstig für Langschläfer: Brunch vom Büfett.

***__Riu Bali__, Carrer Bartolomé Salva 18, Platja de Palma, Tel. 971 26 27 00, Fax 971 26 20 61, www.riu.com.
Geschmackvolles Haus mit großzügigen Doppelzimmern und gutem Service.

**__Carmen Playa__, Carrer Fernando Alzamora 32, Platja de Palma, Tel. 971 74 40 15, Fax 971 26 89 14. Einfaches Hotel mit Pool in einer ruhigen Seitenstraße in Strandnähe. Das Essen gibt es vom Büfett.

4 Son Veri, Cap Regana und Cap Blanc

Von den neuesten zu den ältesten Siedlungen Mallorcas.

Son Veri und das mondäne **Son Veri Nou** mit seiner zum Teil extravaganten Architektur (Fußgängeranbindung durch eine Promenade entlang der niedrigen Steilküste über dem Meer) schließen sich an den südlichen Ausläufer Arenals an. Die Straße PMV 6014, breit und z.T. mit Radweg ausgebaut, führt an Cala Blava vorbei (3 km). Ihre einzige Sehenswürdigkeit ist (2 km von der Kreuzung an der Steilküste) die kleine verlassene Festung am **Cap Enderrocat**, die in den 90er-Jahren des 18. Jh. für die Verteidigung des gesamten Golfes von Palma besondere Wichtigkeit besaß.

Ab Son Veri lohnt sich der leichte Abstieg zu Fuß ans Meer, zu den *Marés-Steinbrüchen*: Hier wurden Steine für den Bau der Kathedrale La Seu von Palma und für die Errichtung vieler anderer Kirchen sowie Stadtpaläste gebrochen. Später dienten die Felsen den berühmt-berüchtigten Zigaretten-, Kaffee- und Zuckerschmugglern Mallorcas als Versteck – vor allem ab 1934, als der ›blonde Tabak‹ zum begehrten Schmuggelgut wurde. Heute sind die so genannten Canteras eine Sehenswürdigkeit – falls man sie, meist halb vom Meer bedeckt, erkennt. Wenn die Sonne stark scheint, erwärmt sich das Meerwasser in den durch den Abbruch entstandenen Bassins und ermöglicht in diesen natürlichen Wannen ein besonderes Badevergnügen!

Am **Cap Regana** beginnt ein Militärsperrgebiet, das sich bis zum etwa 6 km entfernten felsigen **Cap Blanc** hinzieht. Warum man hier entlang fahren sollte? Erst einmal, um zur schönsten Talayot-Siedlung Mallorcas zu gelangen, dem von der Küste 5 km inseleinwärts gelegenen Capocorb Vell. Und außerdem sieht man Wälder mit Aleppo-Kiefern und die karstige Steilküste mit ihrer interessanten Vegetation (im Frühjahr verschiedene Orchideenarten).

5 Capocorb Vell

Mallorcas bedeutendste und schönste prähistorische Siedlung.

Wenige Meter links der Kreuzung (Hinweisschild), bei Kilometer 23, befindet sich die hervorragend restaurierte Anlage Capocorb Vell (Fr–Mi 10–17 Uhr, Fei auch länger). Sie ist eine der bedeutendsten bronzezeitlichen **Megalithsiedlungen** des westlichen Mittelmeerraums. Zwischen 1400 und 1000 v. Chr. wird der Baubeginn für dieses befestigte Dorf angesetzt. Für die Errichtung wurden große, kaum behauene Steine verwendet, die man im Trockenmauerwerk aufeinander schichtete. So entstanden Ummauerung, Häuser und Verteidigungstürme. Für die Überdachung der Räume benutz-

Eine der besterhaltenen Talayotsiedlungen des Mittelmeerraums ist die von Capocorb Vell

Ein hochromantischer Ankerplatz – die schmale, felsgerahmte Bucht Cala Pi gilt als der schönste Fjord der Südküste

te man eine große Steinplatte, die von einer Säule in der Mitte gestützt wurde. Alternativ wurden auf die Räume so genannte falsche Gewölbe gesetzt, die nach oben mit Bruchsteinen aufgefüllt waren.

Die Mauern der **Talayots-Türme** waren 1,5 bis 2 m dick. Beide Konstruktionsweisen erlaubten den Bau von zwei oder drei Stockwerken, sodass die Häuser eine Höhe von 6 bis 8 m, manchmal auch von 12 m erreichten.

Capocorb Vell war fast kreisrund ummauert. Die Anlage bot Platz für drei runde und zwei quadratische Talayots sowie für 28 Häuser. Die Steine wurden im Laufe der Jahrhunderte abtransportiert und für neue Bauten zweckentfremdet, nicht zuletzt für die Kathedrale La Seu und die Llotja von Palma.

6 Cala Pi und La Ràpita

Vom schönsten Fjord der Südküste zum traumhaften Dünenstrand.

Von Capocorb Vell aus erreicht man nach 4 km Cala Pi. Eigentlich ist es eine Doppelbucht: die erste, kleinere ist nahe beim Leuchtturm der **Punta Capicorp** (Capocorb). Sie heißt *Cala Beltran* und ist naturbelassen. Der eigentliche Fjord der Cala Pi bildet eine geschützte Bucht – sicherlich die schönste der Südküste. Leider nimmt die Randbebauung dort immer weiter zu. Zum Glück gibt es aber noch die alten, pittoresken Bootshäuser der Fischer am Felsrand in der Nähe des Wehr- und Aussichtsturms *Torre de Cala Pi*, der 1659 erbaut wurde.

Wer Richtung Osten möchte, muss erst ein Stück landeinwärts fahren, um den Torrente Garonda zu überqueren, und kommt dann auf der PMV 6015 nach Estanyol (von Cala Pi insgesamt 15 km).

Estanyol de Mitjorn ist ein bescheidener Badeort der Einheimischen mit Veranda-Häusern, einem kleinen Jachthafen und guten Fischrestaurants. Die sich übergangslos anschließende Ortschaft **La Ràpita** gehört – wie Estanyol – nicht gerade zu den architektonischen Schönheiten Mallorcas. Andererseits beginnen hier **Las Dunas**, die Dünen von La Ràpita, ein Sandstrand, der erst nach etwa 6 km über Ses Covetes hinweg bei Colònia de Sant Jordi endet und zu den schönsten der Insel gehört. *FKK* ist hier eine Selbstverständlichkeit, vor allem in den dicht bewachsenen Dünen. Die Naturschützer garantieren, dass außer je einem Kiosk (u. a. Verleih von Liegen und Sonnenschirmen) an den Strandabschnitten Platja de la Ràpita im Norden und der Platja des Trenc im Süden nicht mehr gebaut wird.

TOP TIPP

7 Banys de Sant Joan und Colònia de Sant Jordi

Von Mallorcas einziger Kuranstalt zu einem zu groß geratenen Fischerdorf.

In der Kuranstalt **Banys de Sant Joan de la Font Santa** (4 km vor Colònia, April–Okt. Mo–Sa 9–12 und 16–18, So 9–12 Uhr) fühlt man sich ins 19. Jh. zurückversetzt. Dennoch ist die 1845 entstandene Anlage mit zeitgemäßem Komfort ausgestattet, was die Kurmöglichkeiten betrifft. Unverändert blieben die große, 7 m hohe Ein-

gangshalle sowie die Gästezimmer des seit 1962 integrierten Hotels. Das *Thermalwasser* ist leicht radioaktiv, natriumchloridhaltig, stets 38 °C warm und damit gut gegen rheumatische Erkrankungen, Arthritis, Hautkrankheiten sowie für die Rekonvaleszenz. Man kann in den hübsch gekachelten Bädern sogar auf Krankenschein kuren! Und schönheitsfördernd soll das Wasser auch sein ...

Die **Salinen** vor der Tür prägen eine Landschaft von besonderer Schönheit. Botanikerherzen schlagen höher angesichts der Vielfalt an Salzpflanzen, die hier gedeihen. Die Dünenstrände von *Ràpita* und *Trenc* sind nur einen Spaziergang entfernt, **Colònia de Sant Jordi** ist der nächstgelegene größere Ort. In diesem einst verschlafenen Fischernest mit zahlreichen urigen Fischrestaurants entwickelte sich allerdings einer der verbautesten Jachthäfen Mallorcas.

Unweit des Hafenortes haben sich an der *Punta de Tors* ein paar nette kleinere Häuser und Pensionen erhalten. Man besinnt sich außerdem wieder auf die Tradition und renoviert immer mehr Fincas im Windmühlental, das sich von hier aus bis nach Campos erstreckt. Es Palmer ist eine solche Finca, die 1993 wie ein Phönix aus der Asche auferstand, mitsamt Windmühle, deren einstiges Auffangbecken heute als kleiner Pool dient. Bei Es Palmer soll, wenn die Recherchen der Eigentümerfamilie stimmen, schon lange vor der ersten römischen Siedlung ein Ort namens Palmeria bestanden haben. Und tatsächlich bezeugen antike Nekropolen die frühe Besiedlung der Region.

i Praktische Hinweise

Information

OIT, Municipal de Ses Salines, Carrer Doctor Barraquer 5 , Colònia de Sant Jordi, Tel. 971 65 60 73, Fax 971 65 64 47

Hotels

**********Casa Chiquita**, Carrer Esmeralda 14, Colònia de Sant Jordi, Tel. 971 65 51 21, Fax 971 65 54 13. Die zauberhafte kleine Familienpension am Anfang des Dünenstrands Es Trenc mit verfügt auch über einen modernen Anbau.

Das Hotel Banys Sant Juan de la Font bietet nicht nur idyllisches Ambiente, sondern auch heilsames Thermalwasser

TOP TIPP **Banys Sant Juan de la Font Santa**, Carretera Campos s/n, in der gleichnamigen Kuranstalt zwischen Campos und Colònia de Sant Jordi, Tel. 971 65 50 16, Fax 971 65 52 57, www.balneariofontsanta.com. Ein Hotel für Individualisten, die sich gerne unter Einheimische mischen und obendrein etwas für ihre Gesundheit tun wollen.

Unweit von Colònia de Sant Jordi durchpflügen Windmühlen rastlos das Firmament

Finca

TOP TIPP **Es Palmer**, Plaça Es Palmer, 6,4 km nördlich von Colònia de Sant Jordi, Tel. 971 18 12 65, Fax 971 18 10 63, www.espalmer.com. Finca mit zehn recht komfortabel ausgestatteten Zimmern. Das Gebäude ist umgeben von einem Gemüsegarten.

Restaurant

Antonio, Carrer Alexandre Farnese 5/ Carrer Santa Teresa de Jesús, Colònia de Sant Jordi, Tel. 971 65 54 05. Berühmt für köstliche Paella (Mo geschl.).

8 Ses Salines

Der verschlafen wirkende Ort gilt als das heimliche Zentrum des äußersten Südens. Hier gab es einst talayotische Siedlungen.

Von der Kreuzung Colònia und Ses Salines sind es über die PMV 6101 nur 4 km bis Ses Salines. Um es gleich vorwegzunehmen: Von den talayotischen Siedlungen sind nur noch kümmerliche Reste übrig geblieben – falls man sie überhaupt findet (nicht ausgeschildert). So sieht man von **Es Pou Jua** lediglich ein Eingangstor aus großen Steinen und einige Mauerreste (zu erreichen über die PM 610 Colònia–Ses Salines).

Die Hauptstraße von Colònia (PM 610) und die PMV 6101 treffen sich an einer

Blütenrausch aus dem Füllhorn der Natur – Mallorca und eine seiner Frühlingsfarben

Flora

Auf Mallorca gibt es eine ausgesprochen vielseitige Vegetation. Insgesamt findet man mehr als 1500 verschiedene Blütenpflanzen, die ihre ganze Pracht ab Februar und März entfalten. An den felsigen Küstenabschnitten stehen überwiegend **Aleppokiefern**, in den Sandbuchten wachsen Disteln, Strandhafer und in steileren Regionen findet man **Steineichen**.

In den höher gelegenen Gebieten trifft man allenthalben auf die tiefgrünen Mastixsträucher, die üppig blühen. Auch duftende Myrtenhaine und der balearische Buchsbaum prägen hier das Erscheinungsbild.

Wo die flachen, trockenen Gebiete des Hinterlandes beginnen, sieht man nur noch vereinzelt wilde **Oliven**- oder **Johannisbrotbäume**. Aus den Johannisbrotfrüchten stellt man den bitteren, dunkelfarbigen Aperitif-Likör Palo her. Vierlorts aber mussten Oliven- und Johannisbrotbäume großen Mandelbaum- und Obstplantagen weichen. Im Frühjahr verwandelt sich die ganze Insel in ein einziges **Blumenmeer** – unter anderem blühen dann Klatschmohn, Rosmarin, Heidekraut, Orphys (Orchideenarten) sowie gelbe oder weiße Kronen-Wucherblumen, die unseren Margeriten ähneln.

Kreuzung, die das Zentrum des Ortes Ses Salines bildet. Hier findet man die 1876 von Pere d'Alcàntara Penya begonnene Pfarrkirche **Sant Bartomeu**, die 1912 eine neue, glatte Fassade aus Marés erhielt. Das zweistöckige Haus (Nr. 17) gegenüber, Can Bàrbara genannt, besitzt noch einen schönen gotischen Verteidigungsturm.

Das Gebiet südlich des Ortes ist Besitz der Bankiersfamilie March. Ihr überdimensional ausgefallenes Herrenhaus **Sa Vall** erinnert an den Bausti der amerikanischen Südstaaten. Sa Vall kann man jedoch ebensowenig besichtigen wie die beiden Salzseen, die ein *Vogelparadies* sind. Der Zugang zum Meer mit den schönen Sandbuchten und vorgelagerten Inselchen zwischen Colònia und Cap Salines ist dennoch möglich: entweder zu Fuß von Colònia aus (Platja de Ses Roquetes) oder über die 12 km lange Straße (PM 610 und PM 611) von Ses Salines bis zum **Cap Salines** – Mallorcas Südspitze mit Blick auf die Insel Cabrera. Vor dem militärisch genutzten Leuchtturm kann man den Wagen stehen lassen und über einen Fußpfad zu den Stränden gehen.

Die kleinen Buchten und Fjorde der Südostküste sind nur vom Meer aus erreichbar. Sie reihen sich bis zur **Cala S'Amonia** aneinander, die man von Llombards aus erkunden kann [Nr. 13]. Auf dem Weg zum hübschen, verschlafenen

Gesellige Wüstenbewohner – Hunderte von stacheligen Kakteen scheinen neugierig ihre Hälse zu recken – Szene aus dem Botanicactus genannten Garten bei Llombards

Llombards (1,5 km von der Kreuzung PM 610/611) breitet sich linker Hand Europas größter botanischer Garten aus, der **Botanicactus** (tgl. 9–17.30 Uhr, www.botanicactus.com). Auf 150 000 m^2 Fläche wachsen mehr als 1000 Pflanzenarten; 25 000 m^2 der Anlage sind der *Flora Mallorcas* gewidmet: Oliven- Mandel- und Johannisbrotbäume, Aleppokiefern, Eukalyptus u. v. a. Auf 50 000 m^2 erstreckt sich der tropische Feuchtgarten, 10 000 m^2 groß ist der künstlich angelegte See. Auf 40 000 m^2 wurde ein trockener Wüstengarten angelegt. Besonders sehenswert sind die Kakteen. Etwa 12 000 Stück sind es, und ihre schönste Blütezeit ist im Mai.

Cabrera

Die 17 km^2 große **Inselgruppe** 17 km südlich des Cap Salines besteht aus der stark zergliederten Hauptinsel *Cabrera* (Ziegeninsel), den Eilanden *Conejera* (Kanincheninsel) und *Foradada* (mit Leuchtturm) sowie kleineren Felseninseln. Plinius war der Meinung, auf Cabrera sei der karthagische *Feldherr Hannibal* geboren worden. Im Mittelalter suchten Piraten auf Cabrera Unterschlupf. Die Mallorquiner schützten deshalb im 14. Jh. den Hafen mit einer Wehrburg. 1808 wurden mehr als 9000 französische Gefangene auf Cabrera drei Jahre lang unter schlimmsten Bedingungen festgehalten – nur 3600 von ihnen überlebten.

Die Gewässer um die stark verkarstete, von Rosmarinpflanzen bedeckte Insel eignen sich hervorragend zum Baden, Tauchen und Fischen. Cabrera ist Naturschutzgebiet und darf nur mit Sondergenehmigung besucht werden. Das ist allerdings kein Problem, denn eine Fahrt zur Insel ist in den meisten Bootsausflug-Programmen enthalten.

i Praktische Hinweise

Fincas

Es Turo, 2,5 km nordöstlich von Ses Salines, Tel. 971 64 95 31, Fax 971 64 95 48, www.esturo.com. 200 Jahre alte, zum Hotel ausgebaute Finca, mit Pool im Garten und Restaurant. In erhöhter Lage mit Blick über den Südosten der Insel.

S'Hort d'Es Turo, Tel. 971 64 95 75, Fax 971 64 91 10, www.hortdesturo.com. Südwestlich von Ses Salines. Schön restaurierte kleine Finca. Nette Apartments mit Bad. Es wird gemeinsam gefrühstückt und zu Abend gegessen.

Restaurant

Bodega Barahona (auch Casa Manolo), Plaça Sant Baromeu 2, Ses Salines, Tel./Fax 971 64 91 30. Lokal im Zentrum neben der Kirche. Riesige Auswahl an Tapas. Im kleinen Restaurant im 1. Obergeschoss gibt es auf Vorbestellung Fisch in Salzkruste (Mo/Sept. geschl.).

Der Südosten – von Llucmajor zur Ostküste

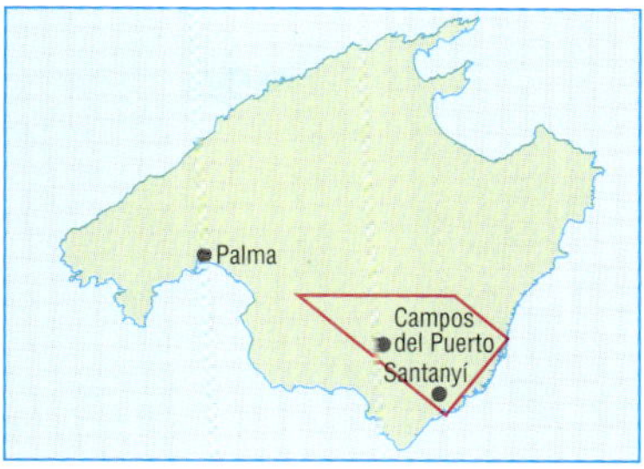

Ob von S'Arenal über die PM 602 oder vom Flughafen über die alte Landstraße C 717 – man fährt jeweils ungefähr 17 km durch das größte **Mühlental** Mallorcas. Viele der bis vor einigen Jahren noch dem Verfall preisgegebenen Windmühlen drehen sich inzwischen wieder. Sie dienen aber nicht nur der Dekoration – wie Durchreisende vielleicht meinen könnten – die meisten dieser eleganten ›Windräder‹ pumpen Wasser auf die umliegenden Felder. Die Landwirtschaft spielt in der **Es Pla**, der großen Ebene Mallorcas, noch immer die Hauptrolle.

9 Llucmajor/Lluchmayor

Der Ort lebt noch immer vom Ruf seiner Schuhmacher.

Einer der größten Orte der Pla, Llucmajor, wurde bereits 1867 der Landwirtschaft abtrünnig und sattelte auf die Schuhindustrie um, die das inzwischen zur Kleinstadt herangewachsene Dorf berühmt machte. Die Mechanisierung der Schuhherstellung fand schrittweise 1920–28 statt, und ab 1950 wurden Schuhe auch exportiert. Außerdem begann man früh, die Küste zu besiedeln, und viele Einwohner von Llucmajor fanden Arbeit in der Tourismus-Branche, Wirtschaftsfaktor Nummer eins.

In Llucmajor leben rund 9500 Menschen, gut 20 500 sind es in der gesamten Gemeinde, die mit 325 m² die größte Mallorcas ist. Wohlhabend ist sie außerdem, da zum Gemeindebesitz auch die Badeorte von *S'Arenal* bis *Cala Pi* und *Vallgornera* [Nr. 3 und 6] gehören.

Bereits im 18. Jh. entstanden in der Stadt schöne, geräumige Häuser mit geschmückten Portalen aus Marès, mit hüb-

Seinen Schuhmachern setzte Llucmajor an der Plaça de los Zapateros ein hübsches Denkmal

Frisch vom Feld – der Markt von Llucmajor lockt mit einer Fülle von Gemüse und Früchten. Aus dem Hintergrund wacht der Glockenturm von Sant Miquel über das Geschehen

schen Fensterumrahmungen und Balkonen. Einige beherbergen heute Kunstgalerien. Im ausgehenden 19. Jh. wurden, mit der aufstrebenden Schuhindustrie und dem damit verbundenen Reichtum, die hellen, von großen Glasflächen und Wintergärten geprägten Stadthäuser um den Marktplatz errichtet.

Besichtigung Von Palma kommend, biegt man links in den platanengeschmückten, platzähnlichen Passeig Jaume III. mit dem **Monument für Jaume III.** ein. Das Bronzebildnis des sterbenden Königs erinnert an die Entscheidungsschlacht um Mallorca, bei der er am 25. Oktober 1349 unweit von Llucmajor ums Leben kam. Weiter geht es zu der kleinen Plaça de los Zapateros mit dem **Denkmal für die Schuhmacher**. Geradeaus gelangt man ins Zentrum, auf die Plaça Major (oder Espanya) mit dem **Rathaus** (1882 und 1927) und den lichtdurchfluteten, drei- bis vierstöckigen Bauten, die hier um 1900 entstanden.

Links vom Hauptplatz steht an der Plaça Santa Catalina Tomás die Pfarrkirche **Sant Miquel**. Sie ist dem Erzengel Michael geweiht, dessen Statue im Innern über dem kostbar gearbeiteten barocken Hochaltarretabel des Bildhauers Morey thront.

Das Gotteshaus wurde bereits 1248 erstmals erwähnt. In der heutigen Form stammt der einschiffige tonnengewölbte Bau aus dem Jahr 1820. Damals entstand auch der Glockenturm, *La Micaela* genannt. Die Spitzhaube seines ungewöhnlichen Klangaufsatzes wird von acht Säulen getragen.

Nach der Schlacht von Llucmajor 1349 wurde Jaume III. zunächst hier in Sant Miquel bestattet, bevor seine sterblichen Überreste nach Palma überführt wurden, wo sie zusammen mit denen von Jaume II. in der Trinitätskapelle der Kathedrale beigesetzt sind.

Rechts vom Rathaus führt der schmale Carrer des Sa Font mit seinen herrschaftlichen Häusern, die zuweilen Einblicke in ihre großen Vorhallen gewähren (Nr. 16 und 20), auf den Carrer dels Angels. Von dort gelangt man zum Seitenportal der zum **Convento de Sant Bonaventura** gehörenden Kirche. Die eher schlichte Hauptfassade ziert ein wundervolles *Renaissanceportal*. Das Innere der einschiffigen Kirche birgt reich ausgestattete Seitenkapellen. Der dreistöckige barocke Hochaltar ist vollkommen vergoldet und wird an hohen Festtagen mit Samt und Seide geschmückt.

Wenn möglich, sollte man *Ostersonntag* um 8 Uhr eintreffen, um die Messe und die nachfolgende Prozession zur Sant-Miquel-Kirche mitzuerleben, in deren Verlauf es vor dem Rathaus zur ›Begegnung‹ der Christusfigur aus der

Bonaventura-Kirche und der Marienstatue kommt, die aus Sant Miquel herbeigetragen wird.

Dem Kirchenportal gegenüber haben die Einwohner der Stadt ihrer Dichterin *Maria Antonia Salva* (1865–1958) im Jahr 1965 ein Bronzedenkmal errichtet. Es stellt die Pflückerin, eine ihrer bekanntesten Romanfiguren, dar.

Ein Abstecher nach Randa und zum gleichnamigen Tafelberg mit seinen drei Klöstern bietet sich an (4 bzw. 9 km; s. S. 60). Die Hauptroute folgt jedoch der C 717, die durch flaches Ackerland mit Mandel- und Johannisbrotbäumen geradewegs nach Campos führt (13 km).

i Praktische Hinweise

Information

OIT, Plaza Reina Cristina s/n, Llucmajor, Tel. 971 44 04 14

Hotel

*****__Gran Hotel Son Julia__, Certa S'Arenal a Llucmajor, Tel. 971 66 97 00, Fax 971 66 97 01, www.steinhotels.com. Wer es sich leisten kann findet hier den passenden Rahmen für den perfekten Urlaub. Das Lokal Las Bóvedas bietet vorzügliche Küche, auch für Nicht-Hotelgäste.

10 Campos del Puerto

Das kleine Museum der Pfarrkirche allein macht den freundlichen Ort besuchenswert.

Das alte Städtchen, von seinen 7000 Bewohnern kurz Campos genannt, verdankt seinen Wohlstand von alters her der Landwirtschaft. Heute verleiht ihm der hohe Anteil an jugendlicher Bevölkerung besondere Vitalität: Tagsüber arbeitet man in den Touristenzentren der Umgebung, am Abend wird in den zahlreichen Pubs und Discos von Campos gefeiert. Für Bewegung sorgen hier auch Radsportler, die sich das flache Umland zunutze machen.

Campos wurde von König Jaume II. um 1300 gegründet. Die Stadt besitzt noch zahlreiche, in Wohnhäuser und Paläste integrierte Befestigungstürme. In der Ortsmitte steht linker Hand die hübsche und gut restaurierte **Casa Consistorial**, das Spätrenaissance-Rathaus (1580 und 1642), das auch ein Kulturzentrum beherbergt. Sein trutziger, zwei Stockwerke hoher Verteidigungsturm, von einem Vorgängerbau erhalten, bildet die Straßenecke; die zweibogige Eingangshalle befindet sich an der Querstraße und zeigt auf die Plaça Major, den Hauptplatz Campos'. Die Plaça wird weiterhin gerahmt vom *Can Pere Ignasi*, dem gelungen restaurierten Adelspalast gegenüber dem Rathaus, sowie einem rechts anschließenden Gebäude mit schöner Loggia und einem Jugendstilhaus von 1907, in dem die Banco Central residiert.

Campos hat noch mehr zu bieten, z. B. das alte Konvent von **Sant Francesc de Paula** (17. Jh.), heute Sitz der Guardia Civil, und die ehemalige gotische Spitalkirche. Im Frühjahr werden hier klassische Konzerte gegeben, und sonntags zur Messe finden Orgelkonzerte statt.

Doch Campos' größte Attraktion ist ein Murillo zugeschriebenes Gemälde in der Pfarrkirche **Sant Julián** (1248 erbaut) in der Seitenkapelle rechts vor dem Chor: Ein geduldig leidender *›El Santo Cristo de la Paciencia‹* (ca. 1640) aus der nahen Einsiedelei von Sant Blai (Blasius). Seit seiner Eröffnung im Sommer 1993 macht das **Museu d'Església**, das Kirchenmuseum in der Sakristei links vom Chor, dem Gemälde jedoch Konkurrenz. Es wurde auf Privatinitiative des Curia Padre Gabriel Reus ins Leben gerufen und durch Spendengelder finanziert. Allerdings öffnet es sein Pforten nur, wenn der Curia Zeit hat. Er wohnt gleich neben der Kirche, im Haus Nr. 17 (Tel. 971 65 00 03), der schönen *Casa Rectoral* aus dem 14./15. Jh. mit gotisch-katalanischen Fenstern. Überwiegend wurden Schätze gesammelt, die aus dieser Kirche bzw. aus Sant Blai, der ersten Kirche des Ortes, stammen. Eine besondere Kostbarkeit ist ein kleiner Hausaltar, der innerhalb des Dorfes von Familie zu Familie gereicht wurde. Vom Einfluss italienischer Malerei zeugt ein *gotisches Triptychon*, das an Werke der sienesischen Schule erinnert. Interessant sind außerdem jene Opferschalen, in deren Mitte Heiligenfiguren erscheinen: Sie sollten die Einwohner Campos' durch Heilsversprechen zu Opferspenden motivieren.

TOP TIPP

Noch ein Wort zum Kircheninneren: Der gotische Kern aus dem 13. Jh. ist komplett erhalten, wurde jedoch im 19. Jh. ummantelt. Die klassizistische Orgel und die Vergoldung der Kassettendecke stammen ebenfalls aus dem 19. Jh. Gemälde der mallorquinischen Brüder Miquel und

Wie Zwerge umringen die Häuser von Campos del Puerto die mächtige Kirche Sant Julián

Salvador Torres vervollständigen die Ausstattung.

Sant Blai

13,5 km sind es von hier nach Colònia de Sant Jordi bzw. zum alten Hafen von Campos. Nur 4 km südlich von Campos steht, parallel zur Landstraße, die restaurierte Kirche Sant Blai (in der Regel So 17–19 Uhr).

Das wehrhafte Kirchlein (schon 1248 erwähnt) ist, abgesehen von der kleinen Fensterrose und den drei Öffnungen darüber, praktisch fensterlos. Der einschiffige, vierjochige Innenraum mit niedrigen Seitenschiffen und Choranlage wird von Kreuzgratgewölben überfangen. Die hübsche Kanzel stammt von 1875. Die zahlreichen Kirchenschätze von Sant Blai sind ins Museu d'Església von Sant Julián (s. o.) überführt werden.

Bis Santanyí sind es weitere 14 km auf der gut ausgebauten C 717.

11 Santanyí/Santañy

Ihren Ruf verdankt die Stadt dem edlen Marés-Stein und den wilden Schmuggler-Geschichten.

Kaum ein nobles Haus auf Mallorca kommt ohne *Marés-Stein* aus. Zumindest die Fenster- und Türrahmen sind aus jenem harten Sandstein gearbeitet, der sich auch für Reliefs und Skulpturen eignet.

In früheren Zeiten an der Küste abgebaut und von dort nach Palma und in andere Städte verschifft, wird der Marés-Stein heute ausschließlich im Gebiet zwischen Campos und Santanyí gebrochen.

Zu Berühmtheit gelangten in der ersten Hälfte des 20. Jh. auch die Schmuggler von Santanyí. Sie hatten ebenfalls mit den Steinbrüchen an der Küste zu tun, denn hier versteckten sie ihre Beute und Schmuggelware. Heute lebt das Landstädtchen von dem, was die meisten der 7700 Bewohner in den Touristenzentren an der Küste verdienen.

Das Gebiet von Santanyí war bereits in prähistorischer Zeit besiedelt, wie einige archäologische Funde bezeugen. Der Ort selbst ist jedoch eine römische Gründung. Das beweisen nicht zuletzt die rechtwinklig zueinander angeordneten Straßen. ›Sant Agnini vom heiligen Lamm‹, könnte der lateinische Name gelautet haben, denn im Wappen der Stadt, das sakrale und profane Bauten gleichermaßen schmückt, erscheint von alters her das Opferlamm. *Piratenüberfälle* plagten den Ort das ganze Mittelalter hindurch (besonders verheerend war das Jahr 1388). Später wurde die Insel Cabrera als Piratenhochburg zum Problem. Daher entstand im Laufe der Jahrhunderte eine mit

Verteidigungsmauern und Wehrtürmen befestigte Stadt.

Von den Befestigungsanlagen blieb nur die **Porta Murada** (1520–23), das ›befestigte Tor‹, erhalten, das doppelwandig und schmucklos in die hohe Mauer eingelassen war. Vom Tor aus fällt der Blick auf den jugendstilhaften Glockenturm der **Casa Consistorial**, des Rathauses von 1902 an der Plaça Major. Am Ende dieses Platzes ragt die Fassade der Pfarrkirche **Sant Andrés Apostol** auf, die 1786–1811 nach Plänen von Antonio Mesquida erbaut wurde. Die Kirche birgt eine der kostbarsten Orgeln Mallorcas von *Jordí Bosch*, dem bedeutendsten Orgelbaumeister der Insel.

Links befindet sich der Durchgang zur gotischen **Capilla del Rosario** (1248, Umbau 15. Jh.). Diese diente den Einwohnern von Santanyí bei Piratenüberfällen als *Schutzburg*. Im 18. Jh. erhielt die Kapelle einen Anbau, der aber bald für die schnell wachsende Gemeinde nicht mehr ausreichte, weshalb neben der Capilla ein Neubau entstand. Bereits 1935 wurde die Anlage zum nationalen Denkmal erklärt (Messe tgl. 18.30 Uhr).

Neben der Pfarrkirche steht die **Casa Rectoral**, das im 16. Jh. restaurierte Pfarrhaus, mit einem sehr hübschen Innenhof. Sollte die Kirche geschlossen sein, kann man hier den Schlüssel holen.

Santuari de la Consolació

Weiter geht es auf der C 717 nach Norden in Richtung S'Alqueria Blanca. Nach 3 km folgt man den Hinweisschildern zum Santuari de la Consolació (1,5 km), das im 17. Jh. in einen Festungsbau integriert wurde. Wunderschön ist der Altaraufsatz gegenüber dem Eingang zum Oratorium, in einem rührenden Inselbarock geschnitzt und mit nur wenig Blattgold verziert. Im Mittelpunkt steht eine gotisch bewegte Madonnenfigur. Gleich links in einer verglasten Nische erscheint die Hauptfigur des Sanktuariums: Die verehrte ›Mare de Déu de la Consolació‹, im Volksmund die Regenmacherin genannt, ist eine recht bäuerliche Maria mit Kind.

Von der Kirche mit ihrem zierlichen, weithin sichtbaren Glockenturm hat man einen großartigen Blick über große Teile der Südostküste bis nach Cabrera.

Mindestens einmal im Jahr kommen die Einwohner von Santanyí hier hinauf zu einer farbenprächtigen, nachösterlichen Romería (Wallfahrt) mit viel Wein und gutem Essen.

i Praktische Hinweise

Restaurant

Can Toni, Carrer S'Aljub 10, Santanyí. Dieses einfache Restaurant an der Rückseite des Wasserreservoirs (Aljub) ist bei Einheimischen besonders beliebt. Während im vorderen Teil Karten gespielt wird, genießt man im hinteren Raum das schmackhafte Mittagsmenü. Wein wird auf den Tisch gestellt, und man zahlt nur das, was man getrunken hat.

12 Felanitx

Der Abstecher von Campos aus (12 km) führt in die Stadt, die sich als Geburtsort des Entdeckers Amerikas, Christoph Columbus, rühmt.

Der Bildhauer *Jaume Mir* (* 1915) hat in Felanitx das Licht der Welt erblickt und er schwört darauf, dass auch Christoph Columbus in seiner Heimatstadt geboren worden sei. Außerdem, fährt Jaume Mir fort, sei jeder zweite in der 14 000-Seelen-Gemeinde jüdischer Abstammung. Auch der berühmte europäische Entdecker Amerikas soll ein – konvertierter – Jude gewesen sein.

Felanitx erhebt sich am Rand der **Serra de Llevant**, der großen Ebene, auf vier Hügeln. Schaut man von oben auf die Stadt hinab, erblickt man ein weißes Häusermeer mit meist flachen Dächern: ein Bild, das an Nordafrika erinnert.

Die 25 zum Teil verfallenen *Windmühlen* erinnern an jene Tage, als man mit ihrer Hilfe nicht nur Wasser für die Landwirtschaft, vornehmlich Aprikosen- und Weinanbau, sondern auch für die vielen kleinen Handwerksbetriebe hochpumpte. In den Werkstätten werden auch heute noch hauptsächlich Majoliken (Azulejos) und Glaswaren hergestellt.

Geschichte Felanitx wurde von den Mauren gegründet, die hier eine große Moschee errichteten und das Gesamtbild des Ortes nachhaltig prägten. Kurz nach der Wiedereroberung durch Jaume I., König von Aragon, wurde eine Kirche errichtet, die 1248 bereits in der Bulle von Papst Innozenz IV. genannt wurde. Jaume II. erhob Felanitx im Jahr 1300 zur Stadt. Im 16. Jh. zählte der Ort bereits mehr als 4000 Einwohner und einige Orden begannen, sich hier anzusiedeln: 1603 wurde beispielsweise das Augusti-

Sant Miquel von Felanitx, eine der ältesten Kirchen der Insel, thront über einer breiter Freitreppe

Der Drachentöter Erzengel Michael in Aktion über dem Portal seiner Kirche Sant Miquel

nerkloster gegründet. Doch das Leben war alles andere als friedlich.

Räuber aus dem Inselinneren wüteten in der Stadt, Türken- und Maurenüberfälle drohten vom Meer – im 17. und 18. Jh. war Felanitx ein gefährliches Pflaster. Die Bewohner zogen sich in ihre Häuser zurück, betätigten sich in kleinen Handwerksbetrieben und ließen das Land ringsum unkultiviert. Erst Ende des 18. Jh. entfalteten sich der Wein- und Obstanbau, und die wohlhabende Gemeinde zählte bald 7000 Einwohner. 1883 war Felanitx, kurz nach Palma, die zweite Stadt auf Mallorca mit einer eigenen Zeitung (›El Felanigense‹). Nachdem Königin Doña Maria Cristina Felanitx zur Ciutat erhoben hatte, gründete man den stadteigenen Banco de Felanitx, die Handelskammer, ein Kultur- und Kunstzentrum – sowie eine Stierkampfarena.

Besichtigung Die Plaça de Sant Font de Santa Margalida ist ein guter Ausgangspunkt für den Stadtbummel. Dort steht der **Margareten-Brunnen** mit jener raumgreifenden Treppenkonstruktion, die hinab zum eigentlichen Brunnen führt. Er wurde 1830 fertig gestellt, und von seinem Wasser sagt man, es könne nie versiegen, da es sich auf wundersame Weise vermehre. Von hier unten wirkt die TOP TIPP Fassade der Kirche **Sant Miquel** (Sommer tgl. 11–12 und 16.30–19 Uhr, Winter tgl. 11–13 Uhr) besonders imposant, weil sich ihre eigene großzügige Freitreppe mit der des Brunnens optisch verbindet und eine fast bühnenhafte Szenerie bildet. Sant Miquel (vor 1248) gehört zu den ältesten Kirchen Mallorcas und wurde 1762 völlig umgestaltet. Zum Eingang führt eine Freitreppe empor, deren Stufen mit geometrischen Mosaiken aus Bachkieseln geschmückt sind. In der barocken *Hauptfassade* prangt ein tiefes, kassettiertes Renaissanceportal mit pausbäckigen Engelsköpfen im Türbogen. Darüber erscheint der Kirchenpatron Michael als Drachentöter, dessen Kopf beinah die reich mit Maßwerk geschmückte Rosette berührt. Den oberen Fassadenabschluss markieren Balustraden und Ecktürmchen.

In der mit schönen *Glasfenstern* (um 1915) und einer herrlichen Orgel geschmückten Kirche ist links ein spätgotisches *Kruzifix* (ca. 1530) besonders zu beachten. Die Architektur des Chores hat ihren gotischen Charakter bewahrt, der auch auf das Langhaus ausstrahlt.

Im links neben der Kirche gelegenen Pfarrhaus, der **Casa Rectoral**, befindet sich ein schönes Majolikakreuz. Sehenswert ist auch der Innenhof.

Neben dem Margareten-Brunnen steht, mit Blick auf die Kirchenfassade links, das schöne Patrizierhaus Can Prohens (18. Jh.), in dem sich das Kulturzentrum **Casa de Cultura** (Mo–Sa 18–21 Uhr, So/Fei ganztags, bei Ausstellungen erweiterte Öffnungszeiten) befindet.

Geht man rechts der Kirche in den geschäftigen Carrer Major, entdeckt man an der Langhauswand unterhalb des Eingangs eine Erinnerungstafel für die 414 Menschen, die 1844 bei der Osterprozession von einer einstürzenden Mauer erschlagen wurden.

Von der Fußgängerzone Carrer Major zweigt schließlich der Carrer d'es Call ab (zweite Straße rechts). Der Name Call lässt vermuten, dass sich hier früher das jüdische Getto befunden hat. Herrlich ist der Blick durch die enge Gasse hinauf zur Treppe, die auf den festungsartigen **Calvario** (Kalvarienberg) führt. Wenn man, vorbei an steinernen Stationskreuzen, Trockenmauern und Gärten, oben an der kleinen Kirche *El Calvario* (1854) ankommt, hat man einen wahren Kreuzweg zurückgelegt. Aber der schöne Rundumblick, u. a. auf das Kloster Sant Salvador und den Burgberg von Castell de Santueri, entschädigt für die Mühe.

Himmelsleiter – über viele Treppen geht es hinauf zum Santuari Sant Salvador (14.–18. Jh)

Das Castell de Santueri, heute Ruine, geht auf eine mächtige arabische Festung zurück

Auf dem Rückweg nach unten biegt man am Ende der Treppe zunächst links und gleich darauf rechts in den Carrer de la Caritat ein. Mit Blick auf die große Markthalle von Felanitx geht der Weg durch die von Ordenshäusern gesäumte Gasse. Sehenswert sind die an den Fassaden angebrachten Wappen mit christlichen Symbolen.

Santuari Sant Salvador

Im Südosten der Stadt folgt man der ausgeschilderten Pilgerstraße, vorbei an der neoromanischen Capilla (1910) und den Kreuzwegstationen mit Majolikabildern zum 4 km entfernten Santuari Sant Salvador (tgl. 9.30–20 Uhr). Von Don Alfonso 1358 gegründet, wurde das Sanktuarium vom 16. bis 18. Jh. mehrfach restauriert. Auf der ersten Bergterrasse steht das 7 m hohe Bronzemonument *Cor de Jesús* (1934). Das schlichte Kloster thront weiter oben in 509 m Höhe auf einer mächtigen Felsnase. Nicht nur das Heiligtum lockt zahlreiche Besucher und Wallfahrer an, sondern auch die schöne Aussicht.

Die hinter einem malerischen Innenhof gelegene Kirche wurde 1716 erbaut, ihre kostbaren Ausstattungsstücke sind aber wesentlich älter. In der Seitenkapelle vor dem Tor steht das schönste Kunstwerk der Klosterkirche: ein *Sandstein-Retabel*, 1553 von Guillermo Sagrera oder seiner Schule geschaffen. Die Figuren dieses ›Abendmahls‹ der Predella wirken geradezu naiv, dazu passen die kleinen Tiere (Hund und Katze), die unter dem Tisch hervorlugen.

TOP TIPP Castell de Santueri

Der südlichen Ausfallstraße Richtung Santanyí folgend, biegt man nach weniger als 2 km links ab und fährt durch einen Aleppokiefernwald, vorbei an Johannisbrot-, Mandel- und Olivenbäumen, 4,5 km bis zum Parkplatz unterhalb des Festungsfelsen des Castell de Santueri (wegen Einsturzgefahr bis mind. 2007 geschl., Info unter Tel. 971 86 40 40). Auch diese Königsburg ist wie die beiden anderen, das Castell del Rei und das Castell d'Alaró, heute eine Ruine, die aussieht, als sei sie mit dem Felsen, auf dem sie steht, verwachsen. Erhalten sind ein Teil der Umfassungsmauer und ein Wehrturm. Ein kurvenreicher Weg führt hinauf zum Plateau (400 m). Von oben hat man einen überwältigenden Blick auf die Umgebung, auf die hügelige Landschaft der Serrania Levante, von Gärten unterbrochen.

Die Geschichte der Festung reicht bis zu den Römern zurück. Sie bauten in dieser strategisch günstigen Lage einen ersten Wachturm, von dem aus sie die Südostküste bis Cabrera beobachten konnten. Die Araber machten daraus eine fast uneinnehmbare Festung: Jaume I. brauchte ein ganzes Jahr, um sie zu erobern und zerstörte sie danach völlig. Erst im 14. Jh. wurde die Burganlage zum Schutz gegen Piraten wieder hergestellt.

Es Pontàs – die Felsbrücke schmückt die Küste zwischen Cala Llombards und Cala Santanyì

i Praktische Hinweise

Hotel

*****Son Vent**, bei Cas Concos des Cavaller nahe S'Alqueria Blanca, je 10 km nach Felanitx und Santanyí, Tel. 971 84 21 84, Fax 971 84 21 64, www.son-vent.de. Luxuriöse kleine Finca mit Zimmern und Suiten in einem ehemaligen Bauernhof. Schöner Garten mit Pool. Das Restaurant bietet Candlelight Dinner.

Cala Mondragó – geselliges Wellenbad in einer der attraktivsten Buchten des Südostens

13 Cales der Südostküste

Die Küste um Santanyí ist stark zerklüftet und äußerst malerisch. Hier gibt es sowohl zwischen Felsen versteckte Buchten, geschützte Sandstrände und Naturhäfen als auch Touristenzentren zu entdecken.

Cala S'Almunia/S'Amonia

Eine wildromantische Bucht – von hohen Felsen umgeben , doch nicht ganz einfach zu finden, das ist die Cala S'Almunia. Vom Ort Llombards aus fährt man in Richtung Cala Llombarts, biegt jedoch nach 3 km rechts ab. Wo die Straße dann

eine scharfe Rechtsbiegung macht, parkt man und steigt zu einem über dem Meer liegenden Felsplateau mit Feuerstellen ab. Links vom Plateau liegt der kleine Sandstrand Caló des Moro, rechts befinden sich die von Felsen und Aleppokiefern umrahmten Buchten Sa Fontanella und Corb Mari mit ihren Fischerhäuschen und Booten. Der Zugang zum Wasser ist hier leider relativ schwierig.

Cala Llombarts
Landschaftlich hübsch gelegener Sandstrand, mit Felsen dekoriert und mit unaufdringlicher Bebauung. Von Santanyí aus geht es über die Asphaltstraße nach Süden, vorbei am Hotel Pinos Playa und durch den Carrer de Sa Costa d'En Nofre und Carrer de Sa Cova des Coloms. Den Rest des Weges geht man zu Fuß – durch einen Wald zur Küste. Ganz in der Nähe (ab Cala Santanyí ausgeschildert) erhebt sich Es Pontas, die gewaltige Felsenbrücke, aus der Brandung. In den nahe gelegenen Steinbrüchen wurde kostbarer Marés gebrochen. Zum Strand gehören Duschen, eine Imbiss-Bar, ein Verleih für Liegen, Sonnenschirme und Pedalos.

Cala Santanyí
Von Santanyí direkt über die PMV 6102 erreichbar (3 km). Die sehr gepflegte Sandbucht hat Hotels, Bars und Restaurants direkt am Strand. Hier kann man Liegen, Schirme und sogar Surfbretter ausleihen. Duschen sind vorhanden.

Cala Figuera
Von Santanyí direkt über die PMV 6102 (5,5 km) oder über Cala Santanyí (ca. 2 km) zu erreichen. Der Fischerhafen in der zweiteiligen Bucht war ehemals der Hafen von Santanyí. Die beiden Wasserarme Caló d'En Boira und Caló d'En Busques bilden ein Y. Am versteckten Ende des linken Arms liegen die Fischerhäuser und malerischen Bootsgaragen. Hohe Felsen und eine Atalaya, die Torre d'En Bèu, rahmen die malerische Szene. Badefreunde fahren mit dem Motorschiff zur Cala Mondragó oder Cala Santanyí. Cala Figuera hat sich trotz Tourismus und hoher Preise Charme und Atmosphäre eines Fischerdorfes bewahrt. Einzige Bausünde ist ein Hotelhochhaus am Eingang der Bucht und am Ende der Fußgängerzone, das seinen Gästen freilich den schönsten Ausblick bietet.

◁ Cala Figuera ist eine hübsche, längst vom Tourismus entdeckte Fischerbucht

TOP TIPP Cala Mondragó
Von Santanyí sind es 5 km zu der zweigeteilten Bucht, deren weitläufige Sandstrände von fast weißen Felsen bewacht werden. Im Aleppowald um die vordere Buchthälfte liegt ein Hotel, am Strand gibt es ein Bar-Restaurant. Hinter einer Felsnase führt der Weg zur eigentlichen Cala Mondragó. Die Naturschönheiten dieser Bucht mit ihrem feinen Sand, der bizarren Felslandschaft und dem herrlichen Blick auf das tiefblaue Meer bleiben dank des 1992 hier eingerichteten Naturparks erhalten.

Portopetro
Vom Norden der Cala Mondragó 3 km entfernt liegt die weite flache Bucht. Der Fischerhafen bietet zugleich Liegeplätze für kleinere Jachten. Restaurants, Bars und Autoverleihfirmen sind vorhanden – aber einen Strand gibt es nicht!

Cala d'Or
4 km nördlich von Portopetro erreicht man das riesige Touristenzentrum der Cala d'Or mit seinen tiefen Fjorden. Hier mangelt es nicht an Hotels und Apartmentanlagen, Restaurants, Cafés, Bars und Boutiquen. Ferner gibt es ein Kultur- und ein Reitzentrum sowie einen modernen Jachthafen.

Cala Serena
Die 2 km nördlich von Cala d'Or gelegene Bucht ist am schönsten rund um die fjordartige kleine Cala Mitjana, wo auch der Robinson Club mit viel Sport und Unterhaltung aufwartet.

Sa Nau/Arsenau
Die feinsandige, schmale Bucht, 4,5 km von *S'Horta* entfernt, hat sich weitgehend im Naturzustand erhalten. In der Hauptsaison werden am Strand Liegen und Schirme bereitgehalten. Die Bucht ist ein beliebtes Ausflugsziel für Taucher.

Portocolom
Von S'Horta fährt man über die C 717 nach Norden. Mehere Abzweigungen führen zu dem sympathischen, im Kern ursprünglich gebliebenen Fischerort. Bemerkenswert sind die Bootshäuser unterhalb der Strandpromenade. Der schmale, von hohen Aleppokiefern gesäumte Strand

Würfel am Wasser – das Fischerstädtchen Portocolom besitzt einen ganz eigenen Charme, Häuser wie aus dem Baukasten und hübsche Bootsgaragen im Tiefgeschoss

ist bei Einheimischen beliebt. An der *Cala Marçal* im Süden liegen Feriensiedlungen mit Blick auf Hafen und Leuchtturm.

Praktische Hinweise

Information

OIT, Municipal de Santanyí, Avenida Cala Llonga, Cala d'Or, Tel. 971 65 74 63, Fax 971 64 80 29

Hotels

******Cala d'Or**, Avinguda Bélgica 33, Cala d'Or, Tel. 971 65 72 49, Fax 971 65 93 51, www.hotelcalador.com. Exklusives Hotel mit terrassiertem Piniengarten und beheizbarem Pool. Direkter Zugang zum Sandstrand.

******Inturotel Cala Esmeralda**, Urbanisation Cala Esmeralda, bei Cala d'Or, Tel. 971 65 71 11, Fax 971 65 71 56, www.inturotel.com. Sehr komfortables und kinderfreundliches Hotel mit großem Sportangebot, 15 Gehminuten vom Ortszentrum entfernt.

******Robinson Club Cala Serena**, in der gleichnamigen Bucht, bei Cala d'Or, www.club-robinson.de. Zu buchen über TUI. Das Haus mit dem wahrscheinlich umfassendsten Sportangebot dieser Küste ist die ideale Residenz für junge Aktivurlauber.

****Hotel Villa Sirena**, Cala Figuera, Tel. 971 64 53 03, Fax 971 64 51 06, www.hotelvillasirena.com. Freundliches gepflegtes Hotel mit schönem Ausblick auf den Hafen.

***Hotel de Cala Mondragó**, im Scheitelpunkt der Cala Mondragó, Tel./Fax 971 65 77 52, www.playamondrago.com. Großzügiges, von jungen Leuten frequentiertes Hotel unter Aleppokiefern.

***Hostal de la Caravella**, Boulevard 29, Cala d'Or, Tel. 971 65 73 66, Fax 971 65 73 88. Pension mit familiärer Atmosphäre und schönen Zimmern.

Restaurants

Cala I und Cala II, Cala Figuera, Tel. 971 64 50 18. Zwei Restaurants desselben Besitzers, über dem Fischerhafen.

Terrassa Porto Cari, Cala d'Or, Tel. 971 65 79 47. Feines Terrassen-Café direkt am mondänen Jachthafen.

Von Palma nach Porreres – Kunst und Tradition

Auf diesem Weg lernt man ein echtes Stück Mallorca kennen, das vom Tourismus noch weitgehend unberührt ist. Die C 715 führt von Palma nördlich des Flughafens durch den Vorort Son Ferriol und das winzige Casa Blanca in fast gerader Linie zur ersten Abzweigung nach **Algaida** (20 km). Windmühlen auf fruchtbaren Feldern begleiten die Zufahrt zu dem charmanten Landstädtchen, in der Umgebung lohnen reich ausgestattete Kirchen und Wallfahrtsklöster wie **Nuestra Senyora de Cura de Randa** oder die **Ermita de Nostra Senyora de Bonany** einen Besuch.

14 Algaida und Randa

Landstädtchen mit Tradition auf dem Weg zum Klosterberg von Randa.

Zu Beginn des 20. Jh. gehörte **Algaida** (3500 Einw.) zu den Orten mit den meisten Hostales und kleinen Gasthäusern. Sie säumten die Hauptstraße des Ortes, die heute von Restaurants dominiert wird. Am Ortseingang stehen noch einige alte Windmühlen, die inzwischen restauriert wurden. Besonders schön ist der **Molí d'En Xina** mit einem Geschäft für Kunsthandwerk.

Das Zentrum Algaidas wird beherrscht von der mächtigen gotischen Pfarrkirche **San Pedro y Pablo** (1404), von deren Dach beängstigend schwere Monster-Wasserspeier herabschauen. Das schlichte Portal mit der Madonnenfigur über dem flachen katalanischen Bogen wird bekrönt von einer Rosette mit achtteiligem Maßwerk. Den Außenbau prägen die für Mallorca typischen Stützbögen, die dem Baukörper einen festungsartigen Charakter verleihen.

TOP TIPP

Von dem kleinen Platz im Zentrum nimmt am Osterdienstag die Wallfahrt **Romería de Pancaritat** ihren Ausgang. Hier wird zunächst der schönste oder fantasievollste Umzugswagen (durchaus zu zeitkritischen Themen) gekürt, bevor sich der Festzug auf den Weg zur 3 km entfernten **Ermita de la Pau** in Castellitx begibt. Über einem

Einträchtig – die Windmühle Molí d'En Xina und die Kirche San Pedro Pablo prägen die Silhouette von Algaida

maurischen Gutshof wurde diese Kirche, eine der ältesten Mallorcas, 1236 errichtet. Es entstand auch eine Siedlung – das alte Algaida –, dessen Bewohner erst im 14. Jh. an den heutigen Ort umzogen. Die Wallfahrt ist ein wahres Volksfest und eine der seltenen Gelegenheiten, die hübsche Einsiedelei mit ihren restaurierten Fresken zu besichtigen.

Am Rand von Algaida steht Mallorcas älteste Glasfabrik, **Vidrios Gordiola** (Ctra. Palma–Manacor, Km 19, Algaida, Tel. 971 66 50 46, www.gordiola.com). Besucher können hier die Herstellung mundgeblasener Kunstwerke beobachten, in den Verkaufsräumen die filigranen Produkte, darunter auch Leuchter und Lampen, erwerben und das Glasmuseum im Obergeschoss besichtigen.

Die Gegend von Algaida ist reich an alten Landgütern, den Possessiós. Eine von ihnen, Sa Mata Escrita, soll sogar der Familie von Ramón Llull gehört haben.

Randa

5 km südlich von Algaida biegt man links ab nach Randa mit seiner unscheinbaren Pfarrkirche *La Immaculata*. Es ist ein hübsches Dorf auf dem Weg zum Berg Randa und den drei Klöstern. Zwischen den Häusern aus grob behauenem, unverputztem Stein liegen kleine Gemüse- und Obstgärten. Sehenswert ist auch der überdachte Brunnen mit Waschplatz. Er liegt an der Gasse rechts vom Eingang des Hotel-Restaurants Es Recó de Randa, wo sich Feinschmecker und Genießer auch zu längerem Aufenthalt einfinden. Etwa 5 km Serpentinenweg (PMV 5018) sind es bis zum **Gipfelplateau** von Randa in 542 m Höhe. Wer gut zu Fuß ist, kann über einen schmalen steinigen Pfad hinaufsteigen. Die Klöster auf dem Berg des Ramón Llull sind das Ziel zahlreicher Ausflügler und Wallfahrer.

Oratorio de Nuestra Senyora de Gràcia

Die Einfahrt (Santuari de Gràcia) liegt in einer engen Kurve, das Oratorio ist ein hübsch restaurierter Klosterbezirk aus dem 15. Jh. Unterhalb einer weit überhängenden Felswand gelegen, bietet er einen herrlichen Blick ins Tal. In der kleinen Kirche (18. Jh.) steht die hochverehrte liebliche Figur der ›Nuestra Senyora de Gràcia‹ (15. Jh.).

Santuari de Sant Honorat

Etwa 1 km weiter bergauf steht eine kleine einschiffige Kirche vom Ende des 14. Jh. Die drei Chornischen beherbergen Statuen: in der Mitte Sant Honorat, rechts der Rittermönch Armau Desbrull und links Ramón Llull. In der dritten Kapelle links befindet sich ein schönes Holzkruzifix (14. Jh.), das der Legende nach Armau Desbrull, der Gründer des Klosters, hierher gebracht haben soll. Von der Terrasse bietet sich ein herrlicher Panoramablick bis in die Bucht von Palma und zur Insel Cabrera.

Nuestra Senyora de Cura de Randa

Rund 2 km weiter gelangt man auf das aussichtsreiche *Hochplateau*, der Blick geht gleichzeitig zur Bucht von Palma, zur Bucht von Alcúdia und zu jenem Kloster, das eine der ältesten *Wallfahrtsstätten* Mallorcas und nach Lluc [Nr. 30] die zweitwichtigste der Insel ist. Sie wurde

Die Glasbläserei Gordiola bei Algaida fertigt fragile Objekte für Haushalt und Hausschmuck

In der Eremitei Nuestra Senyora de Cura de Randa war einst Ramón Llull tätig

1275 als Franziskanereremitei gegründet. Ramón Llull (um 1232–1316) verbrachte zehn Jahre auf diesem Berg: zunächst als Einsiedler in einer Höhle, dann im Kloster selbst. Hier studierte er die arabische Sprache, verfasste bedeutende Schriften und gründete schließlich eine Lateinschule für angehende Missionare. Heute befindet sich in dem Gebäude ein kleines **Museu Eclesial** (tgl. 9.30–20 Uhr, im Winter bis zur Dämmerung) mit historischen Handschriften und Erinnerungsstücken aus Llulls Besitz. Dessen entsagungsvolles Leben wurde zum Vorbild für die Eremitenbewegung auf der Insel, die Gelehrtentum und Missionstätigkeit pflegte. Tatsächlich besitzt das Kloster auch eine Bibliothek mit alten Folianten, Bibeln und Handschriften. Unterhalb der Anlage befindet sich die Grotte, in der Llull bis zur Fertigstellung des Klosters weilte.

i Praktische Hinweise

Hotel

TOP TIPP ***Es Recó de Randa, Carrer Font 21, am Klosterberg, Randa, Tel. 971 66 09 97, Fax 971 66 25 58, esreco@fehm.es. Ländliche Idylle aus vier alten Bauernhäusern mit Pool im Garten. Ideal für Gäste, die Land und Leuten näher sein wollen und eine hervorragende Küche schätzen.

Bodega

Bodegas Can Majoral, C. Campanar s/n, Algaida, Tel. 971 66 58 67. In dieser Bodega wird der Ökowein aus eigenem Anbau ausgeschenkt.

15 Montuïri und Porreres

Dörfer, Kirchen und Landgüter der Pla auf dem Weg nach Manacor.

Von Randa sind es über eine Nebenstraße (PMV 5017) etwa 8 km, von Algaida 7,5 km bis nach **Montuïri**, das nördlich der C 715 auf leichter Anhöhe liegt. Das Dorf (2200 Einw.) mit den schön gepflasterten Gassen ist kompakt gebaut und eine der ältesten Siedlungen Mallorcas. Zum Zentrum sollte man dem Hinweis ›Centre Vila‹ folgen. Die Pfarrkirche **Sant Bartomeu** erhebt sich ortsbestimmend über der hübschen Plaça Major mit ihren Akazienbäumen. Die Kirche entstand zwar bereits im 13. Jh., wurde jedoch durch spätere Umbauten völlig verändert. Ein Blickfang ist das rechte barocke Seitenportal (1643) der Fassade, zu dem eine großzügige Freitreppe hinaufführt.

Am Ortsrand von Montuïri präsentiert in einer restaurierten Mühle das **Museu Arqueològic** (Di–Sa 10–14 und 16–20 Uhr) archäologische Funde aus der Umgebung, die man vor der ›Entführung‹ in die Hauptstadt retten konnte.

Porreres

7,5 km südlich von Montuïri erreicht man, durch Weingärten und Aprikosenplantagen fahrend, die kleine Stadt Porreres. Sie

Die Kirche der Ermita de Nostra Senyora de Bonany, ein Bau des 17. Jh., wurde 1918 erneuert

ist heute auf rund 4200 Einwohner angewachsen, liegt aber noch immer inmitten weiter Felder und Landgüter. Porreres' Straßen sind erstaunlich breit und rechtwinklig angeordnet; sie werden flankiert von schönen zweistöckigen Gebäuden mit halbrunden Marés-Portalen.

Die Pfarrkirche **Nuestra Senyora de la Consolació** (17. Jh.) ist eine Sehenswürdigkeit, die man sich nicht entgehen lassen sollte. Die Kirche wurde bereits kurz nach 1249 erbaut und war seit 1277 selbstständige Pfarrei, doch der heutige Bau stammt von 1714. Die Fassade ist bis auf das Barockportal schmucklos und doch imposant. Das Innere jedoch ist mit kostbaren Altären ausgestattet. Das silberne Prozessionskreuz mit gepunzten Bildern, bekrönt von einem Adler, der seine Jungen füttert, wird in der Sakristei gehütet. Im Jahr 1400 entstanden gilt das Kreuz als eines der wertvollsten gotischen Werke auf Mallorca. Auf der Vorderseite sind Passion und Auferstehung dargestellt, auf der Rückseite Christus in der Glorie, im Kreise der vier Evangelisten. Der ausführende Meister, Antonio Oliva, stammte aus Valencia.

Am Kirchplatz steht auch das loggiageschmückte Pfarrhaus, einen Platz weiter die **Casa Consistorial**, vor der jeden Dienstag der Markt stattfindet. Im Rathaus selbst wurde 1986 das *Museum d'Art Contemporani* (Di/Sa 11–13 Uhr oder nach Voranmeldung, Tel. 971 64 72 21) eröffnet, das eine Fülle von Werken mallorquinischer Künstler präsentiert.

Santuari de Monti-Sión

Im Südwesten führt eine schmale Straße (3,5 km) zum Santuari de Monti-Sión. Beachtenswert sind die Kreuze mit Darstellungen der Sieben Freuden und Sieben Leiden (1497) beiderseits der Straße. Der Kreuzgang des Klosters schließlich besticht durch die Harmonie seiner Rundbögen und den kleinen Brunnen in seiner Mitte. Falls die Kirche verschlossen ist, den Schlüssel erhält man in der Bar gleich nebenan.

Vilafranca de Bonany

Die PM 502 führt durch Weingärten und Gemüsefelder von Porreres direkt nach Llucmajor (12 km). Vilafranca de Bonany erreicht man entweder direkt von Montuïri aus (8 km) oder über die Landstraße von Porreres nach Nordosten (10 km). Das Dorf lebt von der Landwirtschaft, verlockend dekorierte Obst- und Gemüsestände säumen seine Hauptstraße. Im Jahr 1620 wurde die Pfarrkirche **Santa Bárbara** geweiht, die bei einem Umbau im 19. Jh. eine überlebensgroße Martin-Figur auf die Kuppellaterne gesetzt bekam.

Ermita de Nostra Senyora de Bonany

Die nördlich von Vilafranca gelegene Einsiedelei (tgl. 8.30–17.30, im Sommer bis 19.30 Uhr) in 317 m Höhe ist von dort auf einem ansteigenden Fußweg erreichbar (knappe 3 km). Von Petra [Nr. 17] aus führt eine schmale, von Kreuzwegstationen gesäumte Straße (11 km) herauf. Der Legende nach stammt die hier gehütete Madonnenstatue der Mare de Deú de Bonany aus dem 8. Jh. Sie wurde vor den Mauren in einer nahen Höhle versteckt und erhielt später ihre Kirche, die bald zum Wallfahrtsort wurde. Seit 1604 wird die kleine, verschmitzt lächelnde Madonna noch inbrünstiger verehrt, weil sie es damals angeblich ordentlich regnen ließ und den Mallorquinern ein gutes (Ernte-) Jahr (Bon any) brachte. Die Kirche wurde 1697 erstmals geweiht. Der heutige Bau entstand erst nach der Einrichtung der Pilgerräume im Jahr 1918 (Übernachtung, Tel. 971 56 11 01).

Eine blendende Erscheinung – der Hochaltar der Kirche von Nostra Senyora de Bonany

Els Calderers

Gut ausgeschildert ist ab Km 37 der C 715 westlich von Vilafranca die schmale Zufahrtsstraße zum traditionsreichen *Landgut* Els Calderers (April–Sept. tgl. 10–18 Uhr, sonst tgl. 10–17 Uhr). Das von einem weitläufigen Park umgebene Anwesen geht auf das 13. Jh. zurück, die heutigen Wohn- und Wirtschaftsgebäude entstanden ab 1750. Aus dieser Zeit stammt auch die interessante historische Ausstattung – Möbel, Gemälde, Waffen und sonstige Gerätschaften.

Praktische Hinweise

Unterkunft

Klosterzellen, am Puig Monti-Sión, Tel. 971 64 71 85 (Anmeldung obligatorisch).

Restaurant

Ca N'aloi, Carrer Major 5, Montuïri, Tel. 971 64 60 04. Einfaches Bar-Restaurant in der Nähe der Kirche. Serviert wird schmackhafte lokale Küche, z. B. Pamboli, in großen Portionen (Do geschl.).

Els Calderes, hier die originalgetreue Küche, macht die Vergangenheit wieder lebendig

Das Landesinnere – Kornkammer Mallorcas

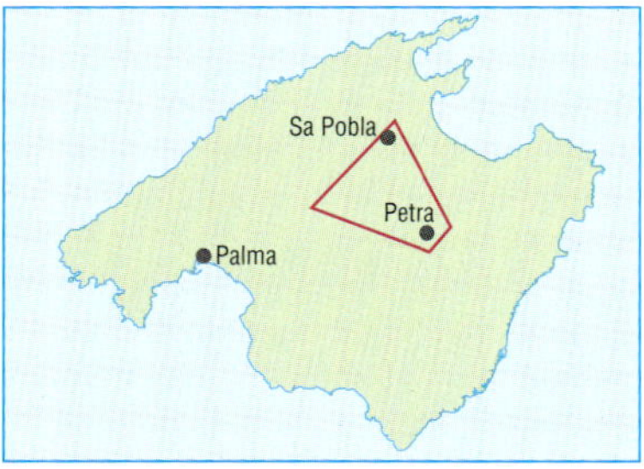

Sineu, Sant Joan, Petra, Santa Margalida, Muro, Sa Pobla, Llubi, Costitx, Sencelles – diese Ortschaften wirken außer an Markttagen zwar eher verschlafen, doch sie bieten dem Besucher eine geruhsame, entspannende Atmosphäre. Außer dem flachen Sa Pobla liegen alle diese **Landwirtschaftszentren** auf leichten Anhöhen (am höchsten Sineu: 144 m). Ihnen zu Füßen – in der Ebene – wachsen Artischocken, Bohnen, Kartoffeln, alle Kürbisarten, Tomaten, Auberginen und Erdbeeren. Die weiten Getreidefelder können bis zu dreimal jährlich geerntet werden. Von schönen Steinmauern begrenzte Straßen ziehen sich durch die sanften Hügel, beschattet von Feigen-, Johannisbrot- und Mandelbäumen.

16 Sineu

Im geographischen Mittelpunkt der Insel gelegener Ort mit langer Geschichte.

Sineu (2600 Einw.) existierte wahrscheinlich schon zur Zeit der Talayot-Kultur, gesichert ist die Existenz aber erst zur *Römerzeit*. Unter den Mauren war es eines der sechs großen Zentren. Nach der Reconquista wurde es wichtigstes Verwaltungszentrum des Königreichs Mallorca. Jaume II. ließ hier einen Palast bauen.

Mittelpunkt des Dorfes ist die Pfarrkirche **Nuestra Senyora de los Angeles** (Mi vormittags, Sa/So ab etwa 19 Uhr), die 1248 erstmals erwähnt und nach einem Brand im 16. Jh. neu errichtet wurde. Ab 1998 wurde das Gebäude zuletzt umfassend restauriert. Ein großer bronzener Löwe, das Evangelistensymbol des Stadtpatrons, des hl. Markus, bewacht den Fuß der Freitreppe, die vom Marktplatz zum Kirchenportal hinaufführt. Auffällig sind die hohe Vierungskuppel und der frei stehende Glockenturm. Das Innere ist reich an Kirchenschätzen. Besonders zu beachten sind in der ersten Kapelle links unter der Empore eine von Engeln bewachte Virgen muerta, in der tiefen Rosenkranz-

Sineus Silhouette kulminiert in Kirchturm und Kuppel der Pfarrkirche Nuestra Senyora de los Angeles (13./16. Jh.) ▷

kapelle das herrliche Retabel (15 Mysterien, 17. Jh.) und in der Sakristei rechts vom Chor die kostbare silberne Monstranz, ein mallorquinisches Meisterwerk des 15. Jh., das während der Festtage den Hochaltar schmückt.

Südwestlich der Pfarrkirche im Carrer Arnaldo Ramis befindet sich im ehemaligen königlichen Palast Jaumes II. (1309) das **Convento de Monjas**, das seit 1853 bestehende Kloster der Franziskanerinnen. Nördlich der Kirche liegt am Carrer Sant Francesc das einstige Franziskanerkloster mit Postamt und Rathaus (Casa Consistorial). Auf Anfrage ist dort ein altes, fein ziseliertes, bronzenes Hohlmaß für Getreide zu besichtigen, die Barcella (1343).

TOP TIPP Jeden Mittwochvormittag findet in Sineu der **Mercado Semanal** statt. Ein besonderes Erlebnis für Besucher ist der dazugehörige Viehmarkt. Die Bauern aus den Nachbardörfern nutzen die Gelegenheit und lassen in den Werkstätten ringsum ihre Geräte reparieren während sie einkaufen, handeln, sich umschauen oder in einem Café einen Plausch halten. Im alten *Bahnhof* (erbaut 1876, stillgelegt 1975) entstand die interessante Kunstgalerie **S'Estació** (Tel. 971 52 07 50, Mo–Fr 9.30–14 und 16–19 Uhr; im Winter eingeschränkte Öffnungszeiten). Nach dem Markt- und Stadtbummel sollte man zum Essen in eines der zahlreichen Celler gehen, wie die Restaurants hier genannt werden.

Sant Joan

Von Sineu geht es 6,5 km südöstlich zu dem kleinen Dorf, das sich nicht nur seines köstlichen Bauernbrots aus Sauerteig und der schmackhaften Botifarrós (Blutwürste) rühmen kann, sondern vor allem seiner Pfarrkirche. **Sant Joan Battista** ist für eine Dorfkirche erstaunlich groß und reich ausgestattet. 1249 erstmals erwähnt, erhielt sie im 15. Jh. ihr gotisches Portal und im 17./18. Jh. den Glockenturm. In den Jahren 1937–44 wurde das Gebäude

Experten unter sich – jeden Mittwoch treffen sich die Bauern auf dem (Vieh-)Markt von Sineu

erneut umgestaltet. Aus dieser Zeit stammen die goldverzierte Kassettendecke (1939) und das große Fresko im Chor (1937). Kunstwerke des Barock vervollständigen die Ausstattung. Im linken Seitenschiff ist das Kruzifix des Santo Cristo de la Sang (17. Jh.) sehenswert und in der vorletzten Seitenkapelle links ein Retabel mit dem ›Leben Christi‹ (17. Jh.).

Nahe dem Friedhof steht das *Santuari de la Consolació* (13. Jh. und 1697). Das altehrwürdige Bild der ›Consolació‹ auf dem Hochaltar der Kapelle zeigt Maria mit dem Jesuskind, das aussieht, als wolle es Maria umarmen.

i Praktische Hinweise

Finca

Sa Casa Rotja, Km 3,2 der PMV 2512 Sineu –Moro, Tel./ Fax 971 18 50 27, www.sacasarotja.com. Kleines Anwesen mit fünf individuell gestalteten Ferienwohnungen. Im ausgedehnten Garten mit Obst- und Gemüseanbau gibt es einen Pool.

Restaurants

Celler Ca'n Font, Sa Plaça, Sineu, Tel. 676 47 56 81. Uriger Weinkeller an der Westseite der Kirche, in dem auch mallorquinische Speisen serviert werden.

Celler Es Grop, Carrer Major 18, Sineu, Tel. 971 52 01 87. Ein altes Celler mit riesigen Weinfässern in einem urigen Gewölbe. Am Markttag gibt es Frito mallorquin, Eintopf aus oft schlachtfrischen Lamminnereien und Kartoffeln.

Moli d'en Pau, Carretera Santa Margalida 25, Sineu, Tel. 971 85 51 16. Das Restaurant in einer restaurierten Getreidemühle am oberen Ortsrand ist mit Bildern des einheimischen Künstlers Ricardo Gago ausgestattet. Gute spanisch-mallorquinische Küche (Mo geschl.).

17 Petra

Beschaulich und historisch: Geburtsort von Junipero Serra, der als Gründer der amerikanischen Metropole San Francisco gilt.

Das Landstädtchen Petra (2600 Einw.), 5,5 km östlich von Sant Joan gelegen, hat mit seinen verwinkelten Gassen mittelalterlichen Charme bewahrt. Der Ort ist dem Gedenken an seinen berühmten Sohn gewidmet: Der Franziskaner *Fra Junipero Serra* (1713–1784) wurde hier in jungen Jahren zum Priester geweiht. Als Missionar ging er 1749 nach Mexiko und später nach Kalifornien, wo er zahlreiche Missionsstationen gründete. Sechs davon entstanden im Jahr 1776 im Gebiet der späteren Hafenstadt San Francisco, als deren Gründer er seither gilt.

In Petras Fußgängerzone reihen sich die Erinnerungsstätten beim **Oratori Sant Bernardi** (1607) geradezu aneinander: Das *Museo del Padre Serra* (meist tgl. 10–12 und 16–17.30 Uhr, Tel. 971 56 12 67) im Carrer P. Miguel de Petra 2 zeigt eine Sammlung von Bildern und Dokumenten. Nebenan steht das Geburtshaus und auf der Plaça Padre Serra ein Denkmal für Serra (1984) mit Majolikabildern seiner Lebensgeschichte.

Die Pfarrkirche **San Pedro** im Norden Petras wurde 1239 errichtet. Von diesem gotischen Bau blieben der fünfseitige, kreuzrippengewölbte Chor und das Taufbecken erhalten, in dem laut einer Inschrift auch Fra Serra getauft wurde. Größere Umbauten fanden in den Jahren 1582 und 1724 statt.

i Praktische Hinweise

Restaurants

Sa Creu, Km 1 der Straße Petra–Santa Margalida, Tel. 971 83 02 46.
Preiswertes mallorquinisches Familienrestaurant (Di–Do abends geschl.).

Stop, Carrer Palma 2, Petra, Tel. 971 56 14 63. Das bei Einheimischen beliebte Restaurant am Ortsrand bietet mallorquinische Küche zu angemessenen Preisen.

18 Maria de la Salut und Santa Margalida/ Sta Margarita

Am östlichen Rande der ohnehin ertragreichen Zentralebene beginnt eines der fruchtbarsten Gebiete Mallorcas.

Noch immer werden in dieser Gegend Karren als Transportmittel und Maulesel als Zugtiere beim Pflügen eingesetzt. Die meisten der prachtvoll ausgestatteten Landsitze kann man leider nur von außen bewundern, da sie nicht öffentlich zugänglich sind. Das Dorf **Maria de la Salut**, 9 km nordwestlich von Petra, präsentiert sich in schöner Hügellage über Mandelgärten und Weinbergen. Die Pfarrkirche **Virgen de la Salut** mit dem zwiebelturmähnlichen Aufsatz ihres Glockenturms überragt das Dorf ebenso wie die Ruine der **Roqueta**, des ehemaligen Landsitzes der Markgrafen von Roqueta. Der Legende nach fand man das Marienbildnis ›De la Salut‹ auf jenem Besitz. Heute steht es auf dem Hochaltar der tonnengewölbten einschiffigen Kirche, die 1857 Gründungsort des heute noch aktiven Ordens der Barmherzigen Schwestern des Heiligen Franz von Assisi war.

Santa Margalida

Die PM 352 führt nach 4 km von Maria de la Salut ins Zentrum des etwas größeren Nachbardorfes Santa Margalida. Es hat die Fruchtbarkeit seiner Äcker der Tatsache zu verdanken, dass die Sümpfe von S'Albufera sich einst bis hierher ausdehnten. Die Getreidemühlen und das Kunsthandwerk (Holz und Schmiedeeisen) brachten von alters her gutes Einkommen, letzteres konnte sich im Zuge des Tourismus sogar ausweiten.

Über einen baumbeschatteten, hohen Treppenaufgang erreicht man das schöne Barockportal der **Església Parroquial** (1232 und 17./18. Jh.). Die Innenausstattung der einschiffigen Pfarrkirche mit Seitenkapellen ist überraschend reich. So enthält etwa die Capilla Santo Cristo de las Animas links einen verzierten marmornen Altaraufsatz (1947) von Tomás Vila und einen vergoldeten Schrein, die Capilla Sant Antoni (hinten rechts) ein gotisches Bild der Heiligen Margarita und Petrus, das aus dem Vorgängerbau der Kirche stammt.

Das Museo del Padre Serra in Petra erinnert an den Gründer San Franciscos (USA)

Stimmungsvoll beleuchtet, von Palmen bewacht – Sant Joan Baptista in Muro

19 Muro

Ein schönes Dorf mit emanzipierten Frauen.

Rund 5 km nordwestlich von Santa Margalida breitet sich auf einem sanften Hügelrücken in 73 m Höhe über den Es-Marjals-Feldern der großflächige Ort Muro (6000 Einw.) mit seinen schönen Häusern aus dunklem Marés-Stein aus. Von Muro heißt es übrigens, dass hier die Frauen schon immer die gleichen Rechte besaßen wie die Männer, also vollkommen emanzipiert waren.

Sicher war Muro schon in der Frühzeit besiedelt, wie zahlreiche Funde ringsum beweisen. Registriert ist es seit 903 als das arabische Al-Chibeli, um 1229 wurde es dann spanisch. Den Ort überragt die mächtige Pfarrkirche **Sant Joan Baptista** (1570), die über einer Kapelle von 1240 errichtet wurde.

Ein weiterer Besichtigungspunkt ist das **Museu Etnològic** (Di–Sa 10–15, Do 10–15 und 17–20, So 10–14 Uhr), das als Abteilung des Museu de Mallorca im Herrenhaus der Simó (17. Jh.) im Carrer Major 15 eingerichtet wurde. Es ist eine Stiftung des letzten Hausbesitzers, Don Gabriel Alomar Esteve, von 1965. Man erfährt eine Menge über das Alltagsleben der Mallorquiner, die Versorgung mit Lebensmitteln und über die verschiedenen Handwerkszweige. Beachtenswert sind auch eine kleine Ausstellung von Siurells, tönernen Hirtenpfeifen, und Jarritas, mit zarten Blumen- und anderen Mustern applizierten Tongefäßen aus Felanitx, sowie eine bescheiden ausgestattete Apotheke aus dem 19. Jh.

Die PM 343 führt von Muro nach Sa Pobla durch weite Felder. Auffallend dicht stehen Windmühlenstümpfe beieinander. Die Mühlen entwässerten früher die Huerta de Sa Pobla und pumpten gleichzeitig dort Wasser hoch, wo es im hügeligen Gebiet fehlte.

20 Sa Pobla

Der Gemüsegarten Mallorcas.

Nur 5 km von Muro liegt Sa Pobla (10 000 Einw.) inmitten des eigentlichen Gemüsegartens der Insel. Seine Äcker gehören zu den fruchtbarsten Mallorcas, denn das Land wurde aus den Sümpfen der S'Albufera gewonnen [s. S. 80]. Die satten Wiesen und roterdigen Felder des Es Marjals sind von Wassergräben gerahmt, die eher dem Abfluss als der Bewässerung dienen.

Archäologische Funde beweisen, dass in dieser Gegend schon seit der Bronzezeit Ackerbau betrieben wird. Jaume II. baute die einstige arabische Siedlung Huyalfàs planmäßig aus, wie die geradlinige Anlage der Straßen verdeutlicht.

Die Landgüter ringsum dehnten sich bis nach *Selva* [s. S. 90] aus, aber als Landadeliger besaß man auch ein Haus in der Vila, im Ort. Mit der Umstellung auf Weinbau im 19. Jh. ließen die Besitzer unter ihren Landhäusern jene berühmten Cellers, die Weinkeller, anlegen. Auch für die Freizeit war gesorgt: Zum Angeln und Jagen begab man sich auf die eigene Parzelle in der S'Albufera.

Die Nacht des größten Festes im ländlich-schmucken Sa Pobla heißt *Nit de Sant Antoni* (16. Januar). Sie ist wie die reich ausgestattete Pfarrkirche **Sant Antoni Abad** (1357, im 17. Jh. verändert) dem hl. Antonius geweiht. Der platanengeschmückte Platz vor der Kirche, umgeben von schmalen Renaissance-Palästen, ist auch Schauplatz einer sehr gut besuchten Buchmesse. Sie findet stets am 23. April statt, dem Sant-Jordi-Tag, der auch Cervantes-Tag genannt wird. Der Carrer Mercat, der bei der Kirche beginnt, ist flankiert von eleganten Geschäften. Jeden Sonntag ist großer *Markt*, der wichtigste Gemüsemarkt der Insel. Die köstlichste Spezialität Sa Poblas sind die Espinagades, mit Spinat und Aalen gefüllte, scharf gewürzte Teigtaschen.

Richtung Búger zeigt in dem schönen Casal de Can Planes am Carrer Maura 6 das **Museu Local/Museu d'Art Contemporaní** (in der Regel Di–Sa 10–14 und 16–20, So 10–14 Uhr) seine Sammlung zeitgenössischer mallorquinischer Kunst. Auch Kunsthandwerk und landwirtschaftliche Geräte sind ausgestellt.

21 Sencelles

Dieses geruhsame Dorf ist Zentrum einer modernen Wallfahrt.

Man fährt durch die Huerta nach Süden – auf der C 713 in Richtung Inca [Nr. 49] – und erreicht über eine dort abzweigende Straße nach 8 km Sencelles. Der beschauliche Ort (2000 Einw.) wird von der weithin sichtbaren Pfarrkirche **Sant Pere** (13. Jh., im Barock umfassend verändert) überragt. Sencelles pflegt das Andenken der wundertätigen Sor Francinaina Cirer (1989 selig gesprochen), zu der seit 1986 immer am zweiten Sonntag nach Ostern eine der eindrucksvollsten Wallfahrten der Insel unternommen wird. Vor der Kirche und gegenüber dem alten, loggiaverzierten Pfarrhaus steht das Denkmal dieser Klosterfrau. Es wurde 1955 von Jaume Mir geschaffen.

Sencelles gehört, wie Santa Maria und Binissalem, zu den Gemeinden, die DOC-Weine unter der Bezeichnung Binissalem produzieren. Diejenigen Cellers, in denen auch Wein verkauft wird, erkennt man an dem grünen Aleppokiefernzweig vor der Tür.

Pina

Das stille Dorf Pina ist über die asphaltierte PM 314 (8 km) in Richtung Algaida erreichbar. Die **Pfarrkirche** des Ortes besitzt das wohl größte Fresko der Insel. Das Gotteshaus mit jenem Kuppelbild der ›Krönung Mariä‹ wird von sechs Franziskanerinnen gepflegt, die zu dem 1856 gegründeten Orden der Töchter der Barmherzigkeit gehören. Den Schlüssel zur Kirche bewahren sie in ihrem Kloster im nahen Carrer des Germens Fundadores 1 auf. Das großzügige Anwesen rechts der Kirche ist die Landvilla der Riberas (Eingang auf der anderen Seite).

Costitx

Zwischen Sencelles und Costitx (4 km) erhebt sich auf uralten Siedlungsgebiet der vor einigen Jahren wieder aufgebaute **Talayot Son Fred** (ausgeschildert an der PM 312). Heute steht der Talayot in einem idyllischen Garten, der von Mandel- und Wildolivenbäume und von Affodills geprägt wird.

In Costitx hat man drei außergewöhnliche bronzene Stierköpfe der Talayot-Kultur (1400 v. Chr.) gefunden, die aus nur einer Form gegossen wurden (heute im Archäologischen Nationalmuseum von Madrid). Es lohnt sich, einen Blick in die *Casa de Cultura* (Di–Fr sowie jeder 2. und 4. Sa/So im Monat 9–13 Uhr) zu werfen, in der Gipsabgüsse der drei Stierköpfen zu sehen sind. Das angegliederte *Museu de Fauna Iberobalear* besitzt eine große Sammlung ausgestopfter Tiere

i Praktische Hinweise

Hotel

Hotel Rural Son Xotano, Carretera Pina a Sencelles, km 1,5, Tel. 971 87 25 00, Fax 971 87 25 01, www.ruralxotano.com. Ruhige Finca im Landesinneren.

Der Nordosten – von Manacor zur Küste

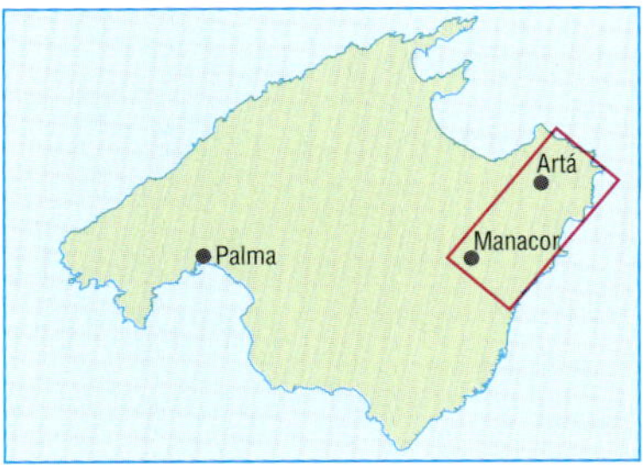

Zwischen **Manacor**, der zweitgrößten Stadt Mallorcas, und der **Cala Millor**, dem zweitgrößten Tourismuszentrum, stellt sich der Nordosten als eine eigenwillige Landschaft dar, die mancherorts noch kaum vom Fremdenverkehr erschlossen ist. Anziehungspunkte für den Reisenden sind vor allem die berühmten **Tropfsteinhöhlen** von Artà, Drac und Hams, aber auch alte **Fischerhäfen** wie Portocristo oder Cala Rajada. Sie locken nicht nur mit netten Stränden und Badebuchten, sondern auch mit ihrer geschichtsträchtigen Aura.

22 Manacor

Die Rivalin der Inselhauptstadt – in ihren Mauern werden die feinsten Kunstperlen der Welt, die Perlas Majórica, hergestellt.

Manacor ist mit knapp 30 000 Einwohnern die zweitgrößte Stadt Mallorcas. Der Glockenturm der hiesigen **Pfarrkirche** scheint auf eine gewisse Rivalität mit Palma de Mallorca hinzuweisen, ist er mit 80 m doch höher als die Fassadentürme der dortigen Kathedrale (67,5 m). Manacor hat ein schönes historisches Zentrum mit einer einladenden Fußgängerzone, doch die übrigen Stadtteile machen einen unattraktiven Eindruck. Ihren Ruhm verdankt die Stadt dem Kunsthandwerk, den Möbeln und vor allem den exklusiven Kunstperlen – den *Perlas Majórica*.

Geschichte Die Besiedlung des Stadtgebiets reicht bis in die **Talayot-Kultur** zurück. Aus römischer Zeit ist der Ortsname Cunici überliefert. Basilika und Nekropole aus frühchristlicher Zeit wurden im Jahr 1912 bei Son Peretó entdeckt. Die Grundlage für die heutige Stadtanlage schufen jedoch erst die **Mauren**, die den Ort Manaquiri im 12. Jh. zu einem der wichtigsten Zentren der Insel machten.

Nach der *Wiedereroberung* nahm sich Jaume II. Manacors besonders an und erhob es 1300 zur Vila (Stadt). Er ließ einen Königspalast errichten, der prächtig gewesen sein muss. Übrig geblieben ist davon nur der Rest eines Turmes, Torre del Palau, den man in ein modernes Gebäude integrierte. Obgleich die Stadt 12 km von der Küste entfernt lag, machten Angriffe von Piraten im 14./15. Jh. Befestigungsanlagen unumgänglich. An jene Bollwerke erinnern heute das Turmhaus des Torre de Ses Puntes und Richtung Meer der stark befestigte Vorposten, Torre dels Enagistes.

Besichtigung Schon vor der Einfahrt in die Stadt lockt von Palma kommend ein Hinweis zur Perlenfabrik *Majórica*, dem zu folgen bedeutet, dass man außer einer Besichtigung der Werkstätten auch einen Einkaufsbummel im Verkaufsladen gegenüber einplanen kann.

Folgt man dann den Schildern mit der Aufschrift ›S'Església‹, gelangt man ins Zentrum. Oder man fährt von Westen kommend die breite Alleenfolge der Avinguda Juníper Serra, Avinguda d'En Salvador Juan bis zum Hinweis auf den **Torre de Ses Puntes**. Wenig später steht man vor dem gelungen restaurierten Festungsturm aus dem 14. Jh. mit den 1985 angebauten Ausstellungsräumen (meist nachmittags geöffnet) in Glas-Beton-Bauweise. Zwei Biforienfenster und trutzige Zinnen lockern die strenge Architektur auf, zu deren wehrhaftem Erscheinungsbild auch die wuchtigen Stützmauern beitragen.

Man fährt zurück zur Allee und geradeaus durch die Avinguda d'Es Torrent zur Plaça Ramón Llull, vor der man links zur Pfarrkirche Manacors abbiegt. Die S'Església ist der **Nuestra Senyora dels Dolors** (meist tgl. 10–12 Uhr) geweiht. Über einer maurischen Moschee ab 1236 errichtet, wurde die Kirche im 19. Jh. erweitert und umgestaltet. Im Innern sind die figurengeschmückten Glasfenster eine wahre Augenweide, angefangen mit der Fensterrose über dem Haupteingang. Im Chorraum steht der monumentale Hauptaltar, einer Monstranz ähnlich, mit einer von zwei Engeln flankierten Pietà. Dahinter befindet sich das Chorgestühl, das ursprünglich für Sant Francesc in Palma gedacht war. Die große Seitenkapelle im linken Querschiffarm ist dem Santo Cristo de Manacor geweiht: Die Figur des Gekreuzigten trägt Echthaar und eine kostbare Tunika. Links daneben ist eine Madonna mit Kind zu sehen, die Mare de Deú de la Neú (Muttergottes vom Schnee). Angeblich stammen diese beiden Werke sowie die Kirchenglocke aus Portocristo. Im rechten Querschiff schmücken moderne Fresken die Wand der Hauptkapelle.

Vorbei an der schönen Kreuzwegstation mit der Kreuzigung, der einzig erhaltenen, gelangt man zur verkehrsberuhigten Plaça Weyler. Sie führt westwärts zur Plaça Sa Bassa und über den Carrer Major hinweg zum Carrer d'es Convent. Ihm folgt man nach links zur Plaça Convent mit dem **Rathaus**, das im einstigen *Dominikanerkloster* untergebracht ist.

Die Kirche **Sant Vicente** (1576) rechts vom Kloster besitzt eine sehenswerte *Rosenkranzkapelle*. Um das Rathaus herum, am Carrer d'es Convent und Carrer Major mit ihren Quergassen, findet man schöne alte Gebäude und Jugendstilhäuser mit kleinen Läden. Von hier geht es zurück durch die Folge von Alleen, entlang der stillgelegten Bahnlinie von 1879 zum Bahnhof an der Plaça Sa Mora. An deren Ende biegt man links ab Richtung Portocolom (Hinweisschilder ›Cales‹).

Rechts des breiten Carrer de Son Forteza (großer Parkplatz) befindet sich Manacors schönste Sehenswürdigkeit, der **Torre dels Enagistes** (14. Jh.). Der Name der Anlage erinnert an den Jesuitenorden, der die Festung 1651–1767 besaß. 1993 wurde die Anlage, eine Mischung aus Festung und Palast, hergerichtet und beherbergt seitdem das *Museu d'Història de Manacor* (Mitte Juni–Mitte Sept. Mo–Sa 9.30–14 und 18–20, So 10–13 Uhr, sonst Mo–Sa 10–14 und 17–19.30, So 10–13 Uhr). Dieses archäologische und städtische Museum zeigt Tonschalen und Schmuck der Talayot-Kultur. Aus römischer Zeit stammen Bronzemünzen, Öllampen, ein kleiner, fröhlich wirkender Hermeskopf und das schöne große Bodenmosaik der frühchristlichen Basilika von Son Peretó. Der größere Teil der imposanten Festung, die Manacor von der Meerseite her schützen sollte, birgt ein Landwirtschaftsmuseum. In weiteren Räumen sind Werke zeitgenössischer einheimischer Künstler sowie Holzmodelle mallorquinischer Einrichtungsgegenstände ausgestellt. Der Innenhof ist mit Skulpturen geschmückt.

Die Kunstperlen von Manacor – die Erfindung eines deutschen Ingenieurs – sind Exportartikel von Weltrang

Majórica-Perlen: schöner als die echten?

Bereits ab 1890 wurden in Manacor **Kunstperlen** hergestellt. Doch erst 1951 entstand die erste Perle nach der noch heute gültigen Methode, entwickelt von dem deutschen Ingenieur Eduard Heusch (1865–1937). Das Herstellungsprinzip ist denkbar einfach, doch der Arbeitsprozess langwierig: Ein Kunststoffkern wird vorbereitet und mit hauchdünnen Schichten aus **Fischschuppenessenzen** umhüllt, indem er immer wieder in diese eingetaucht, und zwischendurch getrocknet wird. So entstehen Perlen, die vollkommener aussehen als die echten und nicht einmal sehr viel preiswerter sind als diese. Dafür sind Majórica-Perlen aber unempfindlicher und haltbarer.

Flotte Flaggenformation am hübschen Hafen von Portocristo

23 Portocristo und Son Servera

An der zerklüfteten Küste reihen sich felsige Buchten mit kleinen Sandstränden, von malerischer Landschaft gerahmt, aneinander.

Das einstige Fischerdorf **Portocristo** (1000 Einw.) hat sich mit Badestrand und Jachthafen zu einem beliebten Ferienort entwickelt. Es ist Ausgangspunkt für Bootstouren und für Ausflüge zu den *Tropfsteinhöhlen*. Das Zentrum Portocristos wird von großer Geschäftigkeit geprägt. Am gut geschützten Hafen bieten Restaurants schmackhaftes Essen in eine beschaulicher Atmosphäre.

Der Torrent de Ses Talayotes hat in den letzten beiden Jahrtausenden mit seinem Schwemmland für eine Vergrößerung des Gemeindegebietes von Manacor gesorgt: Der römische Hafen breitete sich noch dort aus, wo sich heute die *Coves dels Hams* befinden. Zunächst hieß der Ort Puerto de Manacor. Der heutige Name hat mit dem legendären Erscheinen eines *Santo Cristo*, einer Christusfigur, im Hafen zu tun: Ein unbekanntes Schiff habe 1260 ein Kruzifix und eine Madonna mit Kind sowie eine Glocke im Hafen gelassen, zum Dank dafür, dass die Mannschaft glücklich in die schwierig einzufahrende Bucht gefunden hatte. Als die drei Schätze nach Palma gebracht werden sollten, verweigerten die Maultiere den Weg, sie brachten ihre kostbare Ladung nur bis nach Manacor in die gerade fertig gestellte Pfarrkirche *Dels Dolors*, wo sie sich noch heute befinden (s. o.). Westlich des Hafens und nahe dem Rathaus (mit Touristenbüro) steht die Pfarrkirche von Portocristo, die **Nuestra Senyora del Carmen** (1916 erneuert, mit einem Glockenturm von 1964). In der vierten Kapelle links sind die ›Landung des Kruzifixes‹ und die Überführung nach Manacor dargestellt. In der zweiten Kapelle rechts steht die ›Virgen del Carmen‹.

TOP TIPP Bei der Prozession am 16. Juli, am Tag der **Virgen del Carmen**, wird eine Kopie der Beschützerin der Fischer durch die Straßen des Städtchens getragen und am Abend mit großem Feuerwerk gefeiert. Es ist das schönste Fest Portocristos, bei dem der ganze Hafen von blumen- und girlandengeschmückten Booten bevölkert wird.

An die blutigen Schlachten während des Spanischen Bürgerkrieges (1936–39) erinnern in Portocristo zwei obeliskenartige Schießtürme, die **Torres de Tir**, einer am Eingang des Hafens beim Club Naútico und einer auf der Plaça de Sa Creu.

TOP TIPP Coves del Drac

In Portocristo sind die Hinweisschilder zu den eindrucksvollen, stalagmiten- und stalaktitengeschmückten Coves del Drac (Mai–Okt. tgl. 10–17 Uhr, stdl. Führungen, im Winter Führungen tgl. um 10.45, 12, 14, 15.30 Uhr) nicht zu übersehen. Die Höhlen liegen 1,5 km südlich der Stadt. Durch die Drachenhöhlen schlendert man fast 1 km bis zum riesigen natürlichen Konzertsaal am Martel-See, dem größten unterirdischen See Mallorcas, wo die Besucher ein klassisches Konzert erleben. Schon bald nach der Entdeckung der Höhlen im Jahr 1878 wurden Exkursionen organisiert. Im Gefolge des Erzherzogs Ludwig Salvator erkundete 1896 auch der französische Höhlenforscher Edouard-Alfred Martel die unterirdischen Gänge.

Nahe des zu den Höhlen gehörigen Parkplatzes führt ein Weg zum *Acuario de Mallorca* (tgl. 11–17.30 Uhr, im Winter 11–15 Uhr), einem leider inzwischen sehr vernachlässigten Aquarium.

Coves dels Hams

Ihren Namen verdanken die 2 km westlich gelegenen Coves dels Hams (tgl. 10–18 Uhr, im Winter 10–13.30 und 14–17, jeweils So 10–17 Uhr), die Höhlen der Angelhaken, den ungewöhnlich geformten Stalagmiten, die man bei dem Rundgang durch die 14 Säle bewundern kann. Leise Musik erklingt am kleinen See, über den ein Ruderboot gleitet. Don Pedro Caldentey entdeckte diese Coves im Jahr 1905 bei der Arbeit in seinem Onyx-Steinbruch.

Cales südlich von Portocristo

Über die von Aleppokiefern gesäumte C 717 ist die gut ausgeschilderte **Cala Murada**, 3 km von der Landstraße entfernt, schnell erreicht. In der Bucht wartet ein großzügig gestalteter Platz mit Caféteria und Surfbrettverleih auf Besucher. Jenseits liegt der Sandstrand. Direkte Verbindung besteht von hier zur **Cala Domingos**: Die fjordartigen Buchten Cala Domingos Grans und Cala Domingos Petits mit ihren feinen Sandstränden liegen dicht beieinander und sind von Ferienhäusern und Hotels gesäumt. Von hier bis **Cala Estany** kurz vor Portocristo erstreckt sich die lange Reihe der Cales de Mallorca. Einige sind winzig, naturbelassen und schön – speziell im Küstenabschnitt zwischen Cala Antena und Cala Estany (z. B. Cala Bota, Cala Virgili, Cala Pilota und Cala Magraner). Die weiter nördlich gelegenen haben meist nur einen kleinen oder gar keinen Sandstrand. Statt dessen sind die Sandsteinplateaus über der niedrigen Steilküste mit Hotels, Ferienwohnungen, Supermärkten und Restaurants bebaut.

Reserva Africana

Auf der Landstraße Portocristo–Son Servera erreicht man nach 5 km bei Sa Coma

Cala Millor – das größte Ferienzentrum der Ostküste mit schönem langen Sandstrand

die im Jahr 1969 eröffnete Reserva Africana (tgl. 9–19, Nov.–März tgl. 10–17 Uhr). In diesem Wildpark gehen Besucher mit dem Bus oder dem eigenen Auto auf Safari! Man begegnet v. a. Löwen, Elefanten und Zebras.

Son Servera

Auch diese 6 km breite Bucht ist inzwischen vom Tourismus entdeckt worden. Schön ist das Hinterland mit seinen Kieferalleen, Feldern und Mandelbäumen. Die Bewohner von Son Servera liebten es schon immer, an ihrer Küste die Wochenenden oder ein paar Ferientage zu verbringen. Die ersten Ferienhäuschen entstanden bereits in den 40er-Jahren des 20. Jh. Aber ein Sonnenschirm und eine Liege genügen auch, wie man auf der Landzunge der **Punta d'Amer** mit ihrer wuchtigen Turmruine im Süden der Bucht sehen kann. Die Bucht von Son Servera liegt zwischen der Großanlage von **Sa Coma**, fest in deutscher und skandinavischer Hand, und **Cala Millor**, dem größten Tourismuszentrum der Ostküste. Die feinsandigen Strände sind allzu verlockend, und Cala Millor ist längst mit der anschließenden Cala Bona und ihrem Bootshafen zusammengewachsen. Die beiden Buchten liegen im Schatten des 370 m hohen **Puig des Corp** und seinen Ausläufern.

Festungsbau des 13. Jh: Torre de Canyamel

Torre de Canyamel

Im Vergleich zu Cala Millor wirkt die **Costa de los Pinos** im Norden der Bucht von Son Servera mit ihren Villen im Kiefernwald vor der zerklüfteten Felsenküste geradezu idyllisch. Relativ ruhig ist auch die **Platja de Canyamel** (nur über die Hauptstraße erreichbar).

Man fährt von Costa de los Pinos am Golfplatz vorbei 2,5 km bis zur Landstraße PM 403, dann rechts am nächsten Golfplatz vorbei Richtung Capdepera. Die schmale Straße windet sich dann 5 km in engen Kehren zwischen Mandel- und Johannisbrotbäumen hinauf zum Coll de Vidries. Kurz nach der Kreuzung Richtung Platja de Canyamel steht an der PMV 4042 inmitten von Feigen- und Mandelbäumen der **Torre de Canyamel** (Di–Sa 10–18 Uhr) aus dem 13. Jh., einer der eindrucksvollsten Festungstürme Mallorcas. Daneben befindet sich in der ehemaligen Ölmühle ein Restaurant, das gute mallorquinische Küche in angenehmem Rahmen bietet.

TOP TIPP Coves d'Artà

Über die Parallelstraße, die durch den schönen Golfplatz von Canyamel führt, sind es etwa 6 km bis zum interessanten Höhlenkomplex Coves d'Artà (Juli–Sept. tgl. 10–18, sonst tgl. 10–17 Uhr). Wie Kathedralen wirken die bis zu 45 m hohen Höhlen mit ihren gigantischen Tropfsteinen. In dem *Infierno* (Hölle) genannten Saal wird dramatisches Ton- und Farbenspiel zu ohrenbetäubender Musik geboten. Im Verlauf der 30-minütigen Führung lernt man auch die Glocken-Stalaktiten kennen, die einmal angeschlagen sogar den Boden vibrieren lassen. Auch die Lage dieser Höhle, in 40 m Höhe über dem Meer mit schönem Blick auf die Platja de Canyamel, ist beeindruckend.

i Praktische Hinweise

Information

OIT, Municipal, Carrer Gual 31 A, Portocristo, Tel. 971 81 51 03, Fax 971 84 91 05

OIT, Municipal de Son Servera, Paseo Maritim s/n, Cala Millor, Tel. 971 58 58 64, Fax 971 58 57 16

Bunt angestrahlt brillieren die Tropfsteinhöhlen Coves d'Artà mit ihrer Formenvielfalt

Hotels

******Riu Playa de Cala Millor**, Urbanisación Sa Maniga, Cala Millor, Tel. 971 58 52 12, Fax 971 81 31 19, www.riu.com. Beliebtes Hotel, das nur durch die Fußgänger-Promenade vom feinsandigen Strand getrennt ist. Gepflegtes Haus mit großer Swimmingpool-Anlage, kinderfreundlich und mit Unterhaltungsprogramm.

******Son Amoixa Vell**, Km 5,4 der Carretera Cales de Mallorca–Manacor, Tel. 971 84 62 92, Fax 670 88 15 34, www.sonamoixa.com. Ausgedehnte Ländereien umgeben das stilvolle, zum Hotel umgebaute Landgut (16. Jh.). Elf Zimmer, zwei Suiten und ein Apartment sind komfortabel mit Antiquitäten und Designermöbeln ausgestattet. Mit Wellnessangebot und Abendrestaurant.

***Hostal Restaurante Retorno**, Carrer Costa i Llobera 106, Canyamel, Tel. 971 84 15 84. Eine freundliche Familienpension mit guter Küche.

Restaurant

Porxada de Sa Torre, Torre de Canyamel, Tel. 971 84 13 10. Eines der ›historischen Lokale Spaniens‹, freundlich und familiär, mit mallorquinischer Küche (So abend und Mo geschl.).

24 Artà

Trutzig ummauert und in sanfthügelige Landschaft gebettet, mit schöner Talayot-Siedlung und der Einsiedelei von Betlem.

Artà ist von Manacor aus über die C 715 zu erreichen (21 km). Auch von der Küste führen Landstraßen (10 km) in die kleine, mittelalterliche Stadt (6000 Einwohner). In 120 m Höhe thront Artà auf seinem Burgberg hoch über dem fruchtbaren Tal. Eng und verwinkelt sind die Gassen des Ortskerns, nur um die zentrale Plaça d'Espanya ist etwas mehr Raum. Hier stehen das **Ajuntament** (Rathaus) und das **Museu Regional de Artà** (Carrer Estrella 4, Mo–Fr 10–14 Uhr), das Funde der Talayot-Kultur aus der Umgebung, speziell aus Ses Païsses, aufbewahrt: Keramik, Schmuck und Bronzen, darunter fünf männliche Figurinen (um 1000 v. Chr.).

Oberhalb erhebt sich auf einer Bergterrasse die gotische Wehr- und Pfarrkirche **Transfiguració del Senyor** (tgl. 9–14 und 15–18 Uhr, im Winter bis 17 Uhr) aus den Jahren 1248 und 1563 an der Stelle, an der die Mauren ihre Moschee errichtet hatten. Von der Talseite sieht sie mit ihren acht hohen Stützpfeilern besonders wuchtig aus. Im Inneren sind vor allem die typisch mallorquinische *Holzkanzel* und der *Hochaltar* mit der ›Verklärung Christi‹ sehenswert.

Hinter der Kirche führt ein steiler, zypressengesäumter Kreuzweg hinauf zum

Artà und seine Kirchen – links Transfiguració del Senyor, auf dem Burgberg Sant Salvador

Burghügel, den die Prämonstratenser später zu einem Wallfahrtsort umfunktionierten (die Zufahrtsstraße zur Burg liegt weiter östlich). Die Terrasse hinter der kleinen Wallfahrtskirche bietet einen großartigen Panoramablick, der von der wuchtigen Torre de Canyamel bestimmt wird. Von der Festung selbst sind nur noch Teile des Palastes und der von Zinnen gekrönten Mauer erhalten. Rechts steht die barocke, im 19. Jh. umgebaute Kirche **Sant Salvador** (Sa geöffnet). Im Innern sind im Hochaltar eine thronende Madonna mit Kind sowie zwei Darstellungen zur Geschichte Mallorcas sehenswert: die ›Steinigung des Ramón Llull‹ und ›Die Übergabe Mallorcas durch den maurischen Wesir an Jaume I.‹.

Ses Païsses

Die talayotische Siedlung Ses Païsses (1000–800 v. Chr.) liegt südöstlich von Artà inmitten eines Steineichenwaldes. Hier steht auch das hohe Natursteindenkmal für den mallorquinischen Priester-Poeten *Miquel Costa i Llobera* (1854–1922), der diesen Ort besungen hat. Von der Siedlung selbst sind nur wenig mehr als Grundmauern erhalten, doch die idyllische Lage lohnt den Besuch!

Ermita de Betlem

Etwa 9 km nordwestlich von Artà – im gebirgigsten Teil der Serra de Llevant – steht in einem lieblichen Tal die kleine Ermita de Betlem. 1805 für Einsiedler von Sant Honorat de Randa und La Trinitat de Valldemossa erbaut, wird sie noch immer bewohnt von ein paar alten Mönchen mit wehenden weißen Bärten. Die kleine Kirche mit dem dunklen Holzkruzifix im Seitenaltar rechts und den schön bemalten Kacheln in der Vorhalle ist Ziel vieler Pilger und Wanderer. Unvergesslich ist der Blick vom Hügel über den Golf von Alcúdia im Nordwesten.

i Praktische Hinweise

Hotel

******Ca'n Moragues**, Carrer Pou Nou 12, Artà, Tel. 971 82 95 09, Fax 971 82 95 30, www.canmoragues.com. Reizendes kleines Stadthotel in einem historischen Herrenhaus aus dem 19. Jh. Fünf Zimmer, drei Suiten. Kleiner Pool.

Restaurant

Restaurant Es Serral, Polígono 18, Artà, Tel. 971 83 53 36. Nettes Restaurant mit ländlicher spanischer Küche.

25 Capdepera

Hübscher Ort mit imposanter Burganlage.

Das altertümlich wirkende Städtchen ist ein Zentrum der Korbflechterei ›maurischer Tradition‹. Der Festungsberg war wohl schon zur Zeit der Talayots besiedelt, wurde von den Römern erstmals befestigt, von den Arabern zur Burg ausgebaut und von Jaume I. 1231 eingenommen. Jaume II. ließ die Festung ab 1300 ausbauen. König Sanç errichtete an der höchsten Stelle dieser größten erhaltenen Burganlage Mallorcas im Jahr 1323 die Kapelle **Sant Pere**. Sie wurde später als Capilla de la Esperança der wundertätigen Madonnenstatue geweiht, die der Legende nach bei einem Piratenangriff Ende des 14. Jh. das ganze Gebiet in dichtem Nebel verschwinden ließ und so die Einwohner und ihren Besitz vor Eroberung und Plünderung bewahrte.

Man kann den Wagen unterhalb der Burg an der *Plaça de l'Orient* mit ihren Cafés abstellen. Mittwochs findet hier der Wochenmarkt statt. Die steile Treppengasse Carrer de Es Pla d'en Coset führt zum zinnenbekrönten **Castell de Capdepera** (April–Okt. tgl. 10–20 Uhr, Nov.–März tgl. 10–17 Uhr). Durch das Tor Portalet beim Torre de Sa Baira betritt man die einst streitbaren Burg, um Wehrgänge, Bastionen und die Casa del Gobernador (Gouverneurshaus) der zu erkunden.

Vom flachen Dach der **Capilla de la Esperança** mit ihrem offenen Glockenstuhl hat man einen schönen Blick auf Capdepera und Cala Rajada. Das einschiffige Gotteshaus mit Seitenkapellen und Querhaus blieb in Grundzügen gotisch (1323). Um 1703 kamen katalanisch-barocke Elemente, z. B. im Gewölbe, hinzu.

i Praktische Hinweise

Hotel

Cases de Son Barbassa, Ctra. Cala Mesquida, Cami de Son Barbassa, Tel. 971 56 57 76, Fax 971 56 60 57, www.sonbarbassa.com. Im Naturpark Llevant gelegene, nüchtern-modern eingerichtete Finca mit trutzigem Wehrturm und allen Annehmlichkeiten.

Restaurant

Café L'Orient, Plaça de l'Orient 4, Capdepera, Tel. 971 56 30 98. Das Traditionslokal bietet gute mallorquinische Gerichte.

26 Cala Rajada/Ratjada

Der zweitwichtigste Fischereihafen Mallorcas ist zugleich ein abwechslungsreicher Ferienort.

Ob Familienpensionen im Zentrum oder Hotelanlagen in den Außenbezirken, Cala Rajada bietet angenehme, preiswerte Unterkünfte. Früher war die Rochenbucht ein bedeutendes Fanggebiet für Rochen und Langusten. Die weißen bunkerähnlichen Gebäude nördlich des Hafens sind die **Langustenhäuser**, wo die Tiere bis zum Verkauf in Meerwasserbecken gehalten wurden. Die schöne Promenade führt weiter zu den nördlichen Badebuchten, vorbei an der Villa **Sa Torre Cega** der Bankierfamilie March. Juan March hatte sie 1911 anstelle eines Wachturms aus dem 15. Jh. errichten lassen. Die *Jardins de Casa March* (Anmeldung beim OIT, s. u.) wurden mit mehr als 40 modernen Skulpturen ausgestattet, von Henry Moore, Pietro Consagra, Max Bill, den Spaniern Alfaro, Baron, Chillida.

Dominant – das mächtige mittelalterliche Castell thront über dem friedlichen Capdepera

Der Faro am Cabo Capdepera blinkt aufs Meer und blickt auf Badebuchten und Dünen

Nördliche Buchten

Nur 2 km sind es zum Faro (Leuchtturm) des **Cabo Capdepera**, einem Kap mit schönem Blick auf Cala Rajada. Über die Hauptstraße geht es anschließend zum Hotelviertel und weiter zu den hübschen Buchten von **Cala Agulla** und **Cala Molto** mit ihren gelben Sandstränden und von Kiefern gesäumten Dünen.

TOP TIPP Über Capdepera erreicht man nach etwa 6 km **Cala Mesquida**, eine attraktive Bucht, die auf der Westseite leider mit Hotels und Apartments verbaut wurde. Die hohen Dünen jedoch gelten als die schönsten Mallorcas und sind Anziehungspunkt für zahlreiche Strandurlauber.

Mit traumhaften Dünen schmückt sich die Cala Mesquida unweit von Capdepera

i Praktische Hinweise

Information

OIT, Municipal, Plaça dels Pins, Cala Rajada, Tel. 971 56 30 33, Fax 971 56 52 56

Hotels

****Bellavista**, Carrer Miquel Garau 30, Cala Rajada, Tel./Fax 971 56 31 94, www.bellavistamallorca.com. Um den Pool geschmiegte Familienpension.

***Casa Bauzá**, Carrer Méndez Núñez 61, Cala Rajada, Tel. 971 56 38 44, Fax 971 81 80 91, www.casabauza.com. Familiäres Haus in zweiter Reihe mit Pool, Garten und Bar.

Restaurants

Es Llaüt, Passeig d'es Moll, Cala Rajada, Tel. 971 56 35 61. Das Lokal bietet frischen Fisch und andere Gerichte der Region.

Der hohe Norden – von Alcúdia bis Pollença

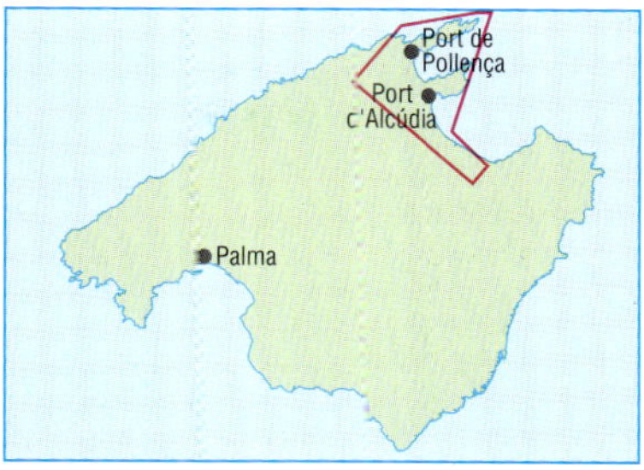

Noch weiträumiger als der Golf von Palma öffnet sich die **Badía d'Alcúdia** zwischen dem Cap Ferrutx und Cap de Menorca. Sie erstreckt sich im Halbkreis auf etwa 40 km Länge, umgeben u. a. von dem fruchtbaren, teilweise unter Naturschutz stehenden Sumpfgebiet der **S'Albufera**. Hinter der bergigen Halbinsel von Alcúdia bildet der **Golf von Pollença** das schmalere (10 km), dafür tiefere (10–20 km) Pendant und endet im äußersten, waldreichen Nordosten Mallorcas bei **Cap de Formentor**, bekrönt vom gleichnamigen Luxushotel.

27 Badía d'Alcúdia

Die breiteste Bucht Mallorcas.

Sanft abfallend, ohne die teils spektakulären Küstenformen der Serra de Llevant, geht die Es Pla in die Badía d'Alcúdia über. Eingerahmt wird die Bucht von den beiden Bergen Atalaya de Morey (432 m) und Atalaya de Alcúdia (444 m). Von Artà bis Alcúdia sind es 35 km; es geht über hügeliges und bewaldetes Land, vorbei am Ferienort Can Picafort und durch das unter Naturschutz stehende Sumpfgebiet des Parc Natural de S'Albufera.

Can Picafort

Das frühere Fischerdorf Can Picafort (2000 Einw.) ist längst vollkommen vom Tourismus vereinnahmt, konnte sich aber individuelle Züge bewahren, die es durchaus sympathisch machen. So legt die Bevölkerung Wert auf ihre Tradition – vor allem was die Küche betrifft.

Ungewöhnliche Relikte aus dem Spanischen Bürgerkrieg sind die **Torres de Tir** (Schießtürme). Manche sagen, diese Türme seien zur Verteidigung der Küstenzone gegen die Truppen Francos errichtet worden.

Am Strand der **Platja de Muro**, die sich inzwischen in eine moderne Feriensiedlung verwandelt hat, findet man noch die traditionellen Badehäuschen. Sie sind zum Glück erhalten worden und stehen heute unter Denkmalschutz. Im Schatten alter Aleppokiefern verbringen viele Inselbewohner hier die Sommertage.

Cova de Sant Martí

Von der C 713 aus weisen Schilder zur Höhle, die 1993 völlig restauriert wurde. Hier, 20 m tief unter der Erde, zu Füßen des 250 m hohen Puig de Sant Martí, versammelten sich die ersten Christen Mallorcas heimlich zur Messe (2./3. Jh.). Die beiden Altäre in den seitlichen Grotten wurden erst im 13. Jh. errichtet. Die Höhle ist leider häufig verschlossen.

Port d'Alcúdia

Einer der zahlreichen Fischerhäfen Mallorcas (1000 Einw.) ist heute ein ausgedehnter, abwechslungsreicher Ferienort. Auf dem kurzen Weg nach Alcúdia sollte man unbedingt das zauberhaft gelegene **Teatro Romano** (1. Jh. v. Chr.) besuchen. Sorgfältig wurde dieses kleinste der römischen Theater auf spanischem Boden aus dem Felsen geschlagen. Auf seiner linken Seite sind weitere römische Ausgrabungen frei zugänglich, eher bescheidene Reste von **Pollentia**, der römischen Vorgängerstadt Alcúdias (s. u.).

Alcúdia

Der Ort (10 000 Einw.) liegt innerhalb der fast intakten, prächtigen mittelalterlichen Mauer und ist ein städtebauliches Kleinod. Funde deuten darauf hin, dass das Stadtgebiet bereits zu talayotischer Zeit besiedelt war und später Phönizier und Griechen hierher kamen. In der Römerzeit ließ Quintus Caecilius Metellus hier die Hauptstadt mit Namen Pollentia erbauen, die freilich seit dem 3./4. Jh. immer wieder unter Piratenüberfällen litt.

Abendlichtmagie: Das Sumpfland der S'Albufera ist Mallorcas erstes Naturschutzgebiet

S'Albufera

Die **Trockenlegung** des Sumpflandes S'Albufera stellte schon Ende des 18. Jh. eine große Herausforderung für Landschaftsingenieure dar. Den ersten Versuch startete der Franzose Cauterac d'Ornezau, der vorschlug, die Wildbäche zu kanalisieren und das Land per Hydraulik zu entwässern. Doch erst den Engländern Frederic Bateman und William Hope mit ihrer Majorca Land Company gelang es ab 1871 mithilfe der Ingenieure Green und Warring, rund 2000 ha Land der Gemeinden Sa Pobla und Alcúdia trockenzulegen.

Die erste **Getreideernte** auf dem neuen Areal war sehr gut ausgefallen, doch bald bemerkte man das Einsickern von Salzwasser. Um die Versalzung des Bodens zu verhindern, wurden fortan höchstens 40 ha Land für den ganzjährigen Anbau – besonders von Reis – bereitgehalten. Den Rest reservierte man für den sommerlichen Ackerbau, da in dieser Jahreszeit der Boden von Natur aus trockener ist. Nur so war es möglich, später ca. 800 ha der S'Albufera zum **Naturschutzgebiet** zu erklären.

Diesen **Parc Natural S'Albufera** (tgl. 9–19 Uhr, Nov.–März tgl. 9–17 Uhr) erreicht man über die gut ausgebaute Landstraße C 712 (mit Fahrradspur). Der Eingang liegt links hinter der Brücke Pont dels Anglesos. Vom Parkplatz gelangt man nach 1,2 km zum Infopavillon in der früheren Fabrik, wo Papier aus Schilf hergestellt wurde. Hier gibt es ein kleines Museum, außerdem kann man sich für eine der Albufera-Touren anmelden, die meist mittwochs stattfinden. Von gekennzeichneten Wegen oder von Beobachtungsständen aus kann man vor allem die reiche Vogel- und Pflanzenwelt betrachten.

Die Mauren schließlich setzten ihre Siedlung auf einen Hügel (al kudia) neben die Ruinen der römischen Siedlung und nutzten diese als Steinbruch. Ihre Stadt erlebte dank der günstigen Lage zwischen den beiden Buchten bald eine Blütezeit. Als mit Jaume I. Ende des 13. Jh. die christlichen Wiedereroberer kamen, wurden zum Schutz gegen Piraten durch Bastionen verstärkte Mauern errichtet.

Parken kann man in Alcúdia auf dem großen Platz zwischen dem römischen Ruinenfeld und der Pfarrkirche **Sant Jaume** (Mo–Sa 10.30 und 17–24, So 17–24 Uhr, im Winter Di–So 10.30–13 Uhr). Diese wurde bereits 1248 urkundlich erwähnt und erfuhr im 16. Jh. ebenso wie 1870–82 umfangreiche Umbauten. Sie wirkt besonders trutzig, tatsächlich bildete sie ursprünglich eine Eckbastion der Stadtmauer. Den kleinen Platz gegenüber der *Casa Rectoral* (1650) erreicht man über einen Treppendurchlass in der Stadtmauer. Er wird beherrscht von der nach Osten (!) gerichteten Kirchenfassade mit ihrer monumentalen, reich gegliederten Rosette.

Das Deckengewölbe des fünfjochigen Kirchenschiffes (mit Empore im Osten und je einer Steinkanzel rechts und links vom Chor im Westen) wird getragen von tief eingeschnittenen Kreuzrippen. Hinter dem Hauptaltar öffnet sich eine überkuppelte barocke Kapelle für das verehrte Holzkruzifix ›El Santo Cristo d'Alcúdia‹ aus dem 15. Jh.

Nördlich der Kirche befindet sich in einem früheren Oratorium das archäologische **Museo Monográfico de Pollentia** (Carrer Sant Jaume 30, Di–So 11–14 und 16–19 Uhr, im Winter Di–Fr 16–18 Uhr, Sa/So stets 10.30–13 Uhr). Es zeigt Funde aus Pollentia: Im Eingangsbereich steht ein überlebensgroßer Marmortorso aus flavischer Zeit, gegenüber eine Matrona, in der Mitte sieht man eine Kriegerstatue mit reliefgeschmücktem Brustpanzer. Weniger spektakulär aber nicht minder wichtig sind die weiteren Exponate der Sammlung: Tonkrüge und Öllampen, kleine Marmorköpfe, ein herrlicher Hermeskopf (2./3. Jh.), Steingewichte für Webstühle, Maße aus Ton, Stein und Eisen sowie bronzene Haushaltsgegenstände. Die römischen Glasflaschen stammen, ebenso wie die Halbedelstein-Gemmen, aus dem 1. Jh. v. Chr. Aus derselben Zeit sind auch Goldkettchen, Ringe, Ohrringe, Bronzemünzen, Spielsteine aus Ton und Stein sowie Miniatur-Bronzemasken zu sehen. Letztere stammen aus dem Teatro Romano, ebenso wohl Teile der Gladiatorenrüstungen. Besonders schön ist die Terra-Sigillata-Keramik aus römischer Zeit, rötlich, zart und mit Reliefs dekoriert. Sie kam aus Frankreich und aus dem für seine Produkte berühmten toskanischen Arezzo.

Im Zentrum Alcúdias steht die hübsche **Casa Consistorial** (Rathaus, mit Tourismusbüro) von 1523, die 1929 umgebaut wurde. Die Hauptstraße Capitán Gual und Gassen wie Carrer de Sant Jaume oder Carrer d'en Serra sowie einzelne Häuser wie Carrer Major 16 b oder Carrer del Moll 19 in der Nähe der *Plaça Espanya* wurden vor einigen Jahren restauriert. Alcúdia dürfte zu den schönsten Ortschaften Mallorcas zählen. Kein Wunder, dass sich hier einige Kunstgalerien etabliert haben und eine deutsche Bibliotheksstiftung Kulturarbeit leistet.

Ermita de la Victoria

Bis zur nur während der Messe geöffneten Einsiedelei Ermita de la Victoria sind es auf asphaltierter Straße wunderschö-

Alcúdia in der Antike – Zeugnis geben die Ruinen der römischen Hauptstadt Pollentia

ne 6 km. Wuchtig wie eine Festung steht die einschiffige tonnengewölbte Kirche da, fast fensterlos, nur ein paar Lichtöffnungen sind im Dachstuhl integriert. Sie wurde wohl im 14. Jh. für die Marienfigur gebaut, die heute den Namen *Madre de Deù de la Victoria* trägt. Von ihr wird berichtet, dass sie um 1551 von Piraten entführt worden war, jedoch am nächsten Morgen wieder an ihrem alten Platz stand. Fortan trug sie den Beinamen ›die

Edle Formen – römische Keramik im Museo Monográfico de Pollentia in Alcúdia

Wie aus dem Skizzenbuch der Romantiker: Ein Star unter den Steilküsten ist das Cap de Formentor an der Nordküste Mallorcas ▷

Siegerin‹. Das Werk hat eine besondere Ausstrahlung. Auffallend sind bei der Gottesmutter die großen Mandelaugen, das Kind steht auf ihrem linken Knie – getragen werden beide von drei Engeln.

i Praktische Hinweise

Information

OIT, Municipal, Plaça Gabriel Roca 6, Can Picafort, Tel. 971 85 03 10, Fax 971 85 18 36.

OIT, Municipal, Carrer Major 17, Alcúdia, Tel. 971 89 71 00, Fax 971 54 84 01

OIT, Municipal, Passeig Maritim s/n, Port d'Alcúdia, Tel. 971 54 72 57

Hotels

******Playa Esperanza**, C 712 Alcúdia–Artà, Km 27, Playa Esperanza, Tel. 971 89 05 68, Fax 971 89 09 38, www.esperanzahoteles.com. Das Hotel liegt in einem Garten mit Pool am langen Sandstrand, Mit umfassenden Sportangebot.

******Predio Son Serra**, Km 6/7 südl. der PM 3431 Can Picafort–Muro, Son Serra, Tel. 971 53 79 80, Fax 971 86 05 40. www.finca-son-serra.de. Angenehmes Reiterhotel auf einem altem Landgut in der herrlichen Landschaft der Garrigue, nur etwa 4 km vom Meer entfernt.

Traditionen eines alten Landgutes sind im Reiterhotel Predio Son Serra gegenwärtig

Restaurants

Bodega d'es Port, Carrer Teodoro Canet 8, Port d'Alcúdia, Tel. 971 54 96 33. Wochentags bietet das freundliche Lokal gute preiswerte Mittagsmenüs.

Can Frontera, Passeig Maritimo 26, Son Serra de Marin, Tel. 971 85 42 48. Das Lokal in Strandnähe ist berühmt für seine mallorquinischen Spezialitäten und Kräuterschnäpse (Hierbas). Beliebter Familien-Treff seit 1960.

Mandilego, Carrer Isabel Garau 49, Can Picafort, Tel. 971 85 00 89. Schräg gegenüber dem Hafen gelegenes, sehr gepflegtes Restaurant. Zu den Spezialitäten gehören Fisch und Krustentiere (Mo geschl.).

Marisco, Carrer Isabel Garau 55, Can Picafort, Tel. 971 85 00 44. Traditionelles Fischrestaurant mit netter Terrasse. Beliebte Bar anbei.

Mirador de la Victoria, an der Ermita Mirador de la Victoria, Halbinsel Alcúdia, Tel. 971 54 71 73. Feines Restaurant mit großartiger Panorama-Terrasse. Mallorquinisch-spanische Gerichte und

Fleisch vom Holzkohlegrill zu gehobenen Preisen (D–So bis 24 Uhr geöffnet).

Sa Foganya (Can Sebastià), Carrer Jaume III. 63, Can Picafort, Tel. 971 85 18 53. Gute mallorquinische Küche in bescheidenem Rahmen. Spezialitäten sind Tapas, Wachteln und Kaninchen (im Sommer tgl. ab 9.30 Uhr durchgehend geöffnet; im Winter Mo geschl.).

28 Port de Pollença und Formentor

Einladend breitet sich Port de Pollença in der gleichnamigen Bucht aus. Vor den rauen Nordwestwinden ist der Ferienort durch den Gebirgskamm der Halbinsel Formentor geschützt.

Von Alcúdia bis Port de Pollença sind es auf der PM 222 nur 9,5 km entlang der Badía de Pollença, der bei Surfern so beliebten Bucht von Pollença.

Im Gegensatz zu Port d'Alcúdia ist Port de Pollença (2100 Einw.) ein hübsches Fischer- und Hafenstädtchen, das sich als Ferienort enorm gemausert hat. Beständig, aber ohne größere bauliche Sünden, hat sich Port de Pollença seit dem Ende des 19. Jh. dahingehend entwickelt.

1993 wurden sowohl die Sandstrände erweitert als auch ein neuer Jachthafen eingeweiht. Im Osten der Bucht entstand damals eine Strandpromenade und aus den ohnehin hübschen Hotels entlang ihres Verlaufs wurden begehrte Adressen mit ›eigenem‹ Badeplatz.

An der Militärbasis vorbei sind es von Port de Pollença auf der kurven- und panoramareichen PM 221 etwa 20 km bis zum **Cap de Formentor** – eine der schönsten Routen Mallorcas. Allerdings sollte man sie vormittags, wenn Touristenbusse unterwegs sind, möglichst meiden.

Unübersehbar ist an der Strecke der große Parkplatz des **Mirador de Mal Pas**. Dieser selbst besteht aus einer ganzen Reihe von Aussichtspunkten in Schwindel erregender Höhe über der Steilküste. Es lohnt sich, vom Denkmal für den Straßenbauingenieur Antonio Paretti Coll bis zum Endpunkt zu schlendern, wo man in mehr als 200 m Höhe über dem Meer steht und den Blick auf die buchten- und inselreiche Karstküste genießen kann: Im Westen sieht man über die kleine Punta la Nao hinweg zur steilen Punta de la Troneta. Im Osten erblickt man die schroffen Abhänge von Los Farollones mit der vorgelagerten Isla Colomer. Wer gut zu Fuß ist, kann auch zur aussichtsreichen Atalaya hinaufsteigen.

Nach etwa 2 km zweigt eine schmale Straße ab zur berühmten **Cala Pi** mit der vorgelagerten kleinen Insel Formentor: Bis vor wenigen Jahren war Cala Pi die Privatbucht des Luxushotels Formentor, dessen Gäste sich den Strand inzwischen mit Urlaubern anderer Hotels und mit Ausflüglern teilen müssen.

Der Familie des Priester-Poeten *Miquel Costa i Llobera* (1854–1922) gehörte seit 1646 die 14 km lange, bewaldete Halbinsel Formentor, die von den beiden Felsbergen Morral und Fumat bestimmt wird – beides Ausläufer der Serra Tramuntana. Der argentinische Korrespondent *Adan Diehl* kaufte Anfang des 20. Jh. die Halbinsel und ließ darauf 1929 das **Hotel Formentor** (s. u.) bauen. Es ist etwas streng, fast im Stil eines Klosters gestaltet und eingebettet in das dichte Grün des Aleppokiefernwaldes vor der schönen Cala Pi. Kein Wunder, dass das Hotel bald zum Intellektuellentreff im westlichen Mittelmeer avancierte. Während des Spanischen Bürgerkrieges war das Formentor sogar Fluchtburg für politisch Andersdenkende.

Nachdem das Hotel während des Krieges pleite gegangen war, diente es zunächst als Spielkasino und später wieder als Hotel. 1991 erwarb es eine Immobiliengesellschaft, die das Haus seitdem wieder auf Erfolgskurs zu steuern scheint.

Viel Prominenz wohnte bereits im Formentor: Winston Churchill (er hatte Zimmer 322) und Soraya, die Windsors und Charlie Chaplin, später Helmut Schmidt und Michael Douglas, das belgische Königspaar, Plácido Domingo und Peter Ustinov, Audrey Hepburn und sogar der 14. Dalai Lama von Tibet, Tenzing Gyatso.

Fährt man etwa 3 km weiter Richtung Leuchtturm, kommt man zu den so genannten **Ses Cases Velles**, die versteckt im dichten Pinienwald liegen. Diese ›Alten Häuser‹ aus dem Besitz von Costa i Llobera bilden ein interessantes historisches Anwesen mit Küche, Getreidespeicher, Kapelle usw. Hier unterhält das Hotel Formentor eine aus wenigen Zimmern bestehende Dependance. In der Kapelle mit dem beeindruckenden Olivenholz-Kruzifix findet man links eine Darstellung der ›Beweinung‹ des flämischen Meisters *Ambrosius* (1544–1618).

Unweit von Cases Velles, kurz vor dem aussichtsreichen Fumat (334 m), kann man zur **Cala Figuera** hinabsteigen. Gleich drei Buchten auf Mallorca heißen Cala Figuera. Diese hier ist die kleinste und schönste, aber leider häufig teerverschmutzt. Über zahlreiche Kurven führt die Straße entlang des Gebirgsrückens, nach einigen Kilometern ist der Leuchtturm am Cap de Formentor erreicht.

Finca-Land

Kommt man von Port de Pollença, führt kurz vor Pollença eine Straße (4,5 km) zur dreigeteilten **Cala Sant Vincenç**, deren hübsche, feinsandige Buchten von scharfkantigen Felsen umrahmt sind. Ein paar nette Pensionen und kleinere Hotels haben sich auf Familien mit Kindern spezialisiert. Aber vor allem gilt das Gebiet zwischen Pollença und Port de Pollença als *die* Adresse für Fincas. Diese **Ferienhäuser** liegen verstreut in dichten Wäldern und auf Feldern und sind meist nur mit sehr genauer Beschreibung zu finden. Hier kann man absolut ruhige Ferien verbringen. Die Landbesitzer haben relativ früh verstanden, welchen Wert ihre Fincas haben und die Instandsetzung auf eigene Faust – inzwischen auch durch EU-Gelder unterstützt – begonnen. Diese **Zonas Rusticas** stehen quasi unter Denkmalschutz: Sie dürfen nicht neu bebaut werden, lediglich eine geringe prozentuale Erweiterung der Bausubstanz ist erlaubt. Zwar wird diese Bebauungsgrenze stets trickreich überschritten, gleichwohl ist offensichtlich, dass im Gebiet von Pollença behutsam mit Land und Bausubstanz umgegangen wird.

i Praktische Hinweise

Information

OIT, Carrer de les Monges 9, Port de Pollença, Tel. 971 86 54 67, Fax 971 86 67 46

Treffpunkt für Mallorquiner und Besucher aus aller Welt ist der beliebte Sonntagsmarkt im Herzen von Pollença. Zum Warenangebot gehören Obst und Gemüse von den Bauernhöfen des fruchtbaren Umlandes

Hotels

*****Hotel Formentor**, Ca a Pi, Tel. 971 89 91 00, Fax 971 86 51 55, www.hotelformentor.net. Auf der Halbinsel Fromentor liegt Mallorcas berühmtes Luxushotel. Es wurde als eines der ersten auf der Insel 1929 eröffnet.

****Illa d'Or**, Passeig des Colón 265, Port de Pollença, Tel. 971 86 51 00, Fax 971 86 42 13, www.hotelillador.com. 1929 erbautes Hotel an der Promenade mit sehr angenehmer ›britischer‹ Atmosphäre. Außen in weißem Zuckerbäckerstil, mit großer Terrasse und Badeplatz.

Restaurants

Lonja del Pescador, Muele Pesquero (Hafenmole), Port de Pollença, Tel. 971 86 65 04. Köstliche Fisch- und Meeresfrüchtespezialitäten. Perfekter Service (im Winter Mi geschl.)

Tango, Carretera Formentor 23, Port de Pollença, Tel. 971 86 67 08. Nettes Lokal mit Garten. Preiswerte spanische und internationale Küche.

29 Pollença

Die lebhafte, malerisch gelegene Stadt ist Zentrum der Intellektuellen.

Die Engländer haben Pollença (13 000 Einw.) als erste entdeckt, doch das heutige Publikum ist durchweg international.

TOP TIPP Sonntagvormittags findet auf dem Kirchplatz der **Mercat**, ein lebhafter Markt, statt, ein beliebter Treffpunkt für die Bewohner des Umlandes. Man kauft Obst, Gemüse, Wurst und Käse ein, beobachtet dann von einem Café aus das Geschehen oder besucht eine der zahlreichen Galerien für moderne Kunst.

Pollença liegt in einem zur Küste hin geöffneten, fruchtbaren Tal: Im Nordwesten wird es überragt von *El Calvario*, dem 170 m hohen Kalvarienberg, im Osten vom Berg der Nostra Senyora del Puig (333 m) mit der gleichnamigen Eremitei. Die Stadt lebt vom Tourismus und ihrem Savoir vivre, dem so genannten *Pollencismus*. Infolge des wirtschaftlichen Aufschwungs wurden auch die alten Handwerkszweige der Stadt wieder belebt, nämlich Schuh- und Textilindustrie (Webereien) sowie die Flechtkunst.

Geschichte Möglicherweise war das fruchtbare Tal um Pollença bereits den Phöniziern bekannt. Die Römer, die 121 v.

Chr. auf die Insel kamen, ließen sich zunächst unweit des heutigen Alcúdia nieder und gründeten dort die Hafensiedlung Pollentia, die ›Starke‹. Dem Ansturm der Vandalen konnte sie dennoch nicht standhalten – Überlebende dieses Vernichtungsschlages im 5. Jh. ließen sich am Torrent de Sant Jordi nieder und übertrugen den Namen ihrer einstigen Heimatstadt auf die neue Siedlung Pollença. Die Kultivierung der Region wurde durch die Araber fortgesetzt, und noch heute ist der Ortskern von maurischen Einflüssen geprägt.

Besichtigung Die Gassen von Pollença mit ihren nüchternen Häusern sind so eng, dass man keine Experimente wagen sollte und das Auto besser am Rande der Stadt parkt: z. B. im Süden, hinter dem ehemaligen Kloster Santo Domingo mit der Rosenkranz-Kirche.

Der kleine **Park** vor der Kirche zeigt einen Querschnitt durch die einheimische Pflanzenwelt: Ölbäume, Rosmarin und Lorbeer, Zwergpalmen, Steineichen und Ginster. Ein Wachturm mit gotisch-katalanischem Fenster, ein kleines Bauernhaus und eine typische Brunnenanlage (Noria) wurden in die Grünanlage einbezogen. Das Bronzedenkmal für *Joan Mas*, den heldenhaften Kämpfer gegen den türkischen Piraten Dragut, hat 1984 Ignasi Rotger aus Villalonga gestiftet. Die Piraten sind ein wichtiges Thema der Stadtgeschichte und weil Pollença unter den Seeräubern lange zu leiden hatte, wird beim Fest *Moros y Cristians* am 2. August der Sieg der Einwohner über die maurischen Räuber sehr volkstümlich-laut begangen. Die Fassade der barocken Kirche **Nostra Senyora del Roser** blickt auf den kleinen Park. Im Inneren findet man rechts eine Orgel aus der Barockzeit, die zu besonderen Anlässen gespielt wird. Von hier, aber auch vom Vorplatz aus, gelangt man durch die Sakristei in den Kreuzgang des ehemaligen Klosters **Santo Domingo** (1578), wo seit 1962 jeden Sommer die gut besuchten Konzerte des *Festival Internacional de Musica de Pollença* stattfinden. Eine Gedenktafel an der Kirchenwand erinnert an den Begründer des Festivals *Philip Newman* (britischer Violinist, 1904–1966). Im Seitenflügel befinden sich die **Biblioteca Municipal** und das **Museu Municipal** (Juli–Sept. Di–Sa 11–13 und 17.30–20.30,So 11–13 Uhr, im Winter Di–So 11–13 Uhr). Außer den Bildern des Malwettbewerbs von Pollença und zahlreichen Tongefäßen (17. Jh.) sind im Museum Reproduktionen der Funde aus der nahen Nekropole von Serra de la Punta zu sehen.

Geht man die Fußgängerzone Carrer d'Antonio Maura hinauf, trifft man bei Nr. 44 auf die **Casa Natal Capllonch i Rotger**, das Geburtshaus des Musikers Miquel Capllonch i Rotger (1861–1935). Am Ende der Gasse breitet sich die Plaça Major mit Brunnen aus. Hier wurde im Jahr 1236 der Grundstein für die Pfarrkirche **Nostra Senyora dels Angels** (im 18. Jh. verändert) gelegt, ihr Hauptportal zeigt eine reich gegliederte Rosette. Innen ist das Gotteshaus freskiert. Die Ausmalung stammt von dem deutschen Maler Mosgraber und dem Argentinier Boveri.

Lässt man die Pfarrkirche rechts liegen und passiert den Carrer del Temple, so gelangt man auf die kleine Plazuela de la Almoina mit dem berühmten **Font del Gall** von 1827, dem Hahnenbrunnen (der Hahn ist das Wappentier der Stadt). An dieser Stelle soll der später heilig gesprochene Vincent Ferrer die Armen gespeist und zu ihnen gepredigt haben. Unweit von hier steht die ehemalige Jesuitenkirche **Montesión** (17. Jh., 1891 restauriert), in der *Miquel Costa i Llobera* Pfarrer war, bevor er sich ganz der Lyrik widmete. Sein stattliches Geburtshaus befindet sich übrigens in einer der schönsten Gassen rechts vom Hahnenbrunnen, in der Carrer Costa i Llobera 9/11.

Links gelangt man zur Fußgängerzone mit hübsch gestaltetem Platz und mehreren Cafés. Hier beginnt auch der 365 Stufen umfassende Treppenweg bzw. rechts der Fahrweg zum **Calvario** hinauf. Auf diesem Kalvarienberg zeigt die Casa Maria im Haus Nr. 19 zarteste Spitzenarbeiten und Stickereien. Eine wunderschöne Aussicht hat man von hier auf die Einsiedelei **Puig de Maria** aus dem 14. Jh.: Dies ist der beliebteste Wallfahrtsort der Pollencins. Ausgangspunkt für eine wunderschöne Karfreitagsprozession, eine **Procesión de Viernes Santo**, ist die winzige Wallfahrtskapelle (1794) auf dem Kalvarienberg. Die Kreuzabnahme, passionsspielähnlich an einem Kruzifix mit beweglichen Armen nachempfunden, wird der Prozession vorangetragen, die in der Pfarrkirche mit einer Mitternachtsmesse endet.

Castell del Rei

Vom Parkplatz aus kommt man über die C 710 zur anmutigen Römerbrücke über

Der Blick vom Kalvarienberg auf Pollença offenbart den Charme der Stadt und ihrer Kulisse

dem Flüsschen Sant Jordi. Von dort erreicht man nach wenigen Metern die Abzweigung (rechts) zum Castell del Rei. Die ersten 3 km fährt man am Ternella-Bach entlang, bald aber endet die öffentliche Straße, und eine breite Eisenschranke macht deutlich, dass man sich Privatgrund (dem der Bankiersfamilie March) nähert. Auf ihm liegt das Kastell des Königs, eine der drei Festungen des Königreiches Mallorca. Der Bau selbst ist zwar nur noch eine Ruine, doch der Spaziergang dorthin führt etwa 2,5 km lang durch eine sehr reizvolle Landschaft. Sicherheitshalber sollte man sich aber vor Betreten des Geländes bzw. vor Beginn des Ausflugs bei der örtlichen Touristeninformation OIT (s. u.) erkundigen, ob es die Familie March Touristen gestattet, ihren Privatgrund zu durchwandern.

Oratorio Santa Margalida de Crestatx

Über die breite, gut ausgebaute PM 220 fährt man ca. 8 km bis zum Park des beliebten Wallfahrtsortes mit Kirche (Messe So/Fei 11 Uhr), deren Kustode den Besuchern jederzeit Einlass gewährt (Klingel rechts vom Portal).

Campanet

Auf einem lang gezogenen Hügel liegt das freundliche Bauern- und Handwerkerdorf Campanet. Seine Pfarrkirche *Sant Miquel* (1717–93) ist der Immaculata Concepción, der Unbefleckten Empfängnis, geweiht und dank ihres monumentalen Turms mit Pyramidendach weithin sichtbar. Das Hauptportal und die maßwerkverzierte Rosette darüber sind gotisch. Der größte Schatz der Pfarrkirche befin-

Idyllische Weide – Schafe auf blühender Wiese in einem Olivenhain bei Campanet

det sich in der dritten Kapelle links: die Körperreliquie (getrennt aufbewahrt: das Blut) des Märtyrers Victorianus, die Kardinal Despuch von Papst Pius VI. erhielt. Letzterer soll sie in den römischen Katakomben entdeckt haben. Am zweiten Sonntag im Juli wird der Körper des Ortsheiligen gezeigt, den Rest des Jahres sind nur seine beiden Hände hinter einem Goldgeflecht zu sehen.

Oratorio Sant Miquel

Von Campanet führt der Weg (2 km) durch Äcker und Mandelbaumpflanzungen zum Oratorio Sant Miquel. Das 1229 gegründete Kirchlein (geöffnet So/Fei, ansonsten nebenan bei den Kustoden nachfragen) birgt eine besondere Sehenswürdigkeit, das so genannte *Kreations-Retabel* (16. Jh.): Der ganze Katechismus ist auf kleinen Bildtafeln um eine winzige hölzerne Madonna mit Kind (La Virgen del Roser) gruppiert.

Coves de Campanet

Knapp 1 km vom Oratorio entfernt, findet man in panoramareicher Wildnis die hübschesten der zugänglichen Tropfsteinhöhlen Mallorcas, die 1945 entdeckten Coves de Campanet (April–Sept. tgl. 10–18 Uhr, Okt.–März 10–17 Uhr). Ihre Stalaktiten sind schnurgerade und so schlank, dass man sie ›Spaghetti‹ nennt.

i Praktische Hinweise

Information

OIT, G. Cifre de Colonya s/n, Pollença, Tel. 971 53 50 77

Hotel

*****Juma**, Plaça Major 9, Pollença, Tel. 971 53 50 02, Fax 971 53 41 55, www.hoteljuma.com. Nettes Hotel im Zentrum mit sieben stilvollen Zimmern.

Finca

Ca'n Cap de Bou, Bahía de Pollença, Tel./Fax 971 27 21 59, www.cancapdebou.com. Um 1800 erbautes Anwesen südöstlich von Pollença im Naturschutzgebiet und 500 m vom Meer. Familiengeeignet, da es Pool, Reitstall, Tennisplätze, Fahrräder, Eselkarren etc. gibt.

Restaurants

TOP TIPP **Can Costa**, Carrer Costa i Llobera 11, Pollença, Tel. 971 53 12 76. Im herrschaftlichen Geburtshaus des Priester-Poeten Costa i Llobera befand sich um 1900 ein Kino, dessen Ausstattung das feine Restaurant mit seiner französischen Küche nun integriert hat. Empfehlenswert ist z. B. das Menú gastronomique (Mo–Sa 19–24 Uhr).

La Font del Gall, Carrer Montesión 4/ Ecke Plaça Almoina, Pollença, Tel. 971 53 03 96. Spezialitäten des feinen Lokals am Hahnenbrunnen sind Lamm- und Rindfleischgerichte.

Der Westen – die Tramuntana von Lluc bis Andratx

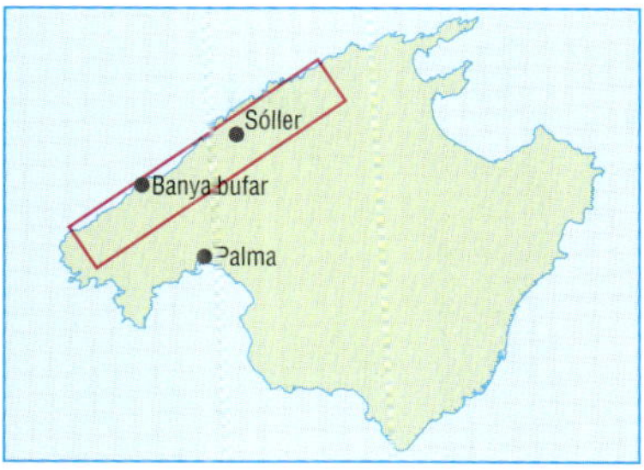

Die ganze Vielgestaltigkeit der mallorquinischen Landschaft kann man auf einer Strecke von rund 140 km erleben, zwischen dem nordöstlich gelegenen Pollença und Andratx im Südwesten. Es lockt vor allem die schroffe Schönheit der Gebirgskette Tramuntana, zu genießen gibt es aber auch wunderbare Aussichten auf die zerklüftete, buchtenreiche Küste. Auf dieser Route lohnt es sich immer wieder, in malerischen Städten und Dörfern Halt zu machen, wo man noch die ursprüngliche Lebensart Mallorcas beobachten kann. Die 20 km lange Strecke von Pollença nach Lluc ist eine der landschaftlich reizvollsten der Insel. Die ersten 5 km sind noch relativ flach. Dann folgen einige scharfe Haarnadelkurven und man gelangt in eine stark erodierte Berglandschaft voll kleiner Felskegel. Von dort aus hat man einen herrlichen Blick zurück auf das Tal von Pollença!

30 Lluc

Lluc ist der bedeutendste Wallfahrtsort der Insel. Und in fast jeder Kirche Mallorcas findet sich eine Kopie der hochverehrten Moreneta, der schwarzen Madonna.

Eingebettet in einen Talkessel der Serra del Norte liegt in 400 m Höhe das 1250 gegründete **Monestir de Lluc** (tgl. 8–19 Uhr). Es wurde in Folge mehrmals zerstört, im 17./18. Jh. umgebaut und 1960–63 erweitert. Das Kloster war ursprünglich ein Ort der Meditation und stillen Andacht. Mittlerweile strömen so viele Besucher nach Lluc, dass von friedlicher Stimmung nicht mehr viel zu spüren ist. Dennoch ist es beeindruckend, einer Messe in dem byzantinisch anmutenden Gotteshaus beizuwohnen, wenn die Madonnenstatue *La Moreneta* (13. Jh.) zur Vorderseite des Altars gedreht wird. Ein ergreifendes Ereignis findet jeden Tag vor Beginn oder im Anschluss an den Gottesdienst statt: Pünktlich um 11.15 und um 19.30 Uhr erklingen die klaren Stimmen des seit 500 Jahre bestehenden Knabenchors *Coro Blavets*. Auch der Klostergarten ist sehenswert. Das angegliederte *Pilgerhotel* betreibt das Kloster in Eigenregie. Es ist im Sommer, an Festtagen und Wochenenden restlos ausgebucht!

TOP TIPP

Viele alte **Pilgerwege** führen nach Lluc. In den vergangenen Jahren wurden sie hergerichtet und avancierten zu äußerst beliebten Routen für Wanderer, die auf diesen meist steingepflasterten

Die Madonnenstatue La Moreneta im Monestir de Lluc ist ein vielfach kopiertes Original aus dem 13. Jh.

Wallfahrtsort in wildromantischer Landschaft – das Monestir de Lluc

Wegen den Norden der Insel erkunden. Besonders schön sind die Wege Richtung Selva und (über die Gipfel Massanella und L'Ofre) nach Biniaraix, Fornalutx und Sóller.

Llucs größtes religiöses Fest wird am 9. September bzw. am darauf folgenden Sonntag begangen. Bereits in der Nacht zuvor pilgern an die 20 000 Jugendliche aus ganz Mallorca den langen Weg zu Fuß zum Kloster hinauf. Nur etwa die Hälfte von ihnen kommt hier an, der Rest bleibt auf dem schwierigen Weg zurück. Und am ersten Sonntag im August feiert die Stadt Palma ihre größte Wallfahrt nach Lluc: Bis zu 50 000 Palmeser machen sich auf den Weg, doch nur etwa ein Fünftel erreicht das Kloster.

Kunstinteressierte zieht es ins **Museu de Lluc** (tgl. 10–13.30 und 14.30–17.30 Uhr). Ausgestellt sind archäologische Funde, kostbares liturgisches Gerät, regionales Kunsthandwerk und eine zauberhafte Gemäldesammlung des Malers Josep Coll Bardolet (*1912) aus Girona.

Südliche Berge

Die schmale, kurvenreiche Landstraße PM 213 führt von Lluc Richtung Inca. Es lohnt sich, zwischendurch anzuhalten, um Picknick zu machen, zu wandern (Cami Vell de Lluc, Cami de Lluc u. a.) oder einige der Dörfer zu besichtigen.

Überhängende Felsen und zerborstene Muschelkalkbrocken gestalten die wilden, steil abfallenden Berghänge. Hier droht Absturzgefahr. So z. B. am **Salt de la Bella Donna**, dem ›Sprung der Schönen Frau‹: Die Legende besagt, dass ein Ehemann aus Selva sich auf dem Weg nach Lluc seiner Frau entledigen wollte. Er stieß sie vom Berg, doch die Dame wurde an diesem Abhang auf wundersame Weise gerettet.

Selva

Das stattliche Dorf Selva liegt 4 km vor Inca auf einem Hügel zu Füßen der Serra del Norte und ist einen Zwischenstopp wert. Die gotische Pfarrkirche **San Lorenço** (Sant Llorenç), errichtet im 14. Jh., ist trotz ihres im 19. Jh. erfolgten, wenig geglückten Umbaus sehenswert. Zu ihr steigt man über eine dreiteilige, 1639 recht theatralisch gestaltete Freitreppe hinauf und gelangt durch die rechte Seitenpforte ins Innere. Die Kirche gilt als eine wahre Pinakothek, in der Bilder des mallorquinischen Meisters Antoni de Veri i Salas zu sehen sind. So auch eine Kopie der ›Heiligen Familie‹ (5. Kapelle rechts), das Original hängt im Pariser Louvre. In der Sakristei befindet sich ein sehenswerter Kirchenschatz, u. a. kostbare Kelche, eine Monstranz und ein Prozessionskreuz. Wegen Diebstahlsgefahr ist die Kirche leider meistens geschlossen, doch wird sie für interessierte Besucher gerne vom Pfarrer geöffnet, der im Haus Nr. 13 rechts neben dem Gotteshaus wohnt.

i Praktische Hinweise

Information

Monestir de Lluc, www.lluc.net. An der Rezeption

Hotel

Santuari de Lluc, Tel. 971 87 15 25, Fax 971 51 70 96. Preiswerte geräumige Zellen mit Bad/WC im Klostergebäude.

Restaurant

Sa Fonda, Tel. 971 51 70 22. Eines von drei Restaurants im Klosterbezirk des Monestir de Lluc. Geboten wird gute bodenständige Küche.

31 Sa Calobra und Serra de Torrellas

Von Lluc nach Sóller führt eine 36 km lange Bergstraße durch die zerklüftete Berglandschaft der Serra del Norte. Im Schatten des höchsten Berges Mallorcas, Puig Major, fährt man in das fruchtbare Tal von Sóller, in dem Feigen- und Mandelbäume wachsen, Zitronen- und Orangenhaine duften.

Vom Monestir de Lluc aus fährt man zurück auf die Hauptstraße C 710. Nach 7 km befindet sich auf der linken Seite das beliebte Ausflugslokal Escorca (s. u.). Gegenüber steht die Kapelle von **Sant Pere** (1247). Sie wurde aus rohem Bruchsteinmauerwerk errichtet und liegt in einem zauberhaften Garten zwischen alten Olivenbäumen. Den Schlüssel zur Kapelle verwahrt der Restaurantpächter. Vom Parkplatz aus können Abenteuerlustige in die Schlucht Torrent de Pareis (s. u.) absteigen, doch empfiehlt ein Schild am Beginn des Weges, Ausrüstungsgegenstände wie Seile und Neoprenanzüge mitzunehmen sowie mindestens 5 Stunden für die Wanderung einzuplanen. Bei Regen kann die Tour zudem gefährlich werden.

Fährt man mit dem Auto auf der C 710 weiter, beginnt nach 3 km die aufregend serpentinenreiche Straße (12 km) mit der scharfen Kurve am Caval Bernat (nahe der kleinen Einsiedelei von Sant Lorenço) und der so genannten Krawattenknotenkurve zur berühmten **Cala de Sa Calobra**. An Wochenenden und vormittags während der Hochsaison ist die Straße absolut zu meiden, vor allem wegen der Touristenbusse, die kaum ein Fortkommen erlauben.

Sa Calobra

Das nur aus wenigen Häusern bestehende Dörfchen Sa Calobra ist heutzutage ein beliebtes Ausflugsziel und hat sich mit seinen Restaurants längst auf Touristengruppen eingestellt. Durch einen Tunnel gelangt man von hier zu einer zau-

Die Serra del Norte stellt das imposante Bühnenbild für das hübsche Dorf Selva

berhaften Badebucht, in welche der Sturzbach **Torrent de Pareis** mündet – ein wunderbares Naturschauspiel. Zugleich wird hier auch Kultur geboten, denn der Maler und Wahlmallorquiner Josep Coll Bardolet hat 1964 ein sakrales Musikfestival ins Leben gerufen. Seither findet diese *Música Coral al Torrente de Pareis* jedes Jahr an einem Nachmittag im Juli statt. Das Konzert ist kostenlos, die Akustik exzellent!

Eine schmale Straße führt von Caval Bernat zur wunderschönen, naturgeschützten Kiesbucht **Cala Tuent**, die im Westen der gleichnamigen Halbinsel gelegen ist. Außerhalb der Saison bzw. wochentags ist die Cala Tuent eine herrlich stille Bucht. Bei dem Restaurant hoch über der Bucht am Ende der Straße beginnt auch ein mittlerweile ausgebauter früherer Schmugglerpfad, der bis zum **Mirador de Ses Barques** und weiter nach Sóller bzw. Port de Sóller führt.

Serra de Torrellas

Wer mit dem Wagen von Sa Calobra wieder die kurvenreiche Straße zur C 710 hinauffährt, erreicht kurz nach der Kreuzung den Stausee **Embalse Gorg Blau**. In seinem Wasser liegen die Reste des prähistorischen *Heiligtums von Almallutx*, die 1969 beim Bau des Staudammes entdeckt wurden. Gorg Blau und der etwa 5 km entfernte **Embalse de Cúber** sollen

Oben: *Klippenklemme – der Strand an der Mündung des Torrent de Pareis präsentiert Formkontraste in schönster Harmonie*
Unten: *Die Krawattenknotenkurve ist Highlight der Serpentinenstraße nach Sa Calobra*

die Trinkwasserprobleme Palmas lösen. Doch selten reichen die Niederschläge aus, um die miteinander verbundenen Stauseen zu füllen.

Selbstverständlich spielt in diesem Gebiet Mallorcas höchster Berg, der **Puig Major** (1445 m), die landschaftliche Hauptrolle. Von überall ist er zu sehen, verlockend für Wanderer – und doch ist sein Gipfel nicht erreichbar (Militärsperrgebiet). Der Berg dehnt sich südwestlich in die zerklüftete Serra de Torrellas aus, die im Süden mit dem **L'Ofre** (1090 m) ein aussichtsreiches Pendant zum höchsten Berg der Insel bildet. Der L'Ofre lässt sich auch vom Cúber-Stausee aus bezwingen, zunächst auf einem geradezu gemütlichen Pfad. Wagemutige biegen bald (an den Strommasten) links ab und klettern den steilen Hang zum Gipfel hoch, von wo man einen atemberaubend schönen Panoramablick hat. Danach steigt man in den **Barranco de Biniaraix** ab und folgt dem alten, meist steingepflasterten Pilgerweg zwischen Sóller und Lluc. Nach etwa einer Stunde erreicht man das Dorf **Biniaraix**, das im Schatten des hübscheren Nachbarortes Fornalutx steht.

Fornalutx

Das mehrfach preisgekrönte Dorf Fornalutx (500 Einw.) ist tatsächlich eine Schönheit! Es besticht allein schon die Lage inmitten von Zitronen- und Orangenbäumen, die fast das ganze Jahr über duftende Blütenpracht und frische Früchte bieten. Tagsüber ist hier viel Betrieb und dementsprechend hoch sind in den Cafés und Restaurants die Preise, vor allem rings um die nette kleine Plaça d'Espanya. Einen Besuch wert ist auf jeden Fall die Pfarrkirche **Navidad de Nostra Senyora** (1680). Die Rosenkranzkapelle der sonst schlichten Kirche ist in üppigem Rokoko gestaltet.

Praktische Hinweise

Restaurants

Bella Vista, Carrer de Sant Bartolomeu 26, Fornalutx, Tel. 971 63 15 90. Mit Panoramaterrasse im unteren Ortsteil. Spezialitäten sind Parrilladas, also gegrillte Speisen (abends und Mi geschl.).

Ca N'Antuna, Carrer Arbona Colom 8, Fornalutx, Tel. 971 63 30 68. Einfaches Lokal mit Veranda, das Paella und mallorquinische Speisen bietet (Mo geschl.).

Fornalutx, eine wahre Dorfschönheit, bezaubert mit Natursteinhäusern inmitten von Orangen- und Zitronenbäumen

Escorca, Escorca (8 km westl. von Lluc), Tel. 971 51 70 95. Beliebtes Ausflugslokal mit guter mallorquinischer Küche in urigen Räumen mit Kamin und großer Terrasse (Mo geschl.).

Es Vergeret, Cala Tuent, Tel. 971 51 71 05. Gute mallorquinische Küche zu leicht gehobenen Preisen.

32 Sóller

Inmitten der Huerta de Sóller, dem Garten von Sóller, liegt diese französisch anmutende, vitale Kleinstadt mit ihren zahlreichen Palästen, hübschen Geschäften und Cafés.

Sóller (10 500 Einw.) ist Endstation der Schmalspurbahn Roter Blitz, mit der jährlich ca. 1 Mio. Passagiere fahren. Sie ist die letzte Privatbahn Spaniens und Europas einzige, die schwarze Zahlen schreibt. Die Lage des Ortes in der sonnigen Ebene von Sóller dürfte eine der reizvollsten Mallorcas sein. Hier wachsen Orangen- und Olivenbäume, geerntet werden aber

auch Feigen und Mandeln. Wegen der reichen Ernten nannten die Araber die Stadt Sulliar, Tal des Goldes. Sie ist von den höchsten Gipfeln der Insel umgeben, bis zum Meer sind es aber nur 5 km.

Geschichte Fischer und Jäger sollen es gewesen sein, die, vom Meer kommend, sich als erste im Gebiet des Hafens von Sóller niederließen. Phönizier bauten den Hafen als Stützpunkt aus, die Griechen trieben später von hier aus regen Handel im westlichen Mittelmeerraum. Doch erst unter den Römern wurde Port de Sóller zu einem der wichtigsten Umschlagplätze Mallorcas. Enormen Aufschwung erlebte Sóller, als es Jaume I. wiedereroberte und das umliegende fruchtbare, windgeschützte und sonnige Tal unter seinen Gefolgsleuten aufteilte. Noch heute findet man hier zahlreiche Landgüter.

Sóller ist neben Pollença die einzige Stadt der Insel, die einen *Siegestag* feiert, den 11. Mai 1561. Damals wurden hier die Belagerer, das türkische Heer des Piraten Occhialis, in die Flucht geschlagen – übrigens mit Hilfe von zwei starken Frauen (Ses Valentes Dones), den Schwestern Francisca und Catalina Casesnoves, die bei diesem alljährlichen Fest der **Moros y Cristians** gewürdigt werden. Allerdings arten die ›Schlacht‹ am Strand von Port de Sóller und der ›Siegeszug‹ nach Sóller immer wieder in ein lautes Gelage aus.

Sóller erlebte im 17.–19. Jh. eine wirtschaftliche Blüte. Damals entwickelte sich der Handel mit dem spanischen Festland und mit Frankreich, wohin Sóller Obst und Gemüse, vor allem seine berühmten Orangen, lieferte. Die Eisenbahn nach Palma, der Rote Blitz, verband ab 1912 (1927 von Siemens elektrifiziert) den Ort mit dem übrigen Mallorca. Diese Verkehrsverbindung war auch äußerst wichtig für den Orangentransport. Ab 2008 soll der Sa-Mola-Tunnel Sóller noch besser erreichbar machen. Die Uferstraße, über die der Verkehr bisher die Stadt erreichte, wird dann zur Flaniermeile umgestaltet werden.

Besichtigung Mittelpunkt des hübschen Ortes ist die **Plaça Sa Constitució** mit der Pfarrkirche, dem Rathaus und drei- bis vierstöckigen Bürgerhäusern, die Anfang des 20. Jh. erbaut wurden. Um den Brunnen auf der Plaça reihen sich gemütliche Cafés. Die Straßenbahn nach Port de Sóller fährt über diesen Platz – sie ist die einzige der Insel und allein schon deshalb eine Attraktion.

Die Pfarrkirche **Sant Bartomeu** dürfte 1248, bald nach der Wiedereroberung durch Jaume I., über einer Moschee errichtet worden sein. Der heutige Bau entstand zwischen 1492 und 1711 und wurde später immer wieder verändert. Im Innenraum der reich vergoldeten und

◁ *Die Orangengärten von Sóller und die Stadt vor der Kulisse der Serra de Alfàbia*

mit farbigen Glasfenstern geschmückten Kirche sollte man die hölzerne Kanzel (1419) beachten, von der auch der hl. Vincent Ferrer predigte. Vor dem Hochaltar rechts wird hinter Sicherheitsglas eine gotische Madonna mit neugierig schauendem Kind aufbewahrt.

Neben der Pfarrkirche befindet sich das **Rathaus** (1662–1733), in dem auch das Tourismusbüro untergebracht ist.

Geht man in Richtung Hafen, gelangt man zum Carrer de Sa Mar. Im Gebäude Nr. 5, einem schönen Herrenhaus von 1740, ist das **Museu Casal de Cultura** (Mo–Fr 11–16.30, Sa 11–13 Uhr) untergebracht. Dort erhält man Einblick in die bürgerliche Wohnkultur des wohlhabenden Städtchens. Auch die Sammlungen von Keramik und Küchengeräten sind sehenswert, ebenso die Aquarelle und Gemälde, darunter einige Porträts.

Im südlichen Ortsteil, zwischen der Einfahrt zum Zentrum und der Hauptstraße zum Hafen, steht das wuchtige Dominikanerkloster **Convento de Jesús** (1458; Zugang von der Stadtseite über eine Treppenrampe). Sehenswert ist die Kapelle Santo Cristo auf der linken Seite, in der ein mit Goldkrone, Strahlenkranz, Gürtel und Tunika geschmücktes Holzkruzifix (1530) aufbewahrt wird. Der barocke Kreuzgang des 1748 geweihten Konvents dient heute als Schule.

Dahinter befindet sich das naturwissenschaftliche **Museu Balear de Ciencias Naturales** (Di–Sa 10–17.30, So/Fei 10–13.30 Uhr) mit dem Botanischen Garten. In der großzügigen Anlage lernt man auch über 100 endemische Pflanzarten kennen.

Nahe der Plaça Sa Constitució lädt die gut sortierte **Markthalle** zum Besuch ein. Sie trägt ebenso zum Flair des Ortes bei wie die vielen kleinen Geschäfte ringsum. Die Spezialitäten dieses Marktes sind Oliven und natürlich Orangen (vor allem frisch gepresster Saft ist zu empfehlen),

Sóllers Pfarrkirche Sant Bartomeu blieb trotz langer Baugeschichte der Gotik verpflichtet

Reise in die Vergangenheit per Straßenbahn

die umliegenden Geschäfte bieten schöne Stoffe und Antiquitäten. In den blumengeschmückten, meist sehr engen Seitengassen herrscht unterdessen beinah dörfliche Ruhe.

Port de Sóller

Eine Fahrt mit der nostalgischen Straßenbahn von 1913 darf man keinesfalls versäumen. Sie fährt quer durch Sóller, zwischen kleinen Obst- und Gemüsegärten hindurch. Nach 5 km endet sie direkt in dem hübschen Hafenstädtchen, das sich in den letzten Jahren sehr verändert hat.

Das Hotel Ca n'Ai unweit von Sóller bietet allerlei Luxus, auch kulinarische Genüsse

Aus dem verschlafenen Fischernest ist ein gut strukturierter Ferienort und ein beliebtes Ausflugsziel geworden. Und dennoch gibt es stille Ecken, etwa am schmalen, mit feinem Sand aufgefüllten Strand **Es Repic** (links vom Ortszentrum und Hafen). Kleine Cafés und Restaurants, Pensionen und Souvenirläden entlang der Strandpromenade machen Repic zu einem richtigen Familienstrand. Port de Sóller ist ein hervorragender Ausgangspunkt für Wanderungen in die nördliche Serra mit ihrer steilen Küste.

i Praktische Hinweise

Information

OIT, Plaza Espanya, Sóller, Tel. 971 63 80 08, Fax 971 63 80 09

OIT, Carrer Canogne Oliver 10, Port de Sóller, Tel. 971 63 30 42 (winters geschl.)

Hotels

TOP TIPP ****Ca n'Ai**, Cami de Son Puça 50, Sóller, Tel. 971 63 24 94, Fax 971 63 18 99, www.canai.com. Inmitten einer der schönsten Orangenplantagen bei Sóller. Das historische Gutshaus wurde zur Luxusherberge mit feinem Restaurant umgebaut.

***Es Port**, Carrer Antonio Montis s/n, Port de Sóller, Tel. 971 63 16 50, Fax 971 63 16 62, www.hotelesport.com. Hostal in einem Landgut des 17. Jh. Mit Pool, Schwimmbad und Schönheitsfarm.

***Los Geranios**, Strandpromenade Es Repic, Port de Sóller, Tel. 971 63 14 40, Fax 971 63 16 51, www.hotel-losgeranios.ch. Im Jahr 2003 umfassend restauriertes ›Hostal gran lujo‹.

Restaurants

Ca's Puers, Carrer Isabel II/39, Sóller, Tel. 971 63 80 04. Gourmetrestaurant mit Michelin-Stern in einem Altstadthotel von 1840. Erlesene Speisen wie Merluzza im Zucchinimantel oder Mango-Ravioli mit Safrangelee (Mo geschl.).

El Pirata, Carrer Santa Catalina 8, Port de Sóller, Tel. 971 63 14 97. Gute Fischgerichte und freundlicher Service nahe dem Fischereihafen (Mo geschl.).

Es Racó, Carrer Santa Catalina 6, Port de Sóller, Tel. 971 63 36 39. Kleines Restaurant mit französisch-mallorquinischen Fischgerichten, liegt zurückversetzt über dem Hafen (Mi geschl.).

Sa Llotja des Peix, Muelle Pesquero, Port de Sóller, Tel. 971 63 29 54. Bekanntestes (und teuerstes) Fischrestaurant am Ort, direkt über der Fischhalle der Genossenschaft (Mo geschl.).

33 Deià

1867 kam Erzherzog Ludwig Salvator von Habsburg als 22-jähriger erstmals nach Mallorca. Zwei Jahre später ließ sich der Adelige an der Küste bei dem Dorf Deià nieder.

Zwischen Port de Sóller und Sóller zweigt die schmale Straße C 710 nach Deià ab. 20 km lang erstreckt sich diese Bergstraße hoch über der Steilküste, links sieht man uralte, knorrige Ölbäume, die an den Hängen des 1062 m hohen Teix wachsen. Danach kommt man an die kurvige Abfahrt (letztes Stück nur zu Fuß) zur kleinen, felsenumrahmten und sehr romantischen **Cala Deià**.

Das einst fast verlassene Dorf Deià (600 Einw.) haben nicht nur Romantiker und Künstler wegen seiner reizvollen Lage entdeckt, sondern auch das ZDF, das daraus mit der Fernsehserie ›Hotel Paradies‹ einen Touristen-Wallfahrtsort machte.

Die Häuser des kleinen Ortes sind um einen frei stehenden Bergkegel gruppiert, und alle schmalen Gassen laufen zur auf der Spitze thronenden Kirche hin.

Der Glockenturm der barocken Pfarrkirche **Sant Joan Bautista** entstand aus einem mittelalterlichen Wehrturm. Und wehrhaft musste Deià deshalb ausgebaut werden, weil es den Piraten wegen seiner exponierten Lage natürlich sofort ins Auge stach! Die einschiffige, tonnengewölbte und vierjochige Kirche zeigt eine angenehme Raumwirkung: Sie ist weiß getüncht und ihre tragenden Elemente bestehen aus basaltähnlichem, schwarz-grauem Stein. Am Eingang steht die in Mallorcas Kirchen obligatorische Moreneta de Lluc; rechts vor dem Chor befindet sich eine eindringliche Darstellung des hl. Sebastian.

Das **Museu Parroquial** (unregelmäßig geöffnet, meist tgl. 9–18.30 Uhr) ist nebenan, im Obergeschoss des kleinen Rathauses, untergebracht. Es gehört der Kirche und zeigt außer sakralen Kleinodien auch Gegenstände des täglichen Gebrauchs. Ein zweites Museum, es ist der zeitgenössischen Kunst gewidmet, haben Künstler im Ort eingerichtet.

Auf dem **Friedhof** gegenüber der Kirche sind einige illustre Persönlichkeiten begraben. Der bekannteste dürfte der englische Poet Robert Graves (1895–1985) sein, der den Ort berühmt machte. Übrigens lebten auch die Schauspieler Peter Ustinov, Ava Gardner und Tony Richardson zeitweilig in Deià und sogar Pablo Picasso weilte in dem schönen Dorf.

Kreativer Wurf – die Häuser von Deià liegen wie Legosteine zwischen Palmen und Zypressen

An der Straße abwärts zum Strand kann das interessante archäologische Museum **Deià Museum and Research Centre** (April–Okt. Di, Do, So 15–17 Uhr, im Winter Di, Do, So 15–18 Uhr) mit einer prähistorischen Privatsammlung besichtigt werden.

Küste des Erzherzogs

Die pittoreske Westküste bei Deià hat Erzherzog Ludwig Salvator, diesem ›Aussteiger‹, viel zu verdanken, schließlich hat er seinerzeit weite Teile der Landschaft mit ihren uralten Olivenbäumen vor der Rodung bewahrt.

Wann immer Ludwig Salvator einen Bauern sah, der einen jahrhundertealten Ölbaum fällen wollte, kaufte er den Baum und ein Stück Land dazu. Auf diese Weise rettete der naturliebende Fremde einen breiten bewaldeten Küstenstreifen, der nördlich von Deià beginnt und bis in den Süden bei Valldemossa reicht. Außerdem ließ der Erzherzog auch die alten Steinmauern wieder aufbauen, welche die Felder und Ländereien begrenzten.

i Praktische Hinweise

Hotels

******Es Molí**, Carretera Valldemossa–Deià s/n, Deià, Tel. 971 63 90 00, Fax 971 63 93 33, www.esmoli.com. Großzügige Hotelanlage mit Blick auf das Dorf, mit Poollandschaft und Tennisplatz.

******La Residencia**, Son Canals, Deià, Tel. 971 63 90 11, Fax 971 63 93 70, www.hotel-laresidencia.com. Luxus-

Son Marroig, der Landsitz des Erzherzogs, bietet einen unvergesslichen Ausblick

›Die Balearen in Wort und Bild‹

Man erfährt interessante Details im siebenbändigen Opus ›Die Balearen in Wort und Bild‹. Der Autor war der 1847 in Florenz geborene **Ludwig Salvator**, zweiter Sohn des Großherzogs der Toskana. 1897 wurde das Werk in einer zweibändigen Ausgabe zusammengefasst, zwei Jahre später erhielt es auf der Pariser Weltausstellung eine Goldmedaille. Eine **Faksimile-Ausgabe** des Werkes ist in der Niederlassung von Kühn & Partner (Calle Pueblo Espańyol s/n, Palma de Mallorca, Tel. 971 22 80 20) erhältlich. Ludwig Salvator hatte den Text selbst mit Zeichnungen und Aquarellen versehen. Wer sich über Flora und Fauna sowie über die Lebensart der Mallorquiner informieren möchte, findet keine fundiertere Quelle als diese Bände. Die große Liebe des Erzherzogs galt den Naturwissenschaften, und mit der stattlichen Dampfjacht ›Nixe‹ unternahm er zahlreiche Forschungsreisen. 1867 besuchte er (inkognito als Graf Luis de Neudorf) erstmals Mallorca, ab 1869 hatte der Erzherzog seinen permanenten Wohnsitz auf der Insel. Er lebte vorwiegend auf seinem Herrensitz **Son Marroig**, der beim Umbau Details (Pavillon) im Stil seines Geburtshauses, des Palazzo Pitti, erhielt. Heute ist hier ein Museum untergebracht. Sehr gern hielt sich der Archiduque auch auf dem nahen Landgut **Miramar** zwischen Deià und Valldemossa auf, wo ihn u.a. Kaiserin Elisabeth (Sisi) besuchte. Den Landsitz **Son Moragues** bei Valldemossa vermachte Salvator seinen illegitimen Nachkommen.

Als 1914 der Erste Weltkrieg ausbrach, wurde der Erzherzog Ludwig Salvator nach Böhmen gerufen, wo er ein Jahr später starb. Er wurde in der Kaisergruft der Kapuzinerkirche in Wien bestattet.

Küstenpoesie – sanft gleiten die Ausläufer der Serra de Tramuntana unweit von Deià ins Meer

herberge in einem alten Landgut an den terrassierten Hängen des Teix.

*****Costa d'Or**, Lluc-Alcari (nahe Deià), Tel. 971 63 90 25, Fax 971 63 93 47, www.hoposa.es. Schönes gepflegtes Familienhotel mit Swimmingpool und Tennisplatz.

Restaurants

Can Jaume, Carrer Major, Deià, Tel. 971 63 90 29. Restaurant mit Panoramaterrasse; es gibt traditionelle mallorquinische Küche zu gehobenen Preisen (Mo geschl.).

El Olivo, Son Canals, Deià, Tel. 971 63 93 92. Feines Restaurant mit raffinierter Küche in einer dekorativen Ölmühle beim Hotel La Residencia.

34 Son Marroig, Miramar und Son Moragues

Die 10 km lange Strecke zwischen Deià und dem altertümlichen, malerischen Bergdorf Valldemossa kann mit drei herrlichen Landsitzen aufwarten, überdies gibt es bizarre Felsen und verträumte Klöster zu sehen.

Das Landschaftsbild in dieser Gegend verändert sich kaum: Auf der einen Seite ist die wilde, zerklüftete Küste; gegenüber erstrecken sich im Bereich des Fontanellas (874 m) steile, terrassierte Hänge. Die Berghänge sind durchzogen von Waldpfaden, die Erzherzog Ludwig Salvator als Reitwege anlegen ließ und die inzwischen verstärkt für die Öffentlichkeit aufbereitet wurden.

Hinter der großen Linkskurve (ca. 2 km) gibt es eine Abfahrt nach rechts zum Herrensitz **Son Marroig** (16. Jh., vom Erzherzog umgestaltet), der in umwerfend schöner Position über der Steilküste steht. Von dort hat man einen grandiosen Blick vor allem nach Süden zu den Felsvorsprüngen und Halbinseln. Das renaissancehaft anmutende Herrenhaus ist als **Museum** (April–Sept. Mo–Sa 10–19.30 Uhr, Okt.–März bis 17.30 Uhr) eingerichtet. Zahlreiche interessante Schriftstücke, Bilder und Möbel des Erzherzogs sind dort zu besichtigen, insbesondere die Originalausgaben seines Meisterwerks ›Die Balearen in Wort und Bild‹. Im Garten mit dem Marmorpavillon finden mitunter im Sommer um 17 Uhr Konzerte statt. Die Sonnenuntergänge hier zählen zu den eindrucksvollsten überhaupt.

Vor dem Herrenhaus unterhalb des Parkplatzes befindet sich ein Restaurant mit Terrasse, von dem aus man das berühmteste Felsenloch Mallorcas, die **Punta de Na Foradada**, sehen kann. Man erreicht die Punta nach etwa einstündigem Spaziergang, der Weg führt zwischen uralten Ölbäumen hindurch. Dort, in der geschützten kleinen Bucht unter dem Felsenloch, pflegte Ludwig Salvator mit seiner Jacht ›Nixe‹ anzulegen.

Valldemossa im Mandelblütenzauber-gewand. Wie ein Zepter erhebt sich am Hang der Turm der Kirche Sant Bartolomé ▷

Fährt man zurück auf die C 710, erreicht man nach etwa 3 km **Miramar** (April–Okt. Di–So 9.30–19.30 Uhr, Nov.–März 9.30–17.30 Uhr), das Landgut des Erzherzogs. Zur Zeit von Ramón Llull befand sich hier eine Missionsschule, 1457 wurde in dieser Schule für orientalische Sprachen die erste Druckerei Mallorcas eingerichtet (unter Mestre Nicolau Calafar). Das Anwesen befindet sich zwar in Privatbesitz, ist aber heute der Öffentlichkeit zugänglich. Zu Fuß kann man zum nahen **Mirador del Portalet** gelangen und von dort den herrlichen Rundblick genießen.

Nach weiteren 2 km führt eine Auffahrt zur **Ermita de Santissima Trinitat** (oder Els Ermitans). Es ist ein fast mystischer Ort unter hohen Steineichen. Das Ensemble wirkt wie die Miniaturausgabe eines Klosters: die zweijochige, niedrige Kapelle sowie der kleine Innenhof mit Brunnen und schlanken Palmen posieren vor der grandiosen Kulisse der Tramuntanaküste.

3 km später taucht links gegenüber dem Restaurant Can Costa ein weiteres hochherrschaftliches Anwesen auf. Es ist **Son Moragues**, der erste Besitz des Erzherzogs auf Mallorca, den er später seinen illegitimen Nachkommen überließ. Der Komplex war 1630–46 über einem älteren Gebäude errichtet worden. Man kann einen Blick in den großen Innenhof werfen und sich dann im Restaurant mit einfachen mallorquinischen Gerichten stärken.

i Praktische Hinweise

Restaurants

Mirador de Na Foradada, Ctra. Valldemossa–Deià, Km 63, Tel. 971 63 90 26. Mit Terrasse und hinreißendem Blick

In dieser Klosterzelle wohnte einst der berühmte Komponist Frédéric Chopin

Chopin-Festival

Margalida Ferrà rief 1981 das **Chopin-Festival** (www.festivalchopin.com) in der Kartause von Valldemossa ins Leben. Noch heute finden die Konzerte an **August-Sonntagen** von etwa 22 bis 24 Uhr statt. Ist der Andrang besonders groß, wird auch der Garten miteinbezogen. Zu hören sind zwar nicht nur Werke Chopins, doch überwiegend Stücke von Komponisten der Romantik. An manchen Abenden wird bis weit nach Mitternacht musiziert, sogar Jazz ertönt. Auch nach dem Tod der Initiatorin Ferrà erfreut sich das renommierte Festival unverändert großer Beliebtheit (Kartenreservierung: Juli Mo–Sa 10–13 Uhr, Aug. tgl. unter Tel. 971 61 23 51 möglich, Abholung bis 1 Stunde vor Konzertbeginn).

auf Son Marroig, den Pavillon und auf die wilde Westküste. Mallorquinisch-spanische Küche.

Son Moragues, Tel. 971 61 61 11. Katalanisch-mallorquinische Gerichte in der historischen Küche des erzherzöglichen Landguts bei Valldemossa (Mo geschl.).

35 Valldemossa

Das beliebte Ausflugsziel lockt mit lieblicher Landschaft und schönen Wohnhäusern aus dem 16. und 17. Jh. Berühmt wurde der Ort aber, weil Frédéric Chopin und George Sand hier den Winter 1838/39 verbrachten.

Valldemossa (1500 Einw.) liegt auf 410 m Höhe inmitten einer reizvollen, äußerst fruchtbaren Landschaft. Schon lange ist der Ort eine beliebte Sommerfrische. Doch als **Frédéric Chopin** und **George Sand** den feucht-kalten Winter 1838/39 hier verbrachten, wussten sie nicht, dass es sich um die Region Mallorcas handelt, die am meisten von den regenreichen Nordwestwinden betroffen ist. Kein Wunder, dass sie sich hier nicht wohl fühlten! Zudem der lungenkranke Komponist Frédéric Chopin (1810–1849) und die emanzipierte, Hosen tragende, dichtende Gräfin (1804–1876; eigentlich Amandine Lucie Aurore Dupin) von den Mallorquinern mit Missachtung gestraft wurden. Einem Wunder gleicht es allerdings, dass George Sands Roman *›Ein Winter auf Mallorca‹* (1842), in dem die Schriftstellerin kein gutes Haar an den Mallorquinern ließ, genau das Gegenteil bewirkte. Er machte Mallorca berühmt und Valldemossa zur Touristenattraktion. Besonders interessiert Besucher das Kartäuserkloster mit den Zellen, in denen das Paar jenen Winter verbrachte (s. u.)

Das kühle Klima sorgte schon von jeher für den Zustrom reicher Besucher, die in Valldemossa allerdings ihre Sommerresidenzen bauten. Im 12. Jh. war es der Maure Wali Musa, aus dessen Namen erst Vall de Musa und schließlich Valldemossa wurde. Auch für Jaume II. wurde hier ein kleines Schloss errichtet, das der Königsfamilie als Sommerfrische diente.

Als Mallorca 1349 aragonesisch wurde, erhielten die Kartäuser aus Tarragona einen Platz im Stadtzentrum, den sie zu einem Klosterkomplex ausbauten, zur klobigen **Cartuja de Jesús Nazereno** (April–Sept. Mo–Sa 9.30–18, So 10–13 Uhr, Okt.–März Mo–Sa 9.30–16 Uhr, So geschl.). Weil die Kartause mehrmals von Piraten überfallen wurde, befestigte man sie immer wieder mit Türmen. 1835 wurde das Kloster infolge der Säkularisation verkauft, und aus den ehemaligen Mönchszellen entstanden Privatwohnungen. Zwei dieser nebeneinander liegenden Zellen mieteten Chopin und Sand im Winter 1838/39. Sie gehören zu den meistbesuchten Sehenswürdigkeiten Mallorcas und bilden das Kernstück des recht weitläufigen Klosters in bester Panoramalage. Es ist dem Andenken der beiden berühmten Persönlichkeiten gewidmet. Sonn- und feiertags kann man in Zelle 2 zwischen 10 und 13 Uhr stündlich einem kleinen Chopin-Konzert lauschen.

Man betritt das Kloster durch die Seitentür der monumentalen Kirche, mit deren Bau 1738 begonnen wurde. Das Retabel der ›Schmerzensmutter‹ im Hochaltar stammt vom katalanischen Bildhauer Adrián Ferrán. Weitere Kostbarkeiten sind der Stuhl des Priors und ein Lesepult links vom Hochaltar, beide mit feingliedrigen Holzintarsien gearbeitet. Linker Hand geht es in die Sakristei. Auch hier findet man schöne Einlegearbeiten, einen gotischen Reliquienschrein und mehrere Vitrinen mit kostbaren Messgewändern.

Im Erdgeschoss trifft man auf die alte **Klosterapotheke** (17. Jh.), und in der ehemaligen Prior-Zelle werden Dokumente zur Klostergeschichte gezeigt. Top Tipp Im Obergeschoss ist das **Museu d'Art Contemporani** (auch Museu Municipal) beheimatet. Die Sammlung umfasst Werke zeitgenössischer mallorquinischer und spanischer Maler sowie Arbeiten von Joan Miró und Pablo Picasso.

Beschwingt ziehen sich die Straßen von Banyalbufar den Berghang hinauf

An der platanenbeschatteten Plaça de la Cartoixa vor dem zugemauerten Hauptportal der Kirche findet sonntags der Hauptmarkt statt. Hier erhebt sich auch der **Palau del Rei Sanxo** von 1340, in dessen Innenhof regelmäßig mallorquinische Volkstänze vorgeführt werden (Mo, Do ab 10.30 Uhr).

Von den Touristen meist weniger beachtet ist der untere Teil des Ortes Valldemossa. An der Plaça Santa Catalina Tomás steht die Pfarrkirche **San Bartolomé**. Sie wurde bereits 1245 gegründet. Das gotische Bauwerk stammt aus dem 15. Jh. und wurde bis 1718 mehrmals verändert. An den Häusern sind handbemalte Keramikschilder angebracht, die Bilder aus der Lebensgeschichte von *Catalina Tomás* zeigen. Die Inselheilige kam in Valldemossa zur Welt. Ihr kleines Elternhaus in der blumengeschmückten Gasse Calle de la Rectoría wird als Oratorium geführt (immer geöffnet).

i Praktische Hinweise

Information

Cartuja de Jesús Nazareno, Valldemossa, Tel. 971 61 21 06. An der Kasse

Hotels

******Cases de Ca's Garriguer**, Carretera Andratx (2 km westlich von Valldemossa), Tel. 971 61 23 00, Fax 971 61 25 83, www.vistamarhotel.es. Gepflegtes Hotel mit Restaurant in schöner Lage.

***Ca'n Mário**, Carrer Uetam 8, Valldemossa, Tel. 971 61 21 22, Fax 971 61 60 29, www.hostalcanmario.net. Schlichte Familienpension in einem Haus zu Füßen der Kartause. Viel gelobte mallorquinische Küche.

36 Port de Valldemossa und Port d'es Canonge

Entlang der landschaftlich reizvollen Costa Brava Mallorquina führt die Route von Valldemossa weiter Richtung Westen und bis nach Banyalbufar.

Zunächst fährt man die kurze Platanenallee Richtung Küste zurück. Auf der C 710 zweigt man nach ca. 500 m in die kurvenreiche PMV 1131 Richtung **Port de Valldemossa** ab. Die Bucht ist nicht besonders sehenswert, dafür lohnt aber das Restaurant Port de Valldemossa aufgrund seiner Fischspezialitäten einen Besuch.

Mirador des Ses Animes an der wilden Südwestküste, ein bombastischer Aussichtspunkt

Zurück geht es zur C 710, die sich kurz vor der Kreuzung mit der PM 112 in zunehmend gewagteren Kehren um den 562 m hohen Berg **Claret** windet. Immer wieder blickt man von hier auf Palma und seine Bucht. Nach wenigen Metern Richtung Banyalbufar biegt man rechts ab in eine schmale kurvenreiche Straße nach **Port d'es Canonge** (7 km), das man unbedingt besuchen sollte. Versteckt in einem dichten Wald stehen hier Ferienhäuser, weiter unten rahmen rote Felsen eine kleine Kiesbucht mit Bootshütten. Täglich fahren die Fischer des Ortes hinaus. Sie versorgen u. a. das familiäre Restaurant **Ca'n Toni Moreno** (tgl. 11–23 Uhr, im Winter Mo geschl., Tel. 971 61 04 26) mit Meeresfrüchten und frischem Fisch.

37 Banyalbufar

Wie der Name schon verrät, ist der kleine Ort zur Maurenzeit entstanden. Berühmt wurde er wegen seiner blühenden Terrassen.

Von der letzten Haarnadelkurve der panoramareichen Strecke ist der Blick auf das Dorf besonders schön. Fast bis zur **Punta Ferranda** hinab ziehen sich die terrassierten Hänge. In Banyalbufar (500 Einw.) ist vor allem der Ortskern sehenswert. Unterhalb des kleinen Hauptplatzes trifft man bald auf die Kirche aus dem 14. Jh. und auf das Rathaus. Der Carrer Mayor führt zum Kleinen Hafen.

Der Name Banyalbufar stammt aus dem Arabischen: Buniola al bahar bedeutet ›kleiner Weingarten am Meer‹ und spielt auf die terrassenförmigen Anlagen an, die mittels eines Kanalsystems fruchtbar gemacht wurden. Es wird vermutet, dass die Mauren das Bewässerungssystem von den Phöniziern übernnahmen, die es um 800 v. Chr. auf die Balearen gebracht hatten.

Der Anbau von Gemüse, Getreide und vor allem von köstlichem Malvasía-Wein, machte Banyalbufar lange Zeit zu einem der reichsten Orte Mallorcas: Der trockene Malvasía mundete den Mitgliedern des aragonesischen Königshauses so gut, dass sie ihn aufs Festland bringen ließen. Bis 1943 florierte das Geschäft mit dem Wein, danach wurden die Reben durch Tomaten- und andere Gemüsekulturen verdrängt. Inzwischen verliert die gesamte Landwirtschaft in Banyalbufar an Bedeutung, doch die malerischen Terrassen werden noch immer gepflegt.

Verlässt man den Ort in südlicher Richtung, gelangt man zum Aussichtspunkt **Mirador de Ses Animes** (15. Jh.). Von hier aus hat man einen herrlichen Blick auf die felsige Südwestküste.

Die malerischen Terrassen von Estellencs dienen heute kaum noch dem Anbau von Gemüse oder Wein. Nicht anders liegt der Fall im Nachbardorf Banyalbufar

i Praktische Hinweise

Hotels

*****Mar i Vent**, Carrer Mayor 49, Banyalbufar, Tel. 971 61 80 00, Fax 971 61 82 01, www.hotelmarivent.com. Familienhotel mit Swimmingpool und Terrasse. In bester Lage über dem Meer und herrlich renoviert.

****Baronia**, Carrer Boronia Banial Bofar 16, Banyalbufar, Tel./Fax 971 61 81 46, Fax 971 14 87 38, www.hotelbaronia.com. Einfache Pension in einem historischen Gutshof beim Rathaus und in malerischer Lage über den Terrassen. Mit Pool und Tennisplatz am Hang.

38 Estellencs

Am steilen Hang des Puig de Galatzó erhebt sich terrassenförmig das Dorf Estellencs.

8 km trennen Banyalbufar von Estellencs, das zwischen der Steilküste und dem mächtigen Bergmassiv des Puig de Galatzó (1026 m) liegt. Die touristische Vermarktung hat auch den kleinen Ort (350 Einw.) erfasst. Ein lohnender Spaziergang führt durch die schmalen, malerischen Gassen zu den Feldern und Gartenanlagen, die wie in Banyalbufar terrassenförmig angelegt wurden. Im Ort fällt die gotische Kirchenruine auf, an die die barocke **Església de Sant Juan Bautista** angebaut wurde. Unklar ist, wann genau die Pfarrkirche entstand. Erwähnt wird sie bereits 1422, eine Inschrift weist die Jahreszahl 1699 aus.

Estellencs ist ein hervorragender Ausgangspunkt für ausgedehnte Wanderungen rund um den Puig de Galatzó.

Unterhalb der Ortschaft liegt die **Cala d'Estellencs**, die kleine Hafenbucht. Der steinige Strand eignet sich allerdings nicht zum Baden.

i Praktische Hinweise

Hotel

****Maristel**, Carrer Eusebio Pascual 10, Estellencs, Tel. 971 61 85 50, Fax 971 61 85 11, www.hotelmaristel.com. Familienhotel und Ausflugsrestaurant. Dependance mit Swimmingpool oberhalb der Straße.

Restaurants

Montimar, Plaça Constitució 7, Estellencs, Tel. 971 61 85 76. Mallorquinische Küche im hübschen, schlichten Rahmen eines alten Hauses (Mo geschl.).

Son Llarg, Plaça Constitució 6, Estellencs, Tel. 971 61 85 64. Lokal in einem alten Gebäude mit schönen Details (Cotto-Böden, Majoliken, Deckenbalken) auf mehreren Ebenen. Raffinierte mallorquinische Küche (Di geschl.).

39 Serra d'es Pinotells

Aussichtsreicher Weg vom Steilhang des Puig de Galatzó in den Südwesten.

Mehrere mit Parkplätzen versehene Aussichtspunkte (Miradores) sind auf der 19 km langen Panoramastrecke zwischen Estellencs und Andratx ausgewiesen. **Coll des Pi** erreicht man bereits 1 km nach Fahrtbeginn. Von diesem Hügel aus hat man einen umwerfenden Blick zurück auf Estellencs. Es geht weiter auf der kurvenreichen Strecke, nach einem kurzen Tunnel kommt man zum **Mirador Ricard Roca**. Der Blick hinab aufs Meer entlohnt für den kurzen Aufstieg. Nach wenigen Kilometern gibt es wieder einen kleinen Aussichtspunkt oberhalb der engen Felsbucht an der **Punta Jova**. Danach zieht sich die C 710 ins Inselinnere, und man steuert südwärts zwischen Coll de Sa Gremola (343 m) und dem Hügel Abidala (422 m) auf Andratx zu.

Praktische Hinweise

Restaurant

Es Grau, Mirador Ricard Roca, Tel. 971 61 85 27. Spanisch-internationale Speisen in luftiger Höhe. Keine sensationelle Küche, aber im Sommer sitzt man herrlich auf der Terrasse (Fr–Mi 10–20 Uhr, im Winter bis 18 Uhr, Do geschl.).

40 Andratx

Im Schatten des Puig de Galatzó liegt Andratx, das vor allem in früherer Zeit als fruchtbare Gartenstadt bekannt war.

Die kleine Stadt (8000 Einw.) wird von den Felsenausläufern des Galatzó gerahmt. Mehrere Brunnen zeugen von üppigen Wasservorkommen, folglich liegt der Ort inmitten einer lieblichen Gartenlandschaft. In der Vergangenheit wurde Andratx oft Opfer von Piratenüberfällen. Daher gleicht die Pfarrkirche **Santa Maria** mit ihrem Turm und den fast fensterlosen Mauern einer Festung. Sie stammt aus dem Jahr 1236 und wurde im 18. Jh. verändert. Am Ortseingang ragt das als Rathaus wunderschön restaurierte **Castell de Son Mas** (Mo–Fr 8.30–13 Uhr) auf, das einst zur maurischen Burg gehörte.

In einem parkähnlichen Gelände im Ortsteil Sa Coma liegt das **Centro Cultural** (Di–So 10–20 Uhr, Nov./Dez. geschl., www.ccandratx.com). Hier wird zeitgenössische Kunst ausgestellt, in der Galerie Asbaek sind Skulpturen zu sehen. Zudem gibt es ein Restaurant.

Südwärts kann man entlang des Torrent de Saluet durch duftende Orangengärten bis nach Port d'Andratx wandern.

S'Arracó

Westlich führt die 1853 angelegte Straße 3 km in das kleine Dorf S'Arracó im Tal von *Sa Palomera* (Taubennest). In diesem ruhigen Ort gibt es erstaunlich prächtige Häuser. Meist gehörten sie Dorfbewohnern, die im 19. Jh. als Gastarbeiter nach Frankreich gingen. Von dort kamen sie für mallorquinische Verhältnisse reich zurück und leisteten sich fantasievolle Villen.

Die kleine Pfarrkirche **Santo Cristo** besteht seit 1849. In einer Seitenkapelle steht die kleine Statue Nuestra Senyora de Sa Trappa.

Sant Elm

Von S'Arracó aus erreicht man nach 3 km Sant Elm (oder San Telmo), den am weitesten westlich gelegenen Ort Mallorcas. Per Boot kann man ihn auch von Port d'Andratx aus ansteuern. Benannt wurde er nach dem Schutzpatron der Seeleute.

Schon 1279 erteilte Jaume II. den Befehl zum Bau eines Oratoriums und eines Krankenhauses für Sant Elm. Den Verteidigungsturm (am oberen Ortseingang) erweiterte man 1394 zu einer Festung. Diese war wegen der Piratenangriffe notwendig geworden und wurde im Jahr 1581 erweitert.

Sant Elm ist ein abseits gelegener Ferienort, der nur im Sommer zum Leben erwacht. In der stillen Bucht gibt es einen Sand- und Kiesstrand. Die Bedingungen für den Tauchsport sind übrigens recht günstig.

Sa Dragonera

Auf dem macchiabewachsenen Eiland Sa Dragonera sieht man vereinzelt Kiefernhaine, auch verschiedene Euphorbienarten gedeihen hier prächtig. Die kleine

Port d'Andratx verfügt über einen der größten Jachthäfen Mallorcas

Insel ist Naturschutzgebiet und ein wahres Vogelparadies. Sie ist daher nur mit Genehmigung zu betreten. Ihr Höhenprofil wirkt wie der Rücken eines Drachens, daher ihr Name. Zu den Spitzen hin wird sie flach, dort weist jeweils ein Leuchtturm den Schiffen den Weg.

Port d'Andratx

Der Hafenort liegt an der Mündung des Torrent de Saluet, der kleineren Booten als Ankerplatz dient, während die größeren die tiefe Hafenbucht benutzen. Leider sind die Hänge an beiden Seiten des Fjordes mit Neubauten übersät. Schade, denn der alte Ortskern mit der kleinen Kirche ist noch immer sehr einladend. Der Tourismus hat sich inzwischen vor allem auf die nahe, moderne Feriensiedlung **Camp de Mar** verlagert, die in einem dichten Aleppowald über der gleichnamigen Bucht liegt.

i Praktische Hinweise

Information

OIT, Carrer Sa Fábrica 12, Port d'Andratx, Tel. 971 67 13 00. Nur im Sommer.

Tauchen

Aqua Marine Diving, Almirante Riera Alemany 23, Port d'Andratx, Tel. 971 67 45 00, Fax 971 67 44 93, www.aqua-mallorca-diving.com. Die Tauchschule unter deutscher Leitung eröffnet Urlaubern die Welt der Adlerrochen, Mondfische und Muränen.

Hotels

****La Pergola**, Avenida S'Almudaina 16, Port d'Andratx, Tel. 971671550, Fax 971674318, www.la-pergola.com. Sehr gepflegte Apartmentanlage mit ausgezeichnetem Service.

****Villa Italia**, Camino de San Carlos 13, Port d'Andratx, Tel. 971 67 40 11, Fax 971 67 33 50, www.hotelvillaitalia.com. Das traditionsreiche Herrenhaus im italienischen Stil mit modernen Anbauten liegt über dem Hafen. Die Zimmer sind rustikal eingerichtet. Eigener Zugang zur Felsbucht, darunter ein Sonnenplatz. Hinreißendes Hafenpanorama.

Restaurants

Bon Profit, Avinguda Mateo Bosch, Port d'Andratx, Tel. 971 67 44 22. Einfaches Restaurant an der Hafenbucht mit spanisch-mallorquinischer Küche, vor allem Fisch und Meeresfrüchte (Mo geschl.).

Casa Galizia, Carrer Isaac Peral 37, Port d'Andratx, Tel. 971 67 27 05. Das weitaus beliebteste Fischlokal des Ortes bietet zwar nur einfache Ausstattung, aber zugleich die beste Meeresküche.

El Patio, 1,5 km von Port d'Andratx Richtung Andratx, Tel. 971 67 20 13. In einem hübschen niedrigen Landhaus um einen Patio (abends fackelbeleuchtet) gelegen. Feine, z. T. französische Küche mit wöchentlich wechselnden Menüs; deutsche Wirtsleute (Di abends geschl.).

Der Südwesten – die Küste Calviàs

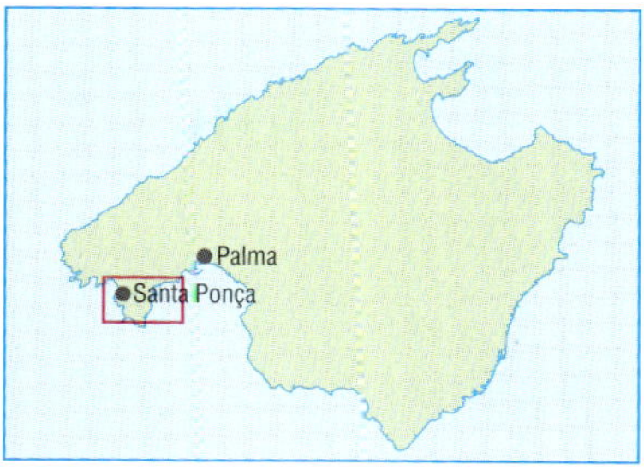

Die Küste von Calvià ist Mallorcas und Gesamtspaniens **wohlhabendstes Touristengebiet**. Es sind 13 km von Andratx bis zur Kreuzung mit der mehrspurigen Autobahn nach **Santa Ponça**. Nicht weit ist es von hier zu einem der lebhaftesten Ferienorte der Insel, **Peguera**. Der Ort ist vor allem bei deutschen Touristen beliebt, dies zeigen bunte Reklameschilder mit Aufschriften wie ›deutscher Kaffee‹ und ›deutscher Metzger‹. Die verkehrsberuhigte Hauptstraße wird von Restaurants, Bars, Hotels und Geschäften gesäumt. Enge, kurze Stichstraßen führen zu Badeplätzen. Im Westen der gleichnamigen Bucht wurde die mondäne Feriensiedlung Cala Fornells im Stil eines maurischen Fischerdorfes an den Hang gebaut.

41 Santa Ponça

Landeplatz der christlichen Wiedereroberer.

Santa Ponça ist zusammen mit der Anlage Costa de la Calma eine der am schnellsten gewachsenen Urlaubssiedlungen auf Mallorca. Leider wurde dort ziemlich unkontrolliert gebaut, gleichwohl ist die Bucht mit ihrem langen Sandstrand eine Attraktion. Hier sind die Bedingungen ideal für Surfer und Wasserskifahrer, Golfer finden einen hervorragenden 18-Loch-Platz.

Relativ ruhig ist es an der kleinen Bucht von **Sa Caleta** südwestlich von Santa Ponça. Die mit Villen geschmückte Halbinsel dahinter setzt sich fort in zwei Inselchen: Isla de Ses Conis (span. *Conejos*, Kaninchen) und die größere, lanzettförmige Isla Malgrats. Zwischen der großen und der kleinen Bucht von Santa Ponça stößt ein schmaler Grat ins Meer, und an seiner Spitze ragt ein hohes Kreuz in den Himmel: das **Denkmal** für die Wiedereroberung Mallorcas durch Jaume I. im Jahre 1229. Hier landete er mit 155 Booten, 1500 Reitern und 15 000 Mann Infanterie, um von diesem Punkt aus Mallorca wieder zu christianisieren.

An der gesamten Küste Calviàs, von Puigpunyent bis ins Galatzó-Gebiet, hat man Funde aus vortalayotischer und talayotischer Zeit gemacht. Manche Historiker sind der Meinung, dass die Besiedlung Mallorcas von hier ausgegangen sei. Nach dieser Theorie landeten die Einwanderer in der Bucht des heutigen Santa Ponça, von wo aus sie Richtung Puig de Galatzó vorgedrungen sein sollen. Außerdem wird vermutet, dass sich die bedeutendste talayotische Siedlung genau hier befand. Wahrscheinlich bestand dieser Ort auch noch, als sich in Folge römische, byzantinische und maurische Einwanderer hier niederließen. Erst durch die Ankunft sarazenischer Piraten wurde der Landeplatz in Mitleidenschaft gezogen, und die christlichen Wiedereroberer machten den Ort schließlich dem Erdboden gleich.

Portals Vells

Während die Nordhälfte der Halbinsel übermäßig bebaut ist, blieb der südliche Teil zwischen beiden Leuchttürmen relativ unberührt (Militärsperrgebiet) und ist inzwischen in die Liste der schützenswerten Gebiete der Balearen aufgenommen worden. Am südöstlichsten Zipfel, gleich hinter dem Leuchtturm am Cabo Cala Figuera mit der gleichnamigen, unerreichbaren Bucht, trifft man auf den westlichen Rand der großen Bucht von Palma: Dort stehen die **Portals Vells** (Alte Tore). Es ist nicht schwierig, sie am südlichen Rand der felsenumrandeten Bucht auszumachen. Man sieht riesige Öffnungen, die beim Abbau des Marés aus dem Ge-

Santa Ponça und Costa de la Calma – gesellige Hotelhochhäuser und Sonnenschirme

stein geschlagen wurde. Hier meißelten genuesische Seefahrer im ausgehenden Mittelalter zum Dank für Rettung aus Seenot eine Kapelle aus dem Fels. Ebenso gibt es Nischen mit rührend-naiven, heidnischen und christlichen Symbolen. Die kleine Madonna Santa Maria del Carmen, die per Schiff vom Festland mitgebracht wurde, fand hier ihren Platz. Erst im 18. Jh. kam sie nach Calvià und später nach Portals Nous (s. u.), den Neuen Toren, wo man sie leichter verehren und besser beschützen konnte.

Die Portals Vells, auch Coves de la Mare de Deù (Grotten der Muttergottes) genannt, erreicht man vom Scheitel einer herrlichen Sandbucht aus, die **Mago II** genannt wird. Auf ihrer nördlichen Seite sind die Felsen von so hellem Gelb, dass man in der sommerlichen Mittagssonne von ihnen geblendet wird. Mit rutschfesten Schuhen lassen sich diese Felsen leicht erklettern, und man gelangt durch eine breite Grotte in die Sandbucht

TOP TIPP

Mago I. Sie ist enger als die südlichere, greift aber tiefer ins Inselinnere. Hier befindet sich Mallorcas einziger offizieller FKK-Strand (woanders werden die Nackten allenfalls geduldet).

i Praktische Hinweise

Information

OIT, Municipal de Calvià, Puig de Galatzó s/n, Santa Ponça, Tel. 971 69 17 12, Fax 971 69 41 37, www.calvia.com

Hotel

********Club Galatzó**, Urbanisaçio Ses Rotes Velles, Tel. 971 68 62 70, Fax 971 68 78 52. Beliebt bei sportlichen Urlaubern (Tennis, Golf). An der Costa de la Calma zwischen Santa Ponça und Peguera. 15 Min. zu Fuß zur eigenen kleinen Badebucht; Bustransfer nach Peguera (2 km).

Restaurants

Es Repòs, in der Bucht Mago II, Tel. 971 69 03 66. Gutes, sehr einfaches, jedoch nicht preiswertes Fischrestaurant am Meer mit herrlichem Blick auf die Portals Vells (Juni–Sept. auch abends geöffnet, Dez./Jan. geschl.).

Playas El Mago, in der Bucht Mago I, Tel. 971 18 07 66. Einfaches Fischrestaurant mit angeschlossener Bar für Kleinigkeiten zwischendurch (Juli/Aug. auch abends geöffnet, Sept.–April geschl.).

42 Magaluf und Illetes

Letzte Ausläufer eines baulich zusammengewachsenen großen Urlaubsgebiets um Palma Nova. Während in Magaluf überwiegend Briten Ferien machen, ist Illetes ganz auf deutsche Urlauber eingestellt.

Die Lage von **Magaluf** im Golf von Palma ist zwar bestechend, aber dieser Touristenort dürfte dennoch keinen einzigen Romantiker anziehen. Der Sandstrand wurde aufgefüllt und verbreitert, die Promenade touristenfreundlich gestaltet, und auch an weiteren Projekten für die Entfaltung Magalufs fehlt es nicht. Die Infrastruktur ist perfekt in diesem Koloss aus Hotels und Apartmenthäusern. Seit 1993 gibt es sogar ein Unterseeboot: ›Nemo‹ heißt es und zeigt seinen Gästen die Fauna und Flora des Mittelmeeres.

Das bescheidenere **Palma Nova** besitzt einen eigenen, familiär wirkenden kleinen Jachthafen. Dafür sind das Tenniszentrum sowie das *Marineland* riesig ausgefallen. Unterhalb der Villensiedlung Costa d'en Blanes, die am Hang der Serra Borguessa liegt, breitet sich am Meer **Portals Nous** aus. Eine Stichstraße führt zu einem der modernsten Jachthäfen Mallorcas, zum *Puerto Portals*, zugleich ein Treffpunkt des spanischen Jet-Set. Direkt am Hafenturm befindet sich in einem fincaähnlichen Haus das Restaurant Tristán (s. u.), eine kulinarische Adresse von besonderem Adel.

Mitten in Portals Nous, das von vielen Mallorquinern ganzjährig bewohnt wird, führt die schmale Straße Carrer Oratorio schnurgerade auf die kleine Kirche **Nuestra Senyora de Portals** (1865) zu. Schon wegen ihrer Lage über dem Meer ist sie einen Besuch wert. Besonders verehrt wird die Virgen del Carmen, die von Portals Vells hierher gebracht wurde.

Die eng am Meer liegende Ortschaft **Illetes** hat ihren Namen von den kleinen versprengten Inselchen, die vergessen lassen, dass der Ort nur wenig Sandstrand hat (am schönsten ist die Platja de Illetes im Südwesten).

In **Cala Major** wohnt die spanische Königsfamilie während ihrer häufigen Besuche auf Mallorca in ihrem Herrenhaus Marivent. Und im nahe gelegenen **Porto Pi** lässt Juan Carlos seine Jacht unter strenger Bewachung ankern. Von Cala Major führt die Straße den Hang hinauf zur **Fundació Pilar i Joan Miró** [s. S. 35]. An der wuchtigen, zinnenbekrönten Torre de Pelaires beginnt schon der Passeig Maritim von Palma. Auch La Seu, die Kathedrale, ist bereits zu sehen.

Viele komfortable Parkplätze für Seefahrer bietet Portals Nous mit seinem großen Jachthafen Puerto Portals

Castillo de Bendinat – wie ein Märchenschloss aus Tausend und eine Nacht

Den Weg zum **Castillo de Bendinat** nördlich von Portals Nous und Illetes kann man sich sparen, denn das Anwesen ist in Privatbesitz. Jaume I. ließ hier über einem arabischen Gehöft des Ibn Dinat (arab.: bartlos) eine kleine Festung errichten. Nach ihrem Verfall wurde sie 1858 für den Fürsten La Romana als Fluchtburg vor den in Palma grassierenden Epidemien wieder aufgebaut.

i Praktische Hinweise

Information

OIT, Avinguda de Magaluf 22, Magaluf, Tel. 971 13 11 26, Fax 971 13 11 88

OIT, Carretera d'Andratx 33, Illetes, Tel. 971 40 27 39, Fax 971 40 54 44

Hotels

******Riu-Palace Bonanza Playa und Bonanza Park**, Passeig d'Illetes, Illetes, Tel. 971 40 11 12, Fax 971 40 40 50, www.riu.com. Zwei traditionelle Häuser. Das Playa liegt direkt über der Felsenküste, besitzt einen eigenen Badesteg und ist etwas teurer. Beide Hotels verfügen über schöne geräumige Zimmer.

Restaurant

Tristán, Puerto de Recreo, Puerto Portals, Tel. 971 67 55 47. Mit zwei Michelin-Sternen dekoriertes Restaurant im Jachthafen, in dem man mit feinster, kreativer Küche von Winkler-Schüler Gerhard Schwaiger verwöhnt wird. Stilvolle Atmosphäre während des Dinners. (Reservierung unbedingt notwendig). Tagsüber ist das Bistro geöffnet.

Laufsteg schicker Sonnenanbeterinnen – die Promende von Portal Nous

Rund um den Puig de Galatzó – luftiges Hochland

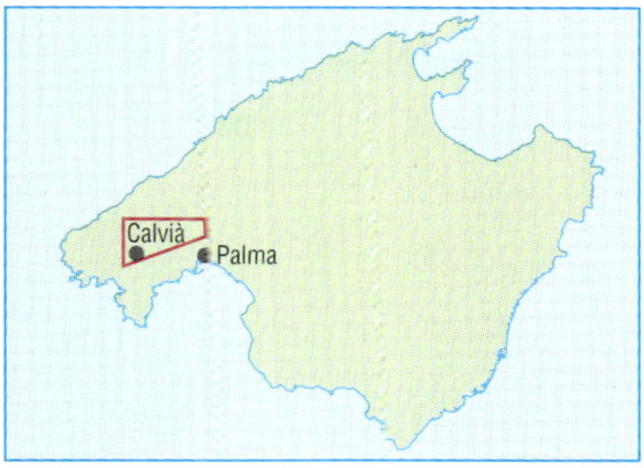

Der **Puig de Galatzó** (1026 m) verkörpert nicht nur für Wanderer die **Bergwelt** Mallorcas. Zwischen Palma und diesem majestätischen Gebirgsmassiv findet man noch Dörfer, die bislang vom Tourismus nur wenig berührt wurden. Für die **Rundtour** von Palma über Establiments, Esporles, Puigpunyent, Galilea, Capdella, Calvià und zurück über Coll de Sa Creu sollte man einen ganzen Tag vorsehen, denn die geringe Kilometerzahl täuscht: Die Straßen sind schmal und kurvenreich, die teils wild belassene Natur verführt des Öfteren zum Verweilen und das Mustergut **La Granja** lädt zu einem ausgedehnten Besuch ein.

43 Serra d'es Canyar

Kleine Straßendörfer und schöne Landhäuser in der Umgebung.

Zwischen den drei Ortschaften Establiments, Esporles und Puigpunyent erstreckt sich die waldreiche doch gut erschlossene Serra d'es Canyar. Von Palma de Mallorca aus führt die PM 104 zunächst ins gut ausgeschilderte **Establiments** (2000 Einw.). Das Dorf zeigt sich noch recht ursprünglich, die bescheidenen Häuser sind in hübsche, blühende Gärten eingebettet.

Weiter geht es dann durch **Establiments Nous**, eine neue gesichtslose Wohnsiedlung. Auf der linken Seite liegt das Landgut **Son Burret**, eine der alten Besitzungen in der Region. Heute präsentiert sich die große Finca Posada del Marquès (s. u.) als luxuriöses Hotel mit feinem Restaurant.

Esporles (3500 Einw.) ist eine grüne Oase mit Eschen, Feldulmen, Eichen, Schwarzpappeln und Platanen von gigantischer Größe. Dieser Auwald erstreckt sich bis nach Puigpunyent.

La Granja

Nur 1,5 km sind es bis zu einem der größten Landhäuser Mallorcas: La Granja (Sommer tgl. 10–19 Uhr, Winter tgl. 10–18 Uhr, www.lagranja.net). Eine Besichtigung ist in den meisten Inselrundfahrten inbegriffen, aber auch die Erkundung auf eigene Faust lohnt sich. In La Granja erfährt man, wie ein solches Gut, gewissermaßen autark, funktionierte, alle wichtigen Handwerkszweige waren hier vertreten. An zwei Tagen in der Woche (Mi, Fr 15.30 und 16.30 Uhr, jeweils eine Stunde) werden die entsprechenden Arbeiten vorgeführt. Und man kann die Produkte des Hauses nicht nur kaufen, sondern auch gleich testen (im Eintrittspreis inbegriffen, ebenso wie Getränke, die man sich selber an den diversen Fässern zapfen kann). Das ganze Spektakel findet statt in einem blühenden, mit Fontäne, Teich und schattigem Laubengang ge-

Im Mustergut La Granja werden die bäuerlichen Traditionen Mallorcas – Kunst, Handwerk und Folklore – wieder lebendig

Stimmungsvoll präsentiert sich das Landgut La Granja mit Loggia, Park und Fontäne

schmückten Park. Wassernot kannte man hier wegen der eigenen, wie eine Kaskade herabsprudelnden Quelle niemals. Das war auch der Grund, weshalb bereits die Römer den Platz besetzten und die Araber daraus eine blühende Gartenlandschaft machten. 1229 richtete sich hier *Graf Nuno Sans* aus dem Gefolge Jaumes I. ein. Er soll etwa ein Viertel der Insel besessen haben. Doch bereits 1239 vermachte er den Landsitz den Zisterziensern, die hier ihr erstes Kloster auf Mallorca gründeten. 200 Jahre später verkauften diese den Besitz und siedelten in das Benediktinerkloster von Palma um.

Bei einem Rundgang auf La Granja sollte man den Blick von der offenen Renaissance-Loggia aus über die hohe Fontäne hinweg in den schönen Garten nicht versäumen.

Puigpunyent

Es geht 8 km weiter auf der schmalen und kurvenreichen PMV 1101 zwischen Steineichenwäldern und Mohnwiesen, Gerstenfeldern und Schafweiden hindurch. Dann taucht das schlichte Puigpunyent (1100 Einw.) auf. Es ist eingebettet in ein weites, fruchtbares Tal zu Füßen des Puig de Galatzó. Das über dem Dorf thronende Landgut Son Forteza wurde in das sehr feine Golfhotel Son Net (s. u.) umgewandelt.

Im Ortsteil La Vila (Richtung Galilea) steht rechter Hand die Pfarrkirche **Santa Maria Asunció** (1248 erstmals erwähnt, Ausbau 17./18. Jh.). Den Schlüssel bekommt man im Pfarrhaus. Die kleine steinerne Madonnenstatue ›Virgen del Puig‹ befindet sich in der vorletzten Kapelle rechts vor dem Chor, das namengebende Retabel der Kirche, ›Mariä Himmelfahrt‹, findet man in der ersten Kapelle links vom heutigen Eingang. Der Hauptaltar der Kirche stand früher übrigens in der Kathedrale von Palma.

Reserva Puig de Galatzó

Weiter geht es auf der PM 1032 Richtung Capdella. Nach wenigen Hundert Metern biegt man rechts ab und fährt etwa 5 km bis zur so genannten Reserva (April–Sept. tgl. 10–19 Uhr, Okt.–März tgl. 10–18 Uhr, letzter Einlass 2 Std. vor Schluss, www.lareservaaventur.com). Die meisten Besucher sind Mallorquiner, die hier nicht nur die ausgeschilderte und erläuterte Natur erleben möchten, sondern auch den

Platz sehen wollen, wo die erste Besiedlung ihrer Insel vor ca. 7000 Jahren stattgefunden haben soll: im fruchtbaren Tal des Ratxo entlang des Barrancos über Capdella bis Santa Ponça. Man sollte sich Zeit nehmen für die Besichtigung des herrlichen Gartens mit seinen Kaskaden, Teichen, Felsen und Höhlen. Vor allem gibt es dort zahlreiche Biotope, die so gut wie alle Pflanzen- und Vogelarten Mallorcas aufweisen. Auch ein Picknickareal mit Grillplätzen und Getränkeautomaten ist vorhanden. Im Abenteuerbereich sorgen ein Kletterfelsen und Hängebrücken für Abwechslung.

Zurück geht es zur panorama- und kurvenreichen PMV 1051, von der man nach 3 km wieder nach rechts Richtung Galilea abzweigt.

Praktische Hinweise

Hotels

*****Son Net**, Puigpunyent, Tel. 971 14 70 00, Fax 971 14 70 01, www.sonnet.es. Luxuriöses Golfhotel in den historischen Mauern eines Landguts in herrlicher Panoramalage. Das Haus besitzt u. a. Pool und Fitnessbereich. Auch das Restaurant ist vorzüglich.

****Posada del Marqués**, Es Verger (5 km südlich von Esporles), Tel. 971 61 12 30, Fax 971 61 12 13, www.posada-marques.com. Historisches Landgut in schönster Lage mit Blick über das Tal von Palma. Man wohnt in stilvoll eingerichteten Zimmern oder Suiten. Gutes Restaurant.

44 Galilea

Ein hübsches Bergdorf an den Ausläufern des Puig de Galatzó.

In 505 m Höhe liegt Galilea (800 Einw.) dekorativ am Galatzó-Hang. Daher ist es kein Wunder, dass der Ort schon früh von Fremden entdeckt wurde – zuerst von ein paar fernreisenden Individualisten, die sich auf den umliegenden Terrassen des altertümlichen Dorfes niederließen. Dem Pfarrer war dieser touristische Aufschwung recht, denn auf diese Weise gelangten endlich ein paar Neugierige ins Dorf, die seine Kirche **Immaculata Concepció** (Unbefleckte Empfängnis) mit der schönen Fensterrose besichtigen wollten. Sie wurde 1810 geweiht, Vorgängerbau war eine gotische Kirche von 1238. Inzwischen nennt sich Galilea Künstlerdorf und seine Terrassen zieren großzügige Villen. Doch trotz des touristischen Booms ist Galilea noch immer ein beliebtes Sonntagsausflugsziel, auch für Einheimische.

Die Posada del Marqués, einst Herrenhaus eines Landgutes, ist heute ein stilvolles Hotel

Gerahmt von opulenten Mimosenblüten steht die Pfarrkirche Sant Joan Bautista in Calvià

Capdella

Nur noch 7 km sind es bis Capdella. Das schlichte Dorf besitzt auch heute noch recht beschauliche Gassen, am Ortseingang stehen hübsche Villen in maurischem und andalusischem Stil. Die Pfarrkirche **Virgen del Carmen** wurde 1765 von dem Piratenschreck Antonio Barceló gestiftet. Sie brannte 1895 völlig aus und wurde 1978 nicht gerade gelungen erneuert. Nach Calvià mit seinen beiden weithin sichtbaren Kirchtürmen sind es weitere 4 km.

45 Calvià

In der reichsten Gemeinde Spaniens spielt sich der Tourismus nur an der Küste ab.

Wie ein Gartenstädtchen wirkt der Ort Calvià (1800 Einw.), der auf einer großen Terrasse über einem fruchtbaren Tal liegt.

Aspekte der Entwicklungsgeschichte Mallorcas findet man an der Fassade des **Rathauses** auf einem farbigen Majolika-Bild dargestellt. Angaben zur Landwirtschaft nennen sogar die Anzahl der Schafe und Olivenbäume. Kein Wunder, wenn man beim Anblick der beiden Türme der mächtigen, platzbeherrschenden Pfarrkirche **Sant Joan Bautista** (Mo 10–19.30, Di–Do, Sa 10–13 Uhr, So zur Messe 11 und 19.30 Uhr) irritiert ist. Das Gotteshaus wurde zwar bereits vor 1248 (Erwähnung in der Bulle von Papst Innozenz IV.) erbaut und 1604 erneuert, doch sein heutiges Erscheinungsbild geht auf einen Umbau in den Jahren 1867–96 zurück und zeigt Jugendstilelemente. Daher befindet sich über dem Portal im ›romanischen‹ Stil ein hohes Fenster mit vertikal gegliedertem Maßwerk. Horizontal strukturiert sind dagegen die Hauben der beiden Glockentürme. Die *Rectoria*, das Pfarrhaus, nebenan besitzt einen hübsch begrünten Innenhof. Erzherzog Ludwig Salvator übrigens mochte Calvià besonders wegen des hier vorherrschenden herben und trockenen Klimas.

i Praktischer Hinweis

Restaurant

TOP TIPP **Meson Ca'n Torrat**, Calle Major 29, Calvià, Tel. 971 67 06 82. In diesem Restaurant werden köstliche mallorquinische Spezialitäten serviert. Das knusprige Spanferkel ist schon legendär. Abends sollte man reservieren (Di geschl.).

Von Palma nach Bunyola – Gärten voller Wein und Obst

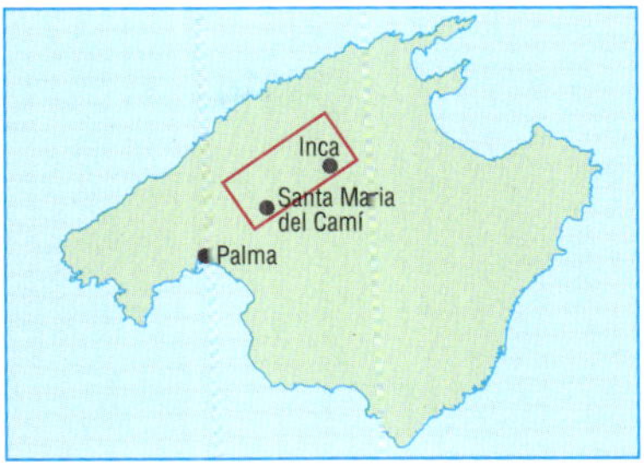

Abwechslungsreich und mindestens eine **Tagesreise** wert ist von Palma aus die Route Santa Maria del Camí – Consell – Binissalem – Inca – Lloseta – Alaró – Orient – Bunyola. Über Sóller, Deià und Valldemossa kehrt man nach Palma zurück. Die gesamte Strecke umfasst 80 bzw. 120 km, je nachdem ob man ab Palma die Autobahn PM 27 oder die empfehlenswerte Landstraße C 713 fährt. Gleichzeitig ist die Strecke reich an Sehenswürdigkeiten, sei es das beschauliche Kloster **Antic Monastir** von Santa Maria del Camí oder das **Castell d'Alaró**. Etwas Besonderes ist sicher auch eine Fahrt mit der Schmalspurbahn **Roter Blitz**. Zusteigen kann man an der Station von Bunyola.

46 Santa Maria del Camí

Der nette Ort ist gewissermaßen das Tor zu Mallorcas wichtigstem Weinanbaugebiet, das sich bis Binissalem hinzieht.

Gleich an der relativ breiten Hauptstraße von Santa Maria del Camí (4500 Einw.) kann man den Wagen abstellen, Cafés und Bars laden zum Verweilen ein. Schon zur Römerzeit bestand eine Verbindung zwischen Palma und Alcúdia. Sie führte über Inca und folglich auch über Santa Maria, das deswegen den Beinamen ›del Camí‹ (des Weges) erhielt.

An der Hauptstraße liegt hinter hohen Mauern verborgen das **Antic Monastir de Nuestra Senyora de la Soledad** (17. Jh.), auch Can Conrado genannt. Besonders eindrucksvoll sind der verträumte Garten und der kunstvolle Kreuzgang im Stil der Renaissance. Diesen kann man auch dann anschauen, wenn das hier befindliche, kleine **Museu Mallorqui** (unregelmäßig geöffnet) der Besitzerfamilie Conrado geschlossen ist. Direkt hinter dem Kloster steht die einstige Klosterkirche (17. Jh.).

Dieser Teil Santa Marias, seit alters her Ets Hostals genannt, war Zwischenstation auf dem Weg von Palma nach Inca

Nur von mächtigen Bergketten überragt – die Pfarrkirche Santa Maria del Camí

Ein Schlückchen gefällig? – Die Weinkellerei Can Ribas in Consell

und verfügte über zahlreiche Rasthäuser (Hostals). Der eigentliche Ortskern breitet sich rechts der Landstraße aus und erstreckt sich um die **Casa de la Vila**, das Rathaus von 1652. Dort wird nicht nur das historische Hohlmaß *S'arc de sa quartera* aufbewahrt, sondern auch ein ausgefallenes gotisches Retabel von Joan Massana aus einer nicht erhaltenen Kirche. Es zeigt ›Maria mit dem Kind‹ und darüber eine Kreuzigung im sienesischen Stil.

Die nahe Pfarrkirche **Santa Maria del Camí** (vor 1246, 1758 umgebaut) ist mit ihrer blau gekachelten Turmhaube schon von weitem sichtbar. Sie erinnert sehr an die Kartause von Valldemossa und in der Tat stammt sie vom selben Baumeister. Das barocke Hauptportal der Kirche zeigt u. a. dicke Trauben, die bezeugen, dass man hier schon lange vom Weinanbau lebt. Wie eine Festung wirkt die ausladende Rosenkranzkapelle.

Sonntags wird auf dem Kirchplatz *Markt* abgehalten, auf dem man vor allem die landwirtschaftlichen Produkte der umliegenden Felder findet.

Im Spätsommer und Herbst sollte man nach grünen Aleppokiefernzweigen an Hauseingängen Ausschau halten, denn sie zeigen an, wo **junger Wein** ausgeschenkt wird. Je trockener der Zweig, desto älter ist der Wein. In vier Cellers am Ort wird diese schöne Tradition gepflegt: *Can Vinagre* im Carrer Paborde Jaume, *Ca sa Consellera* im Carrer Joan Vich und im Carrer Terrades sowie *Can Cerdo* an der Hauptstraße nach Inca.

Schöne **Stoffe** mit zungenförmigem Muster werden in Santa Maria del Camí seit gut einem Jahrhundert von der Familie Bujosa auf traditionellen Webstühlen produziert. Sie gelten als die qualitätvollsten der Insel. Wer sich über den relativ hohen Preis wundert, sollte sich vergegenwärtigen, dass die fleißigen Bujosas für die Herstellung einer 50 m langen und 70 cm breiten Stoffbahn mindestens 15 Tage brauchen.

Um Santa Maria herum, zwischen der Llanura und der Serra del Norte, liegen mehrere große Landgüter. Eines der berühmtesten ist die festungsgleiche *Possesió Son Torrella.*

i Praktische Hinweise

Restaurant

Bistro 33, im Read's Hotel and Spa, am östlichen Ortsrand von Santa Maria del Camí, Tel. 971 14 02 61. Nobles Ambiente und feine Speisen.

47 Consell

Ein kleines Dorf im Herzen des Weinanbaugebietes.

Das Straßendörfchen Consell (2200 Einw.) ist trotz des Reichtums seiner Weinbauern recht bescheiden geblieben. Seine Bevölkerung gilt als besonders jung, mindestens 25 % sind jünger als 20 Jahre.

Es hat sich eingebürgert, dass die jungen Leute von Consel im Spätsommer bei der Weinlese helfen, bevor sie das neue Studienjahr beginnen. Nahe beim Rathaus befindet sich an der Plaça de Son Bernadet der bekannte Celler der **Possessió de Can R bas** (oder Ribes, Di–Fr 9.30–13.30 und 16–19, Sa/So 9.30–13.30 Uhr). Hier wird seit dem Jahr 1711 Wein produziert, ausgeschenkt und verkauft.

Seit die Autobahn am Dorf vorbeiführt, ist es hier ruhiger geworden. Lebhafter geht es höchstens am Donnerstag zu, wenn der kleine **Mercat** vor der Kirche abgehalten wird. Dort kann man außer Landwirtschaftsprodukten auch Kunsthandwerk kaufen. Im Ort werden außerdem hübsche Siurells und handgearbeitete Schuhe bzw. Espardenyes d'espart, aus Hanf geflochtene Bauernschuhe, angeboten. Berühmt und begehrt ist auch das Brot von Consell, speziell das Pan moreno, also das dunklere Bauernbrot.

Seit Jahren veranstaltet das Dorf jeden Sommer ein Theatertreffen und zieht damit viele Neugierige an gleichfalls zum Patronatsfest für Sant Bartolomeu um den 24. August.

Consell ist Ausgangspunkt für eine schöne Fahrt entlang des Torrent de Sollerich nach Alaró und weiter nach Orient und Bunyola. Entlang der C 713 erreicht man nach 3 km Binissalem.

48 Binissalem

Mallorcas bekanntester Weinort.

Gleich am Ortseingang von Binissalem (5000 Einw.), das von Mauren gegründet wurde, locken rechts große Schilder in die **Bodega José Ferrer** (Mo–Fr 9–19 Uhr). Die Weinkellerei bezieht ihre Reben aus dem *DOC-Weinanbaugebiet* der Insel, das die Weinorte Binissalem, Consell, Santa Maria del Camí, Sencelles und Santa Eugenia umfasst. Um das Jahr 1900 wurden hier noch 20 000 ha Weinland bewirtschaftet. Während auf dem Festland bereits die Reblaus Filoxera wütete, kultivierte man hier sogar etwa 40 000 ha. Doch als die Plage dann auch Mallorcas Rebgärten befiel, wurden nur noch 2000 ha angebaut, diese jedoch von immer besserer Qualität. Heute umfasst das eigentliche DOC-Gebiet nur 350 ha. In besonders guten Jahren werden rund 650 000 l Wein produziert. Zusammen mit dem Anbaugebiet von Felanitx für Land- und Tischwein sind es inselweit mehr als 2 Mio. l. José Ferrers Weine sind zu 65 % rot, 20 % sind Weißweine und 15 % Roséweine.

Der Weinkellerei gegenüber befindet sich dicht gedrängt das Zentrum des Ortes, der 1300 von Jaume II. zur Vila erhoben wurde. Den Winzern und Steinmetzen, die zu seinem Wohlstand beigetragen haben, setzte man 1985 zwei überlebensgroße *Denkmäler* vor das Kirchenportal. Diese sind aus dem fast weißen, in der Sonne blendenden Stein von Binissalem gearbeitet, der vielen Bewohnern noch immer gut bezahlte, wenn auch anstrengende Arbeit bringt.

Die festungsgleiche Pfarrkirche **La Assunció** wurde im 13. Jh. kurz nach der Reconquista gegründet. Aus dieser Zeit stammen das gotische Portal und der herrliche Glockenturm. Das Gotteshaus wurde jedoch im 18. Jh. komplett umgebaut. Über dem einschiffigen, dreijochigen Langhaus erhebt sich ein Kreuzrippengewölbe mit schön skulpierten Schlusssteinen. Die hohe Vierungskuppel hat ovale Fenster und Medaillons, die Kapellen des Querhauses und des Hauptchores sind muschelförmig überwölbt.

In der tiefen Rosenkranzkapelle rechts liegt eine schöne ›Virgen muerta‹ mit besonders reichem Strahlenkranz um die kostbare Krone. Links vom Eingang be-

Das Denkmal für die Weinbauern von Binissalem steht seit 1985 vor der Pfarrkirche

Im Zentrum der Industriestadt Inca herrscht meist nostalgische Gemütlichkeit ▷

findet sich in der ersten Kapelle ein sehr schönes Retabel der Schule von Gaspar Homs mit Szenen zu Leben und Passion Christi. Auf derselben Seite erhebt sich auch eine Orgel von Jordí Bosch.

Auffallend viele Häuser des Ortes sind aus dem hellen Binissalem-Sandstein erbaut. Großzügige Innenhöfe gibt es u. a. am **Palacio Can Gilabert** mit seinen herrlich freskierten Wänden. Allein die Brunnendekoration (Löwe über Fischmensch) ist einen Blick in den Garten wert. Und natürlich gibt es hier überall Weinkeller.

2 km nordöstlich von Binissalem steht bei Km 25 unübersehbar auf der rechten Seite der überdimensional ausgefallene Freizeitpark *Foro de Mallorca* (tgl. 9.30–13.30 und 14.30–19 Uhr). Neben Minigolfplatz und Schwimmbad findet man dort auch ein fantasievoll gebautes ›Schloss‹, in dem sich das **Museo de Cera** (April–Okt. Di–So 9.30–13.30 und 14.30–19 Uhr, Nov.–März Di–So 9.30–13.30 und 14.30–18 Uhr) befindet. In dem Wachsfigurenkabinett sind historische Persönlichkeiten wie Ramón Llull, Honderos, George Sand und Frédéric Chopin ebenso zu sehen wie die neuen Helden Mallorcas, z. B. der sechsfache Rad-Weltmeister Guillermo Timoner oder der Torwart Ezaqui Badou.

49 Inca und Lloseta

Inca ist ein landwirtschaftliches und industrielles Zentrum, das ebenfalls rege Lloseta überdies Heimat der Marienstatue Cocó.

Inca (21 000 Einw.), die drittgrößte Stadt der Insel, liegt am Rande der großen Ebene im Schutze der Serra del Norte. Wegen ihrer stark expandierenden Industrie und der Lage an der Hauptverkehrsader C 713 hat sich Inca leider zu einem gesichtslosen Orte entwickelt. Zugleich ist es neben Palma die am dichtesten besiedelte Stadt Mallorcas.

Und es gibt durchaus Gründe, Inca zu besuchen: Man kann dort z. B. zahlreiche Lederwarenfabriken besichtigen und gut verarbeitete Waren kaufen (z. B. Schuhe von Camper). Auch die Fußgängerzone im Zentrum lockt zu einem Bummel. So gelangt man schließlich zu den wenigen Sehenswürdigkeiten, die allerdings die Mühe lohnen. Dem großen **Donnerstagsmarkt** z. B. sollte man einen Besuch abstatten. Nicht zuletzt auch, um die Bewohner des Umlandes zu beobachten, die hier nicht nur einkaufen, sondern auch angeregt miteinander plaudern und Neuigkeiten austauschen. Ganz anders ist es an den Wochenenden und im Sommer, denn dann zieht es die Leute von Inca an die Küste oder aufs Land und die Stadt wirkt wie ausgestorben.

Die Pfarrkirche **Santa Maria la Major** (um 1058 Bethaus mit arabischer Duldung, 1230 erweitert, 1785–1805 umgestaltet) bildet das Herz der Stadt. Sie steht direkt am Marktplatz am Ende der Fußgängerzone, weshalb donnerstags auch ihr sehenswertes kleines *Sakralmuseum* (9–13 Uhr) im ersten Obergeschoss einladend seine Pforten öffnet. Die festungsartige Kirche besitzt einen frei stehenden Glockenturm mit einer hübschen Steinhaube. Die schlichte barocke *Fassade* (1789) schwingt in zierlichen Voluten aus, das klassizistische Portal (1843) steckt etwas unglücklich in einer zugespitzten Ni-

sche. Die ursprünglich gotische Kirche wurde über einer Moschee errichtet. Im *Inneren* ist sie mit barocken und klassizistischen Seitenaltären ausgestattet. Eine mallorquinische Kuriosität hat sich links vom Haupteingang über der früheren Taufkapelle erhalten, nämlich die hölzerne Winde (Torno) mit der die Täuflinge über das Becken gehalten wurden. Ihr gegenüber öffnet sich die Kapelle des Kruzifixes von Inca, das besonders verehrt wird. Der Fuß des Kruzifixes wurde so häufig geküsst, dass er schließlich zum Schutz eine Silberkappe bekam. In der zweiten Kapelle rechts befindet sich ein interessantes Retabel aus 14 Ölbildern von 1587. Das kostbare, 3 m hohe Retabel ›Sa Madonna d'Inca‹ (1373) von Juan Dauder hängt in der heutigen Taufkapelle rechts vor dem Chor.

Westlich, jenseits der Plaça Espanya und des Rathauses, liegt das Kloster **Santo Domingo** (1604, 1664–89 erneuert). 1993 sorgte es mit der Wiedereinweihung seiner just restaurierten Rosenkranzkapelle mallorcaweit für Aufsehen. Ebenfalls auf der linken Seite, in einer von zierlichen Doppelsäulchen gerahmten Kapelle, befindet sich das kostbare, aus der Vorgängerkirche stammende ›Retablo del Rosario‹ (1593). Der Kanzelaltar hängt, einer Monstranz ähnlich, im großen klassizistischen Aufsatz vor dem schlichten Chorgestühl. Die Kirche des Klosters kann man ›unbemerkt‹ und ohne zu stören während der Messe (Mo–Fr 19.30, Sa 18 und 19 Uhr, So vor- und nachmittags) besichtigen.

Ermita de Santa Magdalena

6 km westlich von Inca ragt der Puig d'Inca (304 m) aus der Ebene. Auf dem Hügel, wo heute die Ermita de Santa Magdalena steht, existierte bereits zur Araberzeit eine Kapelle, die später an verschiedene Eremitenorden ging. Inzwischen ist sie den Patronen der Eremiten geweiht, nämlich Paulus und Antonius. Im Hochaltar steht die Figur der hl. Magdalena und darüber ein winziges Tafelbild, ›Madonna mit Kind‹, das besonders verehrt wird. An Sonntagen kommen viele Einheimische hierher.

Traumhafte Tramuntana – von dieser Wiese bei Inca wirken die Berge zum Greifen nahe

Lloseta

Nördlich der Bahnlinie führt eine alte Straße direkt in das 4500 Einwohner zählende Lloseta (4 km), das schon immer als besonders fortschrittlich galt. Immerhin machte hier bereits in den 30er-Jahren des 20. Jh. die erste Frau Mallorcas ihren Führerschein! Mehrere Musikgruppen, einen Malertreff, den Trobada de Pintor, und den eigenen Fernsehkanal TV 7 haben sie außerdem.

Trotzdem ist Lloseta eine Oase der Stille – und die Heimat der *Madonna del Cocó*. Die Figur der bäuerlich-strengen Madonna mit dem grüßenden Jesusknaben auf den Knien stammt aus dem 11. oder 12. Jh. und hat die maurische Epoche in einem Versteck überdauert. Andererseits gibt es mehrere Figuren und Bildnisse der kleinen, von den Llosetern innig geliebten Cocó und keiner weiß, wo sich das Original eigentlich befindet. Vielleicht steht die Madonna in ihrer Kapelle, die sich auf dem Weg nach Binissalem erhebt, oder in der Pfarrkirche von Lloseta oder sie wird, wie viele hier munkeln, in einem Banksafe aufbewahrt. Jedenfalls pilgern am Mittwoch nach Ostern nicht nur die Bewohner des Ortes sondern auch zahlreiche andere Wallfahrer zum kleinen **Oratori de Cocó** am Ortsrand.

Lange Zeit lebte Lloseta von der Landwirtschaft, vor allem vom Anbau von Orangen, und vom Kunsthandwerk. Auf dem spanischen Festland sowie in Frankreich waren Schuhe und Leinen aus Lloseta sehr begehrt, und die feinen silberbestickten Abendtaschen galten in Palmas besseren Kreisen als Statussymbol. Mit Einsetzen des Tourismus verlegte man sich auf die profitablere Bauindustrie, weshalb Llosetas Gemeindegebiet mit seinen Baugeschäften, Kalkofen und Zementfabrik heute leider keinen sehr schönen Anblick mehr bietet.

Aber das Zentrum ist einen Besuch wert. Die Pfarrkirche **Església de la Virgen** mit ihrem oktogonalen Glockenturm und einem Gemälde der Cocó im Hauptaltar steht auf einer Hangterrasse mit Blick auf die Es Pla.

Nebenan erhebt sich der rosa verputzte, im Stil der Renaissance gehaltene **Palau d'Aiamans** (oder Ayamans) aus dem 17. Jh. Den zauberhaften Garten kann man tagsüber besichtigen. Der sehr italienisch wirkende Palast selbst mit seinen edlen Räumen und den Skulpturen von Joan Borrell Nicolau ist bedauerlicherweise nur im Rahmen von kulturellen Veranstaltungen geöffnet. Er gehört seit 1988 zu einer Stiftung der Bankiersfamilie March. Im

Zwischentrakt entstand mit dem Ca's Comte ein zauberhaftes Hotel.

Praktische Hinweise

Hotel

***Ca's Comte**, Carrer Comte d'Aiamans 11, Lloseta, Tel. 971 87 30 77, Fax 971 51 91 92, www.cascomte.com. Wunderschönes Stadthotel im ehemaligen Palast des Grafen von Aiamans aus dem 17. Jh.

Restaurants

Ca'n Amer, Carrer Pau 39, Inca, Tel. 971 50 12 61. Beliebter Celler mit typischen Gerichten nach alten Rezepten (So abend geschl.).

Ca'n Ripoll, Carrer Jaume Armengol 4, Inca, Tel. 971 50 00 24. Einer der bekanntesten Cellers des Ortes mit echter Weinkeller-Atmosphäre. (Sa mittags bis So abends geschl.)

50 Alaró

Gartenstadt mit mildem Klima im Schutz der terrassierten Abhänge der Serra del Norte.

Eine schöne Fahrt (7 km) führt entlang der Südhänge von *Puig de Sa Creu* (672 m) und *Soucadena* (816 m) über den im Winter oft reißenden Torrent de Sollerich nach Alaró (4000 Einw.). Vor sich hat man immer die beiden festungsgleichen, steilen Bergkegel, die von vielen Stellen der Insel aus zu erkennen sind: **Puig Castell** mit der Burgruine links und **Puig S'Alcadena** rechts. Richtung Bunyola wachsen an den Hängen des *Namarich* (666 m) Öl- und Johannisbrotbäume. Darüber hinaus gibt es viele Mandel- und Orangenbaumgärten. Nach Süden hin verbindet eine 5 km lange Straße, die PMV 2022, am Sollerich-Bach entlang, Alaró mit Consell. Nach Norden führt die PM 210 nach Orient.

Der Ort zwischen der Tramuntana und der Ebene balanciert zwischen ruhmreicher industriellen Entwicklung und bodenständigem Handel. Die Alaroners gelten als besonders findig. So waren die hier ansässigen Schuhfabrikanten die ersten, die ihre Produkte nach Amerika exportierten. Hier entstand auch das erste Elektrizitätswerk der Insel. Anfang der 1980er-Jahre öffnete in Alaró zudem die erste lokale Fernsehstation Mallorcas.

Das Ortsbild ist geprägt von niedrigen Häusern mit akkurat gemeißelten Steinmauern oder mit Bruchsteinmauerwerk. Im Zentrum liegt ein lang gestreckter platanenbeschatteter Platz, die *Plaça Ajuntament*, mit Kirche und **Rathaus**. Ringsum findet man Cafés, eine Bäckerei sowie

Das Castell d'Alaró, heute Ruine, war einst eine der drei Königsburgen Mallorcas

die kleine Markthalle, die in den Rathauskomplex einbezogen ist. Auch eine Polizeistation gehört zu dem lang gestreckten Rathaus, das in der Zeit des Faschismus im Stil des Historismus errichtet wurde. Seine sechs leicht gedrückten Arkaden ruhen auf dickbäuchigen Säulen mit merkwürdig gestalteten Kapitellen.

An der Schmalseite der Plaça Ajuntament, wo jeden Freitagvormittag ein großer Markt stattfindet, lohnt die Pfarrkirche **Sant Bartolomeu** einen Besuch. Nicht weit davon wohnt der freundliche Curia Don Sebastián in der Rectoria von 1803 (Carrer de la Rectoria 10) mit ihrem zauberhaften Orangengarten. Der Curia begleitet interessierte Besucher gerne außerhalb der Messezeiten (Mo–Fr 20.30, So/Fei 12.30 Uhr) in die heutige Pfarrkirche. Sie bestand bereits 1236, ihr Erscheinungsbild verdankt sie jedoch dem Umbau 1785–90. Der wuchtige Glockenturm steht seit 1361. Ein Kreuzrippengewölbe schließt das lang gestreckte, einschiffige Gebäude mit seinen Seitenkapellen ab. An der Treppe der spätbarocken Empore (1797) sind einige Azulejos der Vorgängerkirche erhalten sowie ein paar Pfeileransätze aus rotem Marmor. Rechts steht der Taufstein, 1655 aus einem einzigen Felsbrocken mit etwa 2 m Durchmesser gemeißelt. Die raumhohe *Orgel* auf der linken Seite ist ein Werk von Jordí Bosch (19. Jh.).

Eine *Christus-Figur* (vermutlich 13. Jh.) steht in der dritten Kapelle rechts. Jesus wird hier von zwei Engeln flankiert, trägt Echthaar und einen kostbaren Silbergürtel, den er zusammen mit seinem Silberfuß im 14. Jh. erhielt. Seine Tunika aus schwerem Stoff hängte man ihm erst im 19. Jh. um, eine Unsitte, wie manche mallorquinische Pfarrer meinen. Doch setzen sich die Geistlichen in diesem Punkt nicht gegen die Familienclans durch, die sich traditionell der Pflege einzelner Kapellen annehmen und stolz darauf sind, ihren Christus oder ihre Madonna kostbar einzukleiden.

Der *Hauptaltar* (1790) ist ein besonderes Kunstwerk, das die Bewohner von Alaró unter der Anleitung des italienischen Meisters Soldati aus Marmor von Sollerich etwas unsymmetrisch gestalteten. 130 Familien haben ihn, Stein für Stein, abends nach getaner Arbeit gemeißelt und poliert. Aus diesem Grund erhielt jeder ein Modell des Altars, das noch heute in den Familien wie ein Hausaltar gehütet wird. Sant Bartolomeu, der

Kirchenpatron, steht zwischen den gedrehten und kannelierten Säulen, darüber La Virgen de la Esperanza. Beide werden flankiert von Sant Sebastiá (links) und Sant Roc (rechts). In der Sakristei befindet sich ein weiterer Schatz: ein großartig gearbeitetes Kruzifix mit Ledergürtel von Homs (über INRI signiert).

Die Pfarrkirche besaß einige gotische Tafelbilder von großem Wert. Als die Sociedad Arqueológica Luliana im Rectoriatsgebäude von Alaró ins Leben gerufen wurde, hatte dies zur Folge, dass man mit der Rettung der Tafeln begann – und sie, zum Ärger der Einheimischen, nach Palma ins Museu de Mallorca brachte.

TOP TIPP Castell d'Alaró

Ein interessanter, zunächst asphaltierter und später steiniger Weg führt zu den romantischen Ruinen des Castell d'Alaró am 825 m hohen **Puig d'Alaró**. Vom Fuß des Berges kann man sowohl mit dem Wagen als auch nach einer etwa einstündigen Wanderung von 4,5 km Länge die urige Finca Es Verger (s. u., so heißen übrigens mehrere auf Mallorca) erreichen. Hier kann man das Auto dann parken. Vor dem Weitermarsch sollte man im Lokal Es Verger unbedingt einen Lammbraten bestellen, der in Riesenportionen aus dem Holzofen kommt.

Zur Burgruine sind es noch 40 recht anstrengende Minuten, doch lohnt sich der Aufstieg: Der Blick zurück ins Tal von Alaró bis zur Bucht von Palma inklusive Kathedrale (!) ist einfach überwältigend. Man sieht außerdem zum Puig de Galatzó und zum Plateau von Randa – nordwestlich auf den L'Ofre, nordöstlich auf den Massanella und im Norden auf den Puig Major.

Der Weg führt nun durch einen Rundbogen in den Burghof. Das Kastell, eine der drei Königsburgen Mallorcas, steht an einem Platz, der sicher schon den Römern und später den Arabern zur Überwachung der Täler von Sóller und Orient diente. Jaume I. ließ die Festung ausbauen, Jaume II. versuchte im Jahr 1285 vergebens, sie gegen die Aragoneser unter Alfonso III. zu verteidigen. Seine letzten Getreuen, Cabrit und Bassa, bezahlten ihren Widerstand mit dem Leben: Sie wurden bei lebendigem Leibe verbrannt. Die Leute von Alaró verehren sie bis heute wie Heilige – ihre Gebeine sind auf dem höchsten Punkt des Felsens bestattet, in der **Ermita Nuestra Senyora del Refugi** (13. und 17. Jh.). Die namengebende kleine Madonna mit Kind (17. Jh.) im Hochaltar zeigt eine Besonderheit: Das Jesuskind steht auf dem Boden der Altarnische, statt auf dem Arm der Mutter zu sitzen. In der alten Eremitei kann man sogar, einfachst gebettet, übernachten.

Das Restaurant der Finca Es Verger lockt mit köstlichem Lammbraten aus dem Holzofen

Praktische Hinweise

Restaurants

Ermita Nuestra Senyora del Refugi, Puig d'Alaró, Alaró, Tel. 971 18 21 12. Einfaches Restaurant (mit noch einfacheren Zimmern) in der Eremitei des Puig d'Alaró als herrliches Ausflugsziel.

TOP TIPP **Finca Es Verger**, oberhalb von Alaró, Tel. 971 51 04 18. Uriges Lokal, das berühmt ist für seine Lammgerichte aus dem Holzofen und für den Reistopf Arroz brut. Man sollte unbedingt vorbestellen.

Salón-Restaurante Reynés, Plaça Roselló 3, Alaró. Im Erdgeschoss befindet sich eine Bar, das darüberliegende Restaurant ist nur an Wochenenden und Feiertagen geöffnet. Es dient den Einheimischen als Festsaal, doch wenn keine Veranstaltungen stattfinden sind Besucher gleichwohl willkommen. Man wird mit hervorragender mallorquinischer Küche zu normalen Preise verwöhnt, z. B. mit Schnecken oder mit Tords amb col, Wachteln mit Kohl.

51 Orient

Ein einladendes Dorf inmitten von Obstplantagen mit hohem Anteil an ausländischer Bevölkerung.

Knapp 9 km trennen Alaró von Orient. Die Fahrt über die PM 210, um den Puig del Castell d'Alaró herum, führt am feudalen Landgut **Sollerich** vorbei (rechter Hand am Bach), das zur Maurenzeit Xular hieß und noch heute zu den großen bewirtschafteten Gütern gehört. Leider kann man es nicht besichtigen. Dann knickt die Straße westwärts, parallel zur Mola de Son Montserrat, ab. Diese Strecke gehört zu den landschaftlich reizvollsten Routen auf der Insel, und man sollte sich dafür Zeit nehmen.

Als erstes lockt auf der rechten Seite eine der Staradressen Mallorcas: L'Hermitage, ein Luxushotel, das in einem ehemaligen Kloster untergebracht ist (s. u.). Kurz darauf erscheint der kleine, häufig überlaufene Ort Orient zu Füßen von L'Ofre (1090 m) und Alfàbia (1067 m).

Parkmöglichkeiten gibt es wenige, vor allem im winzigen Zentrum zwischen dem Hostal de Muntanya und dem Restaurant Orient (beide s. u.), das neben einer hervorragenden mallorquinischen Küche auch einen großartigen Blick ins Tal bieten kann.

Man sollte sich die Mühe machen, nach dem Hostal de Muntanya links dem Gässchen zu folgen, das zwischen schönen Steinhäusern und über Treppen zur kleinen Pfarrkiche **Sant Jordi** (13. und 17. Jh.) hinaufführt. In 460 m Höhe ist sie die höchstgelegene Kirche Mallorcas sogar noch vor dem Kloster Lluc. Sant Jordi ist ein kunsthistorisches Kleinod, das man am Wochenende besichtigen kann, wenn beispielsweise eine Hochzeit stattfindet. Leider heiraten hier keine Einheimischen mehr. Denn in den 25 Häusern von Orient sind gerade mal 20 Hiesige registriert, von denen lediglich sechs tatsächlich hier wohnen. Ansonsten leben fast nur noch Palmeser oder Ausländer im Dorf.

Zurück zur Ausstattung der Kirche Sant Jordi: Der kleine *Hostienschrein* im barocken Hochaltar von 1686 ist mit purem Gold gefasst – ein Geschenk der Frauen von Orient, die damals ihren Schmuck dafür hergaben. Links vom Hochaltar wird in der Kapelle für Sant Josép auf dem Altartisch ein kleines Kästchen mit Darstellungen der Heiligen Familie aufbewahrt: Es wurde früher als gesegneter Hausaltar von Familie zu Familie weitergereicht. Gleich links beim Eingang schmückt ein dunkler barocker *Altaraufsatz*, mit einer Rosenkranzmadonna und dem Bild der Heiligen Catalina von Valldemossa, die Schauseite der 1651 geweihten Kapelle. Dieses Retabel kam 1835 im Zuge der Klosterauflösungen von Palma nach Orient.

Praktische Hinweise

Hotels

TOP TIPP *******L'Hermitage**, Carretera Sollerich, Km 8, 2 km östlich von Orient, Tel. 971 18 03 03, Fax 971 18 04 11, www.hermitage-hotel.com. Eine feine Adresse in einem ehemaligen kleinen Kloster in ruhiger Lage. Mit Pool, Tennisplätzen und 24 Zimmern. Restaurant in der alten Ölmühle, wo man im Sommer auch Konzerten lauschen kann.

*****Dalt Muntanya**, Carrer Bordoy 6, Orient, Tel. 971 14 82 83, Fax 971 61 54 58, www.daltmuntanya.net. Ein Berghotel mit 18 Zimmern in der Ortsmitte. Mit großer Terrasse, Bar und hauseigenem Restaurant.

Opulente Obstbaumblüte in Orient – diese Dorfidylle hat ihre Wirkung auf Besucher nicht verfehlt, und so haben sich einige von ihnen inzwischen als Residenten hier niedergelassen

Restaurant

Orient, Carrer Major, Orient,
Tel. 971 61 51 53. Mitten im Ort an der Durchgangsstraße liegt das stets gut besuchte Lokal einer alteingesessenen mallorquinischen Familie, die inseltypische Gerichte serviert. Berühmt ist das Milchspanferkel (Cochin llo), das man vorbestellen sollte (Di und Juli geschl.).

52 Bunyola

Bunyola gilt als eines der anmutigsten Dörfer der Insel.

Durch das mit Obstbaumkulturen geschmückte Tal von Orient geht es entlang der Ausläufer der Serra d'Alfàbia 11 km auf der schmalen PM 210 nach Bunyola. Hinreißend ist der Blick rechts über die leicht gewellte Hügellandschaft, auf deren Terrassen einzelne Häuser verstreut sind. Bunyola (3000 Einw.) ist berühmt für den hier von der Firma Tunel hergestellten Palo, einen Bitterlikör aus Johannisbrot, für seine Olivenbäume und für die Holzverarbeitung (Köhlerei). Zugleich hat sich Bunyola von einem wichtigen Wirtschaftsstandort zu einem beliebten Wohnplatz entwickelt. Zum einen wegen seiner Nähe zu Palma, zum anderen weil der Ort zu Füßen der Serra d'Alfàbia und damit im Herzen der Tramuntana liegt.

Die *Possessiós* um Bunyola zählten früher zu den reichsten Mallorcas. Der Wohlstand entwickelte sich vor allem durch die Köhlerei, aber auch aufgrund der Olivenölproduktion, die noch Ende des 19. Jh. ein Drittel der gesamten Inselproduktion ausmachte. Der Reichtum der Pächter brachte mit sich, dass die Großgrundbesitzer für sie einige Fincas zu parzellieren begannen. So entstanden kleinere Privatgrundstücke, die man mit dem aufkommenden Fremdenverkehr an Städter und Fremde verkaufen konnte. Denn angeregt von Bildern eines Santiago Rusiñol oder Joan Miró weckte Bunyola schon früh das Interesse von Besuchern aus dem Ausland.

Die Dorfgassen Bunyolas sind eng und steil, manche gehen unvermutet in Treppengassen über. Viele Häuser wurden Ende des 20. Jh. renoviert, besitzen aber noch auffallend häufig die traditionellen

kleinen Fensterchen in der Eingangstür, durch die man kommunizieren kann, ohne die Tür öffnen zu müssen. Im flachen Teil des Ortes findet man mehrere Bars, ebenso die Pfarrkirche **Sant Mateu**, schon um 1230 gegründet, jedoch in der heutigen Form erst 1756 eingeweiht. Ihre größte Kostbarkeit dürfte die Alabasterstatue ›Verge de les Neus‹ (Muttergottes vom Schnee) sein, die vermutlich aus dem 14. Jh. stammt. Außerdem befindet sich hier das Familiengrab der Despuig von Reixa. In Bunyola macht übrigens auch die Schmalspurbahn Roter Blitz auf ihrer Fahrt von Palma nach Sóller Station.

Roter Blitz und Coll de Sóller

Eine erlebnisreiche Fahrt kann man mit der 1912 in Betrieb genommenen Bahn auf 27 km Länge (mit 13 Tunneln, Scheitelpunkt im Großen Tunnel in 238,8 m Höhe) unternehmen. Sie verläuft unterhalb des von Bunyola 14 km entfernten Passes Coll de Sóller bis nach Sóller (und von dort weiter mit der Straßenbahn zum Hafen). Man kann den 550 m hohen Pass aber auch mit dem Auto ansteuern und hat auf den engen Kurven einen großartigen Ausblick. Wer es eilig hat, benutzt den gebührenpflichtigen 3 km langen Tunnel und verkürzt damit die Strecke auf eine Länge von 7 km.

Jardines de Alfàbia

Autofahrer kommen kurz vor Beginn der Passstraße (bzw. vor dem neuen Tunnel rechts) zu den herrlichen Jardines de Alfàbia (Mo–Fr 9.30–17.30, Sa 9.30–13 Uhr, im Sommer Mo–Sa 9.30–18.30 Uhr, www.jardinesdealfabia.com). Der Park wurde von arabischen Gartenplanern des ersten Besitzers Ben-Abuet angelegt. Seit rund 700 Jahren ist die Anlage nun im Besitz der Familie Zafortesa, die sie im traditionellen Sinne pflegen lässt. Daher wachsen hier hauptsächlich einheimische subtropische Pflanzen, die über ein raffiniertes, sehr sparsames System aus irdenen Kanälen bewässert werden. Die Besucher wandeln durch schattige Laubengänge, unter Palmen und Kiefern hindurch, an plätschernden Brunnen vorbei und genießen die herrliche Stille. In der kleinen barocken *Landvilla* mit mallorquinischen Möbeln bewundern Kenner die Bibliothek mit einer Fülle an

◁ *Der Rote Blitz flitzt über die Eisenbahnbrücke in der Nähe von Sóller*

botanischen Titeln. In der Vorhalle lohnt sich ein Blick zur Decke, die aus feiner maurischer Holzschnitzerei besteht.

Raixa

Etwa 7 km südlich, Richtung Palma, breitet sich rechter Hand das Landgut Raixa (wegen Restaurierung derzeit geschl.) aus, das ebenfalls arabischen Ursprungs ist. Das Besondere an Raixa (oder Raxa) ist das *Herrenhaus* des reichen Kardinals Antoni Despuig i Dameto, der hier seiner Sammelleidenschaft nachging und wahre Kunstschätze anhäufte. Er ließ ab 1797 die mallorquinische Landvilla im italianisierenden, an die Renaissance angelehnten Stil mit zehn Arkaden erbauen. Eine ausgesprochen theatralisch wirkende, statuengesäumte Treppe führt in den Park hinauf, von italienischen Meistern im neoklassizistischen Stil geschaffen. Kein Wunder, dass dieser schöne, leicht dekadent wirkende Platz dereinst Dichter und Maler inspirierte.

i Praktische Hinweise

Restaurants

Ses Porxeres, Carretera de Sóller 17, Bunyola, Tel. 971 61 37 62. Kurz vor den Jardines d'Alfàbia. Hier wird man mit mallorquinischen Spezialitäten verwöhnt (Karwoche und Aug. sowie So abend und Mo geschl.).

Son Amar, C 713 Palma–Bunyola, Km 10,8, Tel. 971 61 78 79, Fax 971 61 70 69, www.sonamar.com. Eine der besten Adressen für internationale Shows mit Starbesetzung. Das gute Essen ist im Eintrittspreis inbegriffen (Festpreis, Tickets an der Abendkasse oder auf Vorbestellung).

Schattige Allee in den Jardines d'Alfàbia, den Arabischen Gärten von Bunyola

Mallorca aktuell A bis Z

Vor Reiseantritt

ADAC Info-Service:
Tel. 0 18 05/10 11 12, Fax 0 18 05/30 29 28 (0,12 €/Min.)

ADAC im Internet: www.adac.de
www.adac.de/reisefuehrer

Informations- und Kartenmaterial erhalten ADAC-Mitglieder kostenlos bei den Geschäftsstellen oder über Tel. 0 18 05/10 11 12 (0,12 €/Min.). Außerdem sind im ADAC Verlag das Reisemagazin *Mallorca* (www.adac.de/reisemagazin) und die UrlaubsKarte *Mallorca* erschienen (www.adac.de/karten).

Mallorca im Internet:
www.illesbalears.es
www.mallorca-today.de

Spanisches Fremdenverkehrsamt:
www.spain.info

Deutschland
Kurfürstendamm 63, 10707 Berlin,
Tel. 030/8 82 65 43, Fax 030/8 82 66 61,
berlin@tourspain.es

Grafenberger Allee 100 (Kutscherhaus),
40237 Düsseldorf, Tel. 02 11/6 80 39 80,
Fax 02 11/6 80 39 85, dusseldorf@tourspain.es

Myliusstraße 14, 60323 Frankfurt/Main,
Tel. 069/72 50 33, Fax 069/72 53 13,
frankfurt@tourspain.es

Postfach 15 19 40, 80051 München,
Tel. 089/53 07 46 11, Fax 089/53 07 46 20,
munich@tourspain.es

Prospektbestellung in Deutschland:
Tel. 061 23/9 91 34, Fax 061 23/99 11 34

Österreich
Walfischgasse 8, 1010 Wien,
Tel. 01/512 95 80, Fax 01/512 95 81,
viena@tourspain.es

Schweiz
Seefeldstraße 19, 8008 Zürich,
Tel. 04 42 52 79 30, Fax 04 42 52 62 04,
zurich@tourspain.es

Allgemeine Informationen

Reisedokumente

Personalausweis oder Reisepass, für Kinder unter 16 Jahren Kinderausweis oder Eintrag im Elternpass.

Kfz-Papiere

Führerschein, Zulassungsbescheinigung Teil 1 (vormals Fahrzeugschein), Internationale Grüne Versicherungskarte. Empfohlen werden Kurzkasko- und Insassenunfallversicherung.

Krankenversicherung

Seit dem 1. Januar 2006 ist die Europäische Krankenversicherungskarte in die übliche Versicherungskarte integriert. Sie wird in ganz EU-Europa anerkannt und garantiert die medizinische Versorgung. Sicherheitshalber empfiehlt sich der Abschluss einer zusätzlichen Reisekranken- und Rückholversicherung.

Hund und Katze

Für Hunde und Katzen ist bei Reisen innerhalb der EU ein gültiger, vom Tierarzt ausgestellter EU Heimtierausweis vorgeschrieben, ebenso die Kennzeichnung durch Mikrochip oder Tätowierung. Bis zum Jahr 2011 gelten Überagangsregelungen. Für Hunde sind zudem Leinen und Maulkorb mitzuführen.

Zollbestimmungen

Innerhalb der EU dürfen Waren zum eigenen Verbrauch unbegrenzt mitgeführt werden. Zur Abgrenzung von privater und gewerblicher Verwendung gelten folgende Richtmengen: 800 Zigaretten, 400 Zigarillos, 200 Zigarren, 1 kg Rauchtabak, 10 l Spirituosen, 20 l Zwischenerzeugnisse, 90 l Wein (davon max. 60 l Schaumwein) und 110 l Bier.

Für Reisende aus Nicht-EU-Ländern (Schweiz) gelten folgende Obergrenzen: 200 Zigaretten, 1 l Spirituosen über 22% oder 2 l unter 22%, 50 ml Parfüm, 250 ml Eau de Toilette, 500 g Kaffee und 100 g Tee.

Geld

Gängige *Kreditkarten* werden in Banken, Hotels und Geschäften akzeptiert. An *Geldautomaten* kann man rund um die Uhr Geld abheben.

Tourismusämter im Land

Die Fremdenverkehrsämter **OIT** (*Oficines d'Informació Turística/Oficinas Información Turística*) sind im Haupttext unter ›Praktische Hinweise‹ angegeben. Infos:

Foment del Turisme de Mallorca, Carrer de la Constitució 1/Passeig de Born, Palma de Mallorca, Tel. 971 72 53 96, Fax 971 71 35 40, www.newsmallorca.com

Notrufnummern

Einheitlicher Notruf: Tel. 112 (EU-weit, auch mobil: Polizei, Unfallrettung, Feuerwehr)

Ärztlicher Notruf: Tel. 061

Pannenhilfe des Reial Automòbil Club de Español (RACE): Tel. 915 93 33 33

ADAC-Notrufstation Barcelona: Tel. 935 08 28 28 und 915 93 00 41 (ganzjährig)

ADAC-Notrufzentrale München: Tel. 00 49/89/22 22 22 (rund um die Uhr)

ADAC-Ambulanzdienst München: Tel. 00 49/89/76 76 76 (rund um die Uhr)

Österreichischer Automobil Motorrad und Touring Club
ÖAMTC Schutzbrief-Nothilfe: Tel. 00 43/(0)1/2 51 20 00

Touring Club Schweiz
TCS Zentrale Hilfsstelle: Tel. 00 41/(0)2 24 17 22 20

Ein Polizeiprotokoll ist bei Unfällen für die Schadensregulierung unbedingt notwendig, vor allem bei Personenschäden. Wer kein Spanisch spricht, braucht einen Dolmetscher und sollte sich mit dem Konsulat in Verbindung setzen.

Ärztliche Versorgung

In den Ferienorten gibt es **Arztzentren**, zahlreiche deutsche Ärzte und Stationen des Roten Kreuzes (*Cruz Roja*).

Diplomatische Vertretungen

Konsulat der Bundesrepublik Deutschland, Edificio Reina Constanza, Calle Porto Pi 8, 07015 Palma de Mallorca, Tel. 971 72 29 97, Fax 971 70 77 40

Schweizer Honorarkonsulat, Calle Estornell 1, Urbanización Arabella Parc, 07011 Palma de Mallorca, Tel. 971 60 67 51, Fax 971 60 64 29

Honorarkonsulat Österreich, Calle Sindicat 69/10, Edificio Banco Santander, 07002 Palma de Mallorca, Tel. 971 72 80 99, Fax 971 72 84 27

Besondere Verkehrsbestimmungen

Tempolimits (in km/h): Für Pkw, Motorräder und Wohnmobile bis 3,5 t gilt innerorts 50. Für Pkw und Motorräder gilt außerorts 90, auf Straßen mit mehr als einer Autofahrspur in jeder Richtung und auf Schnellstraßen 100, auf Autobahnen 120. Für Pkw mit Anhänger gilt außerorts 70, auf Schnellstraßen und Autobahnen 80. Wohnmobile bis 3,5 t dürfen außerorts max. 80 fahren, auf Schnellstraßen 90 und auf Autobahnen 100.

Die *Promillegrenze* liegt bei 0,5.

Überholverbot besteht 100 m vor Kuppen sowie auf Straßen, die nicht mindestens 200 m zu überblicken sind. *Telefonieren* während der Fahrt ist nur mit einer Freisprecheinrichtung erlaubt. *Abschleppen* durch Privatfahrzeuge ist verboten. Bei Unfällen muss eine reflektierende Warnweste getragen werden. *Park- und Halteverbote*: gelbe Linien am Straßenrand bedeutet Parkverbot, blaue Linie eingeschränkte Parkmöglichkeit.

Anreise

Flugzeug

Aeropuerto de Palma de Mallorca, Tel. 971 78 90 00, www.aena.es, 8 km östlich der Stadt.

Den Flughafen von Mallorca fliegen zahlreiche Linien- und Charterfluggesellschaften von allen großen europäischen Flughäfen an. Zwischen dem Flughafen und Palma de Mallorca pendeln Transferbusse und Taxis. Am Flughafen stehen Leihwagen aller nationalen und internationalen Firmen zur Verfügung.

Schiff

Von Barcelona und Valencia aus gehen Fähren und Schnellboote nach Palma de Mallorca. Tickets erhält man in Reisebüros oder 2 Std. vor Abfahrt am Hafen.

Trasmediterranea, Tel. 902 45 46 45, Fax 971 70 73 45, www.trasmediterranea.es

Bank, Post, Telefon

Bank

Öffnungszeiten: In der Regel Mo–Fr 8.30/9–13.30/14 Uhr, manchmal auch bis 17 Uhr.

Post

Abgesehen vom Hauptpostamt (*Correos*) in Palma de Mallorca, Carrer de la Constitució, sind die Postämter nur vormittags geöffnet. Briefkästen sind gelb lackiert mit einem roten Posthorn.

Telefon

Internationale Vorwahlen
Spanien 00 34
Deutschland 00 49
Österreich 00 43
Schweiz 00 41

In Spanien sind die einstigen Vorwahlen Bestandteil der Teilnehmernummern und müssen *immer* mitgewählt werden. Von den meisten **Telefonzellen** (*Cabina telefónica*) kann man mit Telefonkarte, Kreditkarte oder Münzen telefonieren. **Telefonkarten** (*Tarjeta prepago*) kauft man bei der Telefongesellschaft Telefónica oder in autorisierten Geschäften. Die Benutzung handelsüblicher **Mobiltelefone** ist auf Mallorca möglich.

Einkaufen

Öffnungszeiten: Geschäfte sind in der Regel Mo–Sa 9–13.30/14 und 16.30/17–20 Uhr geöffnet. In Ferienorten sind sie oft durchgehend geöffnet.

Die Vielfalt des traditionellen Kunsthandwerks auf Mallorca ist beachtlich. Einen guten Überblick über das Angebot erhält man bei einem Besuch des Mustergutes **La Granja** [s. S. 111]. Der Großteil der Souvenirs wird in und um Manacor [Nr. 22] hergestellt. Es gibt dort **Stickereien** (*Bordados*) auf Baumwollstoffen und Leinen, z. B. mit weißen Spitzen verarbeitete Tischdecken, Servietten und Bettwäsche. Wer sich für **Stoffdrucke** interessiert: Aus Pollença [Nr. 29] stammt die mit dem traditionellen Zungenmuster geschmückten Arbeiten. Besonders schöne **Töpferwaren** gibt es in Pórtol südlich von Santa Maria del Camí [Nr. 46]. Ein spezielles Mitbringsel sind die *Siurells*, weiß gekalkte, bunt bemalte Hirtenpfeifen in Form von Figürchen. Traditionell schenkt der Jüngling bei der Brautwerbung seiner Angebeteten einen Siurell. Lässt sie ihn fallen, ist dies ein schlechtes Zeichen! Behält sie die Pfeife, darf der junge Mann hoffen. Bläst sie gar ein Liedchen darauf, ist seine Werbung angenommen.

Lederwaren – Kleidung, Taschen und Schuhe – findet man in Inca [Nr. 49], u. a. bei Fluxa, Melis und Yanko. Die **Glasbläserkunst** wird an mehreren Orten der Insel vorgeführt: bei Algaida [Nr. 14] (Vidrios Gordiola), bei Campanet (Menestralia) und nahe S'Esgleieta bei Lafiore. Die Herstellung von Gebrauchsgegenständen aus **Olivenholz** (Schalen oder Salatbestecke) gehört ebenfalls zum traditionellen Kunsthandwerk. Preiswerte **Stroh- und Korbwaren** werden häufig auf den Wochenmärkten angeboten. Wesentlich teurer sind die berühmten Kunstperlen aus Manacor [Nr. 22] mit Namen **Majórica**. Auch **Möbel** werden in Manacor hergestellt. **Antiquitäten** finden Kenner in den Geschäften von Pollença und Palma de Mallorca. Groß ist die Zahl an **Galerien** für zeitgenössische Kunst: mehr als 50 Galerien gibt es insgesamt auf der Insel, allein in Pollença [Nr. 29] sind es zehn.

Essen und Trinken

Mallorca hatte früher keinen guten Ruf in Sachen **Restaurants**. Doch das hat sich geändert. Die berühmtesten und teuersten Lokale bieten exquisite internationale Gerichte. Und wer mallorquinisch speisen möchte: Die alten, kalorienreichen Rezepte wurden in Richtung leichte, moderne Küche modifiziert. Übrigens: Viele Restaurants schließen zwischen November und März für ein bis zwei Monate.

Auf Mallorca sind **Bars** Begegnungsstätten: Hier trinkt man seinen ersten morgendlichen Café solo, Café cortado mit etwas Milch, Café con leche (Milchkaffee) oder einen Carajillo, einen Kaffee, der mit einem Schuss Branntwein ›verbessert‹ ist. An der Bar gibt es auch Tapas und Sandwiches (Bocadillos), auf Wunsch frisch zubereitet, mit ein paar Oliven dazu.

Die **Bodegas** locken mit Weinausschank und Weinproben. Typisch ist die leicht schummrige Beleuchtung – und manchmal hängt sogar Schinken von der Decke. Sehr mallorquin sind die **Cellers**, alte Weinkeller, in denen noch die raumhohen Fässer als Dekoration stehen. Hier wird Hausmannskost geboten.

›**Tapas, Meriendas y Comidas**‹ steht an meist einfachen Lokalen, in denen man Hausmannskost bekommt. **Tapas-Bars** sind schon ab 10 Uhr geöffnet. Tapas sind die ›Deckelchen‹, ursprünglich auf das

Weinglas gesetzt, mit Oliven (*Aceitunas*) oder gerösteten Mandeln (*Almendras*) darauf. Heute herrscht fantasievolle Vielfalt und Tapas werden auch als Hauptmahlzeit gestaltet. Es gibt z.B. gebackenen Tintenfisch (*Chipirónes*) oder eingelegte Sardinen (*Boquerones*) mit Knoblauch und frischer Petersilie. Häufig bekommt man auch gedünstetes oder frittiertes Gemüse, Innereien, Kutteln, gebackene Kartoffel- oder Fischbällchen, rote und grüne Paprika-Zwiebel-Mischung, kurz in Öl gedünstet oder im Ofen gebacken.

In den Cellers gehören häufig Schnecken (*Caracoles*) zum Menü, ein kulinarischer Genuss. Ebenfalls ein typisches Celler-Gericht ist **Frito mallorquin**, ein Eintopf aus Innereien und Kartoffeln. Überhaupt lieben die Mallorquiner Suppen und Eintöpfe. Die **Sopas mallorquinas** sind Suppen über Brotscheiben. Sie bestehen aus Gemüse, Kartoffeln und Fleisch, *Sobrasada* (roter Schweinswurst) oder *Botifaron* (Blutwurst mit Pinienkernen).

Spanferkel (*Lechona*), ganz klein als Milchspanferkel (*Cochinillo*), gehört zu den Spezialitäten der Insel, ebenso wie andere Jungtiere, speziell **Zicklein** (*Capreto*) und **Lamm** (*Cordero*). **Kaninchen** (*Conejo*) wird ebenso gerne gegessen wie **Wachteln** (*Codornizes*).

Reich ist die Vielfalt an **Fisch** aus Mallorcas Küstengewässern. Sogar **Langusten** bester Qualität werden – im Nordosten zwischen Cala Rajada und Menorca – gefangen. Einen guten Überblick über das Fischangebot bietet der *Mercado Olivar* in Palma de Mallorca [s. S. 29].

Berühmt sind die **Orangen** aus Sóller, die zeitig im Jahr geerntet werden. Mittlerweile pflanzen die Bauern mehrere Sorten an, sodass sie das ganze Jahr über liefern können. Zitronen erreichen hier übrigens die Größe von Pampelmusen.

Die Winzer Mallorcas bieten einige hervorragende **DOC-Weine** des Anbaugebiets von Binissalem [Nr. 48] an. Da das Leitungswasser nicht gut schmeckt, wird viel stilles **Mineralwasser** getrunken.

Feste und Feiern

Feiertage

1. Januar (Neujahr/*Año Nuevo*), 6. Januar (Heilige Drei Könige/*Los Reyes Magos*), März/April (Karfreitag, Ostern/*Viernes Santo, Pascua*), Mai/Juni (Fronleichnam/*Corpus Cristi*), 25. Juli (Jakobstag/*Día de Santiago*), 15. August (Mariä Himmelfahrt/*Asunción*), 12. Oktober (Nationalfeiertag/*Dia de la Hispanidad*), 1. November (Allerheiligen/*Todos los Santos*), 6. Dezember (Tag der Verfassung/*Día de la Constitución immaculada*), 8. Dezember (Mariä Empfängnis/*Concepción*), 25./26. Dezember (Weihnachten/*Navidad*)

Feste

Jedes Dorf feiert mindestens ein großes Fest im Jahr, meist mit Markt, Kirmes etc. verbunden. Hier eine Auswahl:

Januar

Palma de Mallorca und Orte im Umland (5. Jan.): *Cabalgada de los Reyes Magos*, Landung der Heiligen Drei Könige und Ritt durch die Stadt. Auf dem Land bringen sie auf einem Eselkarren Geschenke.

Ses Beneides (17. Jan.): *Revelta de Sant Antoni*, Segnung der Haustiere. In manchen Orten findet am Vorabend ein Maskenumzug statt, das sog. ›Teufelstreiben‹ mit ›Verhöhnung‹ der Priester.

Palma de Mallorca (20. Jan.): *Día de Sant Sebastiá*, Patronatsfest des hl. Sebastian. Gefeiert wird die ganze Woche.

März/April

Mallorca (Palmsonntag): *Domingo de Ramos* wird inselweit begangen, in Palma mit dem Palmsegen in der Kathedrale La Seu und anschließender Prozession; abends Prozession ›Einzug in Jerusalem‹ ab der Kirche Sant Jaume.

Palma de Mallorca (Gründonnerstag): *Processió de la Sang*, abendliche Karfreitagsprozession mit dem größten Umzug aller Kapuzen-Bruderschaften der Insel. Am darauf folgenden Tag, dem Karfreitag, Prozession ab Sant Francesc.

Pollença (Karfreitag): *Procesión de Viernes Santo*. Nach der eindrucksvollen ›Kreuzabnahme‹ bei Anbruch der Dunkelheit am Kalvarienberg zieht die Prozession zur Pfarrkirche.

Sineu (Karfreitag): *Sant Entierro*, nachts gegen 23 Uhr findet die Prozession zur ›Grablegung‹ statt.

Llucmajor (Ostersonntag): *Domingo de Pascua* beginnt um 8 Uhr mit einer Messe, anschließend Männerprozession mit Jesusstatue, Frauenprozession mit Marienfigur, beide treffen sich bei der ›Begegnung‹ (Encuentro) am Rathausplatz; gleichzeitig findet der Markt statt.

Campanet (Ostersonntag): *Domingo de Pascua*, Anlass für feierliche Prozession mit der Christusstatue Sant Cristo von der Pfarrkirche zum Oratori Sant Miquel, wo die Figur eine Woche lang bleibt.

Algaida und andere Orte (Dienstag nach Ostern): Tag der meisten Wallfahrten auf Mallorca mit folkloristischem Einschlag, z. B. *Romería de Pancaritat* von Algaida zur Ermita de la Pau bei Castellix.

Lloseta (Mittwoch nach Ostern): *Romería del Cocó*, Wallfahrt zu Ehren der Schwarzen Madonna von Cocó.

Alcúdia (Mittwoch nach Ostern): *Romería* zur nahen Ermita de la Victoria.

Palma de Mallorca (Sonntag nach Ostern): *Festa d'ángel*, Fest des Engels, ein großes Volksfest auf dem Castell de Bellver.

Juni

Alcúdia, Andratx und andere Hafenstädte (29. Juni): *Festa de Sant Pere*, das Fest des hl. Petrus wird mit Schiffsprozessionen und großem Feuerwerk gefeiert.

Juli

Cala Figuera, Cala d'Or, Cala Rajada, Sóller, Portocristo (16. Juli): *Nostra Senyora del Carmen* wird mit Schiffsprozessionen geehrt.

Valldemossa (27. Juli): *Festa de Santa Catalina Tomás*, Festwoche zu Ehren der Inselheiligen, u. a. mit Konzerten.

Palma de Mallorca–Lluc (letztes Juli-Wochenende): *Romería por la Moreneta*, nächtliche Wallfahrt von Palma nach Lluc (48 km) zum Gnadenbild der ›Moreneta‹, der schwarzen Madonna von Lluc.

September

Santa Margalida (1. So im Sept.): *Procesión por Catalina Tomás*, prächtige Prozession zu Ehren Catalinas.

Dezember

Palma de Mallorca (31. Dez.): *Festa de l'Estandart*, der Tag der Standarte zur Erinnerung an die Wiedereroberung Palmas durch König Jaume I. von Aragón und den Sieg über die Mauren ist Anlass für ein großes Volksfest mit Feuerwerk.

Klima und Reisezeit

Die beste Reisezeit ist im Frühjahr und Herbst. Das Meer erwärmt sich ab Anfang Juni und bleibt warm bis in den Oktober. Die Monate Juni bis August sind meist sehr heiß, jedoch durch die Meeresbrise am Strand und den ständigen Wind in den Bergen erträglich. Auch im Winter treibt die Sonne die Temperaturen manchmal bis zu 20 Grad hoch.

Klimadaten Mallorca

Monat	Luft (°C) min./max.	Wasser (°C)	Sonnen-std./Tag	Regen-tage
Januar	6/14	14	5	8
Februar	7/15	13	6	6
März	8/17	14	7	8
April	10/19	15	8	6
Mai	13/22	17	10	5
Juni	17/26	21	11	3
Juli	20/29	25	12	1
August	20/29	25	11	3
September	18/27	24	9	5
Oktober	14/23	21	7	9
November	10/18	18	6	8
Dezember	8/15	15	5	9

Kultur live

Folklore

Das Landgut *La Granja* [s. S. 111] bei Esporles bietet Folkloredarbietungen (Mi, Fr (15.30 und 16.30 Uhr), Kunsthandwerksvorführungen und mallorquinische Spezialitäten. Im *Palau del Rei Sanxo* in Valldemossa [s. S. 102] gibt es ebenfalls eine Folkloreshow (Mo, Do ab 10.30 Uhr).

Festivals

Renommiert ist das *Winterfestival der Klassischen Musik* (Jan.–April) in Palma. Im Juli findet das Festival der *Música Coral al Torrent de Pareis* vor eindrucksvoller Naturkulisse in der Bucht von Sa Calobra statt [s. S. 92]. Ende Juli/August dient die Kartause von Valldemossa als Bühne für das klassische *Chopin-Festival* [s. S. 100].

Nachtleben

Bars

Cala Major

Jazz-Forum, Carrer Joan Miró 292, Jazz-Kneipe, ab Mitternacht oft Livemusik.

Platja de Palma

Oberbayern, bei Balneario 6. Deftige Unterhaltungsshow – es treten auch Entertainer aus Deutschland auf.

Diskotheken

Palma de Mallorca

Tito's, Plaza Gomila. Etablierte Nobeldisco.

Pacha, Paseig Maritim 42. Einer der Ableger der legendären Disco auf Ibiza.

Cala Millor

Stephany's, Sol Naixent s/n. Urlauber-Tanzbar für Jung und Alt.

Magaluf

BCM Disco, Avinguda S'Olivera s/n, Tel. 971 13 15 46. Eine der größten Discos auf Mallorca. Es finden auch Live-Auftritte international bekannter Stars statt.

Peguera

Rendez-Vous, Carretera Palma-Andratx, s/n, Tel./Fax 971 68 64 42. Auch bei älterem Publikum beliebte Disco.

Port d'Alcúdia

Menta, Avinguda Tucan. ›In‹-Disco im Ibiza-Stil mit Pool, vor allem von jungen Leuten gern besucht.

Show

Bunyola

Son Amar, C 713 Palma–Bunyola, km 10,8 (am einfachsten über Agentur oder Reiseveranstalter zu buchen, Bustransfer möglich). Ausgezeichnete internationale Show mit gutem Abendessen.

Sport

Baden

Ob sandig oder kiesbedeckt, einsam oder vielbesucht – das Badeparadies Mallorca hat viele schöen Strände und sauberes Wasser. Besonders kinderfreundlich ist der flache Sandstrand *Es Trenc* nahe Arenal. Grundsätzlich sollte man Strömungen und Wellengang nicht unterschätzen, vor allem an der schönen *Badía Alcúdia*. Die roten Signalflaggen bedeuten Gefahr, Gelb rät zu erhöhter Vorsicht.

Event

Im Okt. findet der *TUI Marathon Palma de Mallorca* (www.tui-marathon.com) statt.

Golf

19 Golfplätze sind über die Insel verteilt. Sie lassen keine Wünsche offen. *Son Servera* z.B. ist eher klein, liegt aber sehr schön in einem lichten Pinienwald, wogegen man in *Val d'Or* oder *Andratx* tolle Ausblicke aufs Meer genießt und in *Pollença* inmitten der Berge spielt. Infos:

Federación Balear de Golf, Avda. Jaume III 17–10, Despacho 16, 07012 Palma de Mallorca, Tel. 971 72 27 53, Fax 971 71 17 31, www.fbgolf.com

Deutsche Golfakademie Mallorca, Mar Caribe 2, 4-31, 07014 Palma de Mallorca, Tel. 971 28 12 96, Fax 971 45 77 88, www.golfmallorca.de

Fahrradfahren

Weite Teile Mallorca sind flach bis leicht hügelig und für Radtouren sehr gut geeignet. Lediglich der Nordosten und der Nordwesten der Insel sind gebirgig und stellen eine Herausforderung für Radsportler dar. In den Touristenzentren und in vielen Hotels können Besucher günstig Fahrräder mieten, vom Mountainbike bis zum Tourenrad mit Kinderanhänger.

Sporthäfen

Rund um die Insel sind 43 Sport- und Jachthäfen aller Kategorien zu finden

Surfen

Als beste Surfreviere der Insel gelten die Gewässer um die Halbinsel *Formentor*, die *Badía de Pollença* und *Santa Ponça*.

Tauchen

Die bunte Unterwasserwelt des Mittelmeers zeigt sich vor der Südwest- und der Ostküste Mallorcas als besonders prächtig. Zu den beliebtesten Tauchrevieren zählen z.B. die Inselgewässer um Sa Dragonera vor Port d'Andratx oder um Cala Rajada, die Rochenbucht. Die Tauchschulen in den dortigen Jachthäfen verleihen in der Regel auch Ausrüstung.

Wandern

Sowohl Mallorcas oft Kilometer lange Sandstrände als auch seine felsigen Küsten, die Gartenlandschaft oder die Berge des Hinterlandes laden zu ausgedehnten Wanderungen ein, besonders im Frühjahr und Spätsommer oder Herbst. Allerdings sollte man seine Routen sorgfältig planen, da vor allem im Inselinneren zahlreiche Privatgrundstücke für Wanderer gesperrt sind. Empfehlenswert sind z.B. die Wanderreisen der Alpinschule Innsbruck (ASI, www.asi.at).

Statistik

Lage: Mallorca ist die größte Insel der Islas Baleares (5014 km^2) im westlichen Mittelmeer, zu denen auch Cabrera, Menorca, Ibiza und Formentera gehören.

Verwaltung: Die Provinzhauptstadt der Balearen ist Palma. Mallorca besteht aus 53 Verwaltungsbezirken (Municipios).

Fläche: 3640 km^2. Die weiteste Ausdehnung erreicht Mallorca mit rund 100 km zwischen dem Strand von San Telmo und der Bucht von Ratjada. Am schmalsten – nur 50 km – ist die Insel zwischen Palma de Mallorca und der Badía d'Alcúdia.

Bevölkerung: 740 000 Einwohner.

Hauptstadt: Palma de Mallorca (375 000 Einwohner).

Wirtschaft: Der Tourismus sowie seine Nebengewerbe sind die wichtigsten Erwerbsquellen der mallorquinischen Bevölkerung. Auch Fischfang und Landwirtschaft (viel Wein, Obst, Gemüse) werden – wenn auch in geringerem Umfang als früher – noch betrieben. Einträglich ist zudem das Kunsthandwerk. Im weitesten Sinn gehören dazu auch Mallorcas Exportschlager, die *Majóricas* genannten künstlichen Perlen.

Unterkunft

Fincas

Fincas sind seit Jahren groß in Mode. Es gibt sie in aller erdenklichen Kategorien von einfach bis luxuriös. Infos:

Associació Agroturisme Balear, Avda. Gabriel Alomar i Villalonga 8 a, Palma de Mallorca, Tel. 971 72 15 08, Fax 971 71 73 17, www.topfincas.com.

Associació de Finques d'Agroturisme de Mallorca (AFAM), Via Alemania 2–3, 7006 Palma de Mallorca, Tel. 657 91 95 56, Fax 971 72 75 68, www.fincaturismo.com

Hotels

Empfehlenswerte Hotels sind im Haupttext unter ›Praktische Hinweise‹ beschrieben. Zu Ostern, Pfingsten und im Juli/August ist Reservierung zu empfehlen. Im Winter sind viele Hotels geschlossen.

Federación Hotelera Mallorca, Carrer Aragó 215, 7008 Palma de Mallorca, Tel. 971 70 60 07, Fax 971 47 09 71 www.mallorcahotelguide.com

Verkehrsmittel im Land

Bahn

In Palma de Mallorca fahren die beiden Bahnlinien Palma–Sa Pobla und Palma–Sóller nebeneinander von der Plaça d'Espanya ab. Außerdem verbindet ein Zug Inca mit Manacor. Infos:

Ferrocarril de Sa Pobla, Tel. 971 75 22 45

Ferrocarril de Sóller, Tel. 902 36 47 11, www.trendesoller.com

Bus

Innerhalb der Orte ist der Busverkehr wegen der kurzen Strecken kaum von Bedeutung für Urlauber. Umso wichtiger für Erkundungsfahrten und Ausflüge sind die **Überlandverbindungen**, z. B. beim Pendelverkehr zwischen Palma und den benachbarten Ferienorten wie der Platja de Palma mit S'Arenal. Die wichtigsten Überlandverbindungen verlaufen zwischen Palma de Mallorca und Felanitx, Port de Pollença, Lluc, Alaró sowie über Manacor nach Portocristo. Calvià unterhält für seine Ferienorte eigene Buslinien und verbindet die Stadt so mit Peguera, Santa Ponça, Portals Nous und Illetes.

Die **Bushaltestellen** sind meistens an den hellblauen Pfosten und Planskizzen der einzelnen Stationen erkennbar. **Fahrscheine** gibt es im Bus, in Tabakgeschäften (*Tabacos*) und bei Verkaufsstellen der Busgesellschaften.

Mietwagen

ADAC-Mitglieder können über die ADAC-Geschäftsstellen oder unter Tel. 018 05/ 31 81 81 (0,12 €/Min.) preisgünstig ein Auto vorbuchen. Auch die meisten Reiseveranstalter und Fluggesellschaften bieten diesen Service. Wer erst vor Ort ein Auto mieten möchte, sollte unbedingt einen Preisvergleich anstellen. Eine zuverlässige Adresse ist:

TUI España Rent a Car, Tel. 971 43 39 75, Fax 971 43 46 54. Stationen am Flughafen, in Palma, Poligono Son Castello, Granvia Asima 2, Planta 11.

Taxi

Taxen fahren mit Taxameter, die Preise liegen geringfügig unter dem mitteleuropäischen Standard. Tafeln verzeichnen die Preise für die wichtigsten Strecken.

Taxis Palma Radio, Tel. 971 40 14 14

Sprachführer

Spanisch und Katalanisch für die Reise

Das Wichtigste in Kürze

	Spanisch (Kastilisch)	Katalanisch
Ja/Nein	*sí/no*	*sí/no*
Bitte/Danke	*por favor/gracias*	*si us plau/gràcies*
Entschuldigung!	*¡perdón!/¡perdone!*	*disculpi!/disculpa!*
Können Sie mir bitte helfen?	*¿Puede ayudarme, por favor?*	*Pot ajudar-me, si us pla*
Das gefällt mir (nicht).	*(No) Me gusta.*	*(No) M'agrada.*
Ich möchte …	*Quisiera …*	*Voldria …*
Haben Sie …?	*¿Tiene usted …?*	*Té …?*
Wie viel kostet das?	*¿Cuánto cuesta?*	*Quant és?*
Kann ich mit Kreditkarte bezahlen?	*¿Puedo pagar con la tarjeta de crédito?*	*Puc pagar amb targeta de crèdit?*
Wie viel Uhr ist es?	*¿Qué hora es?*	*Quina hora és?*
Guten Morgen!/Guten Tag!	*¡Buenos días!*	*Bon dia!*
Guten Abend!/Gute Nacht!	*¡Buenas tardes!/¡Buenas noches!*	*Bona tarda!/Bona nit!*
Hallo!/Grüß dich!	*¡Hola!/¿Qué tal?*	*Hola/Què hi ha?*
Wie ist Ihr Name, bitte?	*¿Cómo se llama usted, por favor?*	*Com es diu, si us plau?*

Wochentage

Montag	*lunes*	*dilluns*
Dienstag	*martes*	*dimarts*
Mittwoch	*miércoles*	*dimecres*
Donnerstag	*jueves*	*dijous*
Freitag	*viernes*	*divendres*
Samstag	*sábado*	*disabte*
Sonntag	*domingo*	*diumenge*

Monate

Januar	*enero*	*gener*
Februar	*febrero*	*febrer*
März	*marzo*	*març*
April	*abril*	*april*
Mai	*mayo*	*maig*
Juni	*junio*	*juny*
Juli	*julio*	*juliol*
August	*agosto*	*agost*
September	*septiembre*	*setembre*
Oktober	*octubre*	*octubre*
November	*noviembre*	*novembre*
Dezember	*diciembre*	*desembre*

Zahlen

0	*cero*	*zero*
1	*uno*	*un/una*
2	*dos*	*dos/dues*
3	*tres*	*tres*
4	*cuatro*	*quatre*
5	*cinco*	*cinc*
6	*seis*	*sis*
7	*siete*	*set*
8	*ocho*	*vuit*
9	*nueve*	*nou*
10	*diez*	*deu*
11	*once*	*onze*
12	*doce*	*dotze*
13	*trece*	*tretze*
14	*catorce*	*catorze*
15	*quince*	*quinze*
16	*diecisésis*	*setze*
17	*diecisiete*	*disset*
18	*dieciocho*	*divuit*
19	*diecinueve*	*dinou*
20	*veint*	*vint*
21	*veintiuno, -a*	*vint-i-un*
22	*veintidós*	*vint-i-dos*
30	*treinta*	*trenta*
40	*cuarenta*	*quaranta*
50	*cincuenta*	*cinquanta*
60	*sesenta*	*seixanta*
70	*setenta*	*setanta*
80	*ochenta*	*vuitanta*
90	*noventa*	*noranta*
100	*cien, ciento*	*cent*
101	*ciento uno*	*cent un*
200	*doscientos, -as*	*dos-cents*
300	*trescientos,-as*	*tres-cents*
400	*cuatrocientos,-as*	*quatre-cents*
500	*quinientos,-as*	*cinc-cents*
600	*seiscientos,-as*	*sis-cents*
700	*setecientos, -as*	*set-cents*
800	*ochocientos, -as*	*vuit-cents*
900	*novecientos, -as*	*nou-cents*
1000	*mil*	*mil*
2000	*dos mil*	*dos mil*
10 000	*diez mil*	*deu mil*
1 000 000	*un millón*	*un milió*
¼	*un cuarto*	*un quart*
½	*medio*	*mig*

Mein Name ist …	*Me llamo …*	*Em dic …*
Wie geht es Ihnen?	*¿Qué tal está usted?*	*Com està?*
Auf Wiedersehen!/Tschüs!	*¡Adiós!/¡Hasta luego!*	*Adéu-siau!/Adéu!*
Bis morgen!	*¡Hasta mañana!*	*Fins demà!*
gestern/heute/morgen	*ayer/hoy/mañana*	*ahir/avui/demà*
am Vormittag/am Nachmittag	*por la mañana/por la tarde*	*al matí/a la tarda*
am Abend/in der Nacht	*por la tarde/por la noche*	*a la tarda/a la nit*
um 1 Uhr/2 Uhr …	*a la una/a les dos …*	*a la una/a les dos ...*
um … Uhr 30	*a la/las … y media*	*dos quarts de …*
Minute(n)/Stunde(n)	*minuto(s)/hora(s)*	*minut(s)/hora (hores)*
Tag(e)/Woche(n)	*día(s)/semana(s)*	*dia (dies)/setmana (setmanes)*
Monat(e)/Jahr(e)	*mes(es)/año(s)*	*mes(os)/any(s)*

Unterwegs

Nord/Süd/West/Ost	*norte/sur/oeste/este*	*nord/sud/oest/est*
oben/unten	*arriba/abajo*	*amunt/avall*
geöffnet/geschlossen	*abierto/cerrado*	*obert/tancat*
geradeaus/links/ rechts/zurück	*derecho/ a la izquierda/ a la derecha/ atrás*	*tot dret/ a l'esquerra/ a la dreta/enrera*
nah/weit	*cerca/lejos*	*prop/lluny*
Wie weit ist das?	*¿A qué distancia está?*	*És molt lluny això?*
Wo sind die Toiletten?	*¿Dónde están los aseos?*	*On es el lavabo?*
Wo ist der Flughafen/ der Fährhafen/ eine Polizeidienststelle?	*¿Dónde está el aeropuerto/ el puerto/ una policía?*	*On és l'aeroport/ el port/ una policia?*
Wo finde ich … eine Bäckerei/ ein Lebensmittelgeschäft/ den Markt?	*¿Dónde encuentro una panadería/ un supermercado/ el mercado?*	*On hi ha per aquí … un forn/una fleca un supermercat/ el mercat?*
Ist das der Weg/ die Straße nach …?	*¿Es este el camino/ la carretera a …?*	*És aquest el camí per …/ És aquesta la carretera a ?*
Ich möchte mit … dem Zug/dem Bus/ der Fähre/dem Flugzeug nach … fahren.	*Quisiera ir en ... tren/autobús/ ferry/avión a …*	*Voldria anar amb … tren/autobús/autocar/ ferry/avió a …*
Ich möchte eine Anzeige erstatten.	*Quisiera hacer una denuncia.*	*Voldria fer una denúncia.*

Hinweise zur Aussprache – Spanisch und Katalanisch

c	vor ›a, o, u‹ wie ›k‹, z. B.: casa, caja vor ›e‹ und ›i‹ ähnlich dem englischen ›th‹, z. B.: gracias, cinc
ch	wie ›tsch‹, z. B.: leche
g	vor ›e‹ und ›i‹ wie ›ch‹, z. B.: gente
gue, gui	wie ›ge, gi‹, z. B.: guiso, pague
h	ist immer stumm
j	wie ›ch‹, z. B.: jamón
ll	zwischen Vokalen wie ›lj‹ z. B.: tortilla, llum
ñ	wie ›nj‹, z. B.: niño
que, qui	wie ›ke, ki‹, z. B.: queso, quiero, porque
s	vor ›b, d, g, l, m, n‹ weiches ›s‹, z. B.: isla, sonst immer scharfes ›s‹
v	wie ›b‹, z. B.: via, vino
z	ähnlich dem englischen ›th‹, z. B.: tenaz

Besonderheiten des Katalanischen

ç	wie scharfes ›s‹, z. B.: França, dolços
g	vor ›e‹ und ›i‹ wie in Garage, z. B.: coratge
j	wie ›g‹ in Garage, z. B.: menjar
ny	wie ›gn‹ in ›Champagner‹, z. B.: Catalunya
s	am Anfang und Ende des Wortes scharfes ›s‹, z. B.: sis, vas, seda zwischen zwei Vokalen weiches ›s‹, z. B.: ase
ss	zwischen zwei Vokalen scharfes ›s‹, z. B passa
x	wie ›sch‹, z. B.: caixa
z	wie weiches ›s‹, z. B.: onze, setze

Man hat mir … Geld/die Tasche/ die Papiere/die Schlüssel/ den Fotoapparat/ den Koffer gestohlen.	*Me han robado … el dinero/el bolso/ los documentos/las llaves/ la cámara fotógrafica/ la maleta.*	*M'han robat … els diners/la cartera/ la documentació/les claus/ l'aparell fotogràfic/ la maleta.*

Bank, Post Telefon

Wo ist die (der) nächste … Telefonzelle/ Bank/Post/ Geldautomat?	*¿Dónde está … la cabina telefónica/ el banco/el correo/ el cajero automático más cerca?*	*On hi ha per aquí prop … una cabina telefònica/ un banc/un correu/ un caixer automàtic?*
Brauchen Sie meinen Ausweis?	*¿Necesita mi documento de identidad?*	*Necessita el meu carnet d'identitat?*
Haben Sie … Telefonkarten/Briefmarken?	*¿Tiene Usted … tarjetas de teléfono/sellos?*	*Té targetes … de telèfon/segells?*

Tankstelle

Wo ist die nächste Tankstelle?	*¿Dónde está la estación de servicio más cercana?*	*On és la benzinera més propera?*
Ich möchte … Liter … Super/Diesel/ bleifrei.	*Quisiera … litros de … gasolina super/diesel/ gasolina sin plomo.*	*Voldria … litres de … gasolina/super/diesel/ sense plom.*
Volltanken, bitte!	*¡Lleno, por favor!*	*Ple, si us plau!*
Bitte prüfen Sie … den Reifendruck/ den Ölstand/ die Batterie.	*Controle, por favor … la presión de los neumáticos/ el nivel del aceite/ la batería.*	*Controli, si us plau … la pressió dels pneumàtics/ el nivell de l'oli/ la bateria.*

Panne

Ich habe eine Panne.	*Tengo una avería.*	*Tinc una avaria.*
Der Motor startet nicht.	*El motor no arranca.*	*El cotxe no s'engega.*
Ich habe kein Benzin.	*No tengo gasolina.*	*No tinc gasolina.*
Gibt es hier in der Nähe eine Werkstatt?	*¿Hay algún taller por aquí cerca?*	*On hi ha per aqui aprop un taller?*
Können Sie mir einen Abschleppwagen schicken?	*¿Puede enviarme una grua?*	*Pot enviar-me una grua?*
Können Sie den Wagen reparieren?	*¿Puede repara el coche?*	*Pot reparar-me el cotxe?*
Bis wann ist er fertig?	*¿Cuándo estará listo?*	*Quant tardaran a arreglar el cotxe?*

Mietwagen

Ich möchte ein Auto mieten.	*Quisiera alquilar un coche.*	*Voldria llogar un cotxe.*
Was kostet die Miete … pro Tag/pro Woche/ mit unbegrenzter km-Zahl/ mit Kaskoversicherung/ mit Kaution?	*¿Cuánto cuesta el alquiler … por día/por semana/ con kilometraje ilimitado/ con seguro a todo riesgo/ con depósito?*	*Quant costa el lloguer … per dia/per setmana/ amb quilometratge ilimitat/ amb assegurança a tot risc/ amb dipòsit?*
Wo kann ich den Wagen zurückgeben?	*¿Dónde puedo devolver el coche?*	*On puc tornar el cotxe?*

Unfall

Hilfe!	*¡Ayuda!/¡Socorro!*	*Ajuda!*
Achtung!/Vorsicht!	*¡Atención!/¡Cuidado!*	*Compte!*
Rufen Sie bitte schnell … einen Krankenwagen/ die Polizei/die Feuerwehr.	*Por favor, llame en seguida … una ambulancia/ a la policía/a los bomberos.*	*Truqui, si us plau de pressa … a una ambulància/ a la policia/als bombers.*
Es war (nicht) meine Schuld.	*(No) Ha sido por mi culpa.*	*(No) Ha estat culpa meva.*
Ich brauche die Angaben zu Ihrer Autoversicherung.	*Necesito los datos de su seguro.*	*Necessito les dades de la seva assegurança seguro.*
Geben Sie mir bitte Ihren Namen und Ihre Adresse.	*¿Puede usted darme su nombre y dirección, por favor?*	*Pot donar-me el seu nom i la seva adreça, si us plau?*

Krankheit

Können Sie mir einen Arzt/Zahnarzt empfehlen?	*¿Puede recomendarme un médico/dentista?*	*Pot recomanar-me un metge/un dentista?*
Wann hat er Sprechstunde?	*¿A qué hora tiene su consulta?*	*Quines hores visita?*
Wo ist die nächste Apotheke?	*¿Dónde está la farmacia más próxima?*	*Hi ha alguna farmàcia prop d'aqui?*
Ich brauche ein Mittel gegen …	*Necesito un medicamento contra …*	*Necessito un medicament contra ...*
Durchfall/Fieber/ Insektenstiche/ Kopfschmerzen/ Verstopfung/ Zahnschmerzen.	*la diarrea/la fiebre/ las picaduras de insectos/ los dolores de cabeza/ el estreñimiento/ el dolor de muelas.*	*la diarrea/la febre/ les picades d'insectes/ el mal de cap/ el restrenyiment/ el mal de queixal.*

Im Hotel

Können Sie mir bitte ein Hotel empfehlen?	*¿Podría recomendarme un hotel, por favor?*	*Pot recomanar-me un hotel, si us plau?*
Ich habe bei Ihnen ein Zimmer reserviert.	*He reservado aquí una habitación.*	*Tinc una habitació reservada al seu hotel.*
Haben Sie …	*¿Tiene usted una …*	*Té una …*
ein Einzel-/Doppelzimmer …	*habitación individual/doble …*	*habitació individual/ doble …*
mit Dusche/mit Bad/WC	*con ducha/con baño/WC*	*amb dutxa/amb bany/WC*
für eine Nacht/eine Woche?	*para una noche/una semana?*	*per una nit/una setmana?*
Was kostet das Zimmer mit …	*¿Cuánto cuesta la habitación con …*	*Quant val l'habitació amb …*
Frühstück/Halbpension?	*desayuno/media pensión?*	*esmorzar/mitja pensió?*

Im Restaurant

Wo gibt es ein gutes, günstiges Restaurant?	*¿Dónde hay un buen restaurante económico?*	*Hi ha algun restaurat bo i econòmic prop d'aquí?*
Welches Gericht können Sie besonders empfehlen?	*¿Qué plato puede usted recomendarme?*	*Què em recomana?*
Die Speisekarte, bitte.	*¡La carta, por favor!*	*Em pot portar la llista de plats, si us plau?*
Die Rechnung, bitte!	*¡La cuenta, por favor!*	*El compte, si us plau!*

Essen und Trinken

Apfel	*manzana*	*poma*
Aubergine	*berenjena*	*albergínia*
Banane	*plátano*	*plàtan*
Bier	*cerveza*	*cervesa*
Brot/Brötchen	*pan/panecillo*	*pa/panet*
Butter	*mantequilla*	*mantega*
Ei	*huevo*	*ou*
Eintopf	*cocido*	*escudella*
Eiscreme	*helado*	*gelat*
Espresso	*café solo*	*cafè*
Espresso mit etwas Milch	*cortado*	*tallat*
Essig	*vinagre*	*vinagrè*
Fisch	*pescado*	*peix*
Fleisch	*carne*	*carn*
Gemüse	*verdura*	*verdura*
Huhn	*pollo*	*pollastre*
Hummer	*bogavante*	*llamàntol*
Kaninchen	*conejo*	*conill*
Kartoffeln	*patatas*	*patates*
Käse	*queso*	*formatge*
Lammfleisch	*cordero*	*xai*
Meeresfrüchte	*mariscos*	*marisc*
Milch	*leche*	*llet*
Milchkaffee	*café con leche*	*cafè amb llet*
Nachspeisen	*postres*	*postres*
Oliven	*aceitunas*	*olives*
Olivenöl	*aceite de oliva*	*oli d'oliva*
Orange	*naranja*	*taronja*
Pfeffer	*pimienta*	*pebre*
Pilze	*setas*	*bolets*
Reis	*arroz*	*arròs*
Rindfleisch	*carne de ternera*	*carn de vedella*
Salat	*ensalada*	*amanida*
Salz	*sal*	*sal*
Schinken (roh)	*jamón serrano*	*pernil serrà*
Schweinefleisch	*carne de cerdo*	*carn de porc*
Suppe	*sopa*	*sopa*
Vorspeisen	*entremeses*	*entremès*
Wassermelone	*sandía*	*sindria*
Wein …	*vino …*	*vi ...*
Weiß-/ Rot-/ Rosé-Wein	*blanco/ tinto/ rosado*	*blanc/ negre/ rosat*
Weintrauben	*uvas*	*raim*
Zucker	*azúcar*	*sucre*

Register

A

Alaró 13, 115, 117, **121–124**
Alcantara Penya, Pere d' 45
Alcúdia 10, 76, 79, 79–81, 83
Alfonso III. 13, 123
Algaida 59–60, 61
Almallutx, Heiligtum von 92
Andratx 20, 89, **105–106**, 107
Antic Monastir de Nuestra Senyora de la Soledad 115
Arsenau 57
Artà 70, 75–76, 79

B

Badía d'Alcúdia 79–83
Banyalbufar 102, **103–104**
Banys de Sant Joan de la Font Santa 42–43
Barranco de Biniaraix 93
Bateman, Frederic 80
Bennàssar, Gaspar 28
Biniaraix 90, 93
Binissalem 115, **117–118**
Bosch, Jordí 51, 118, 122
Botanicactus 46
Bunyola 36, 115, 117, **125–127**

C

Cabo Capdepera 78
Cabrera 45, 46
Cala Antena 73
Cala Beltran 42
Cala Blava 41
Cala Bona 74
Cala d'Or 57
Cala de Sa Calobra 91
Cala Deià 97
Cala Domingos 73
Cala Estany 73
Cala Figuera 11, 84
Cala Figuera (Formentor) 107
Cala Figuera (Santanyí) 57
Cala Fornells 107
Cala Llombarts 57
Cala Major 109
Cala Millor 11, 70, 74
Cala Mondragó 57
Cala Murada 73
Cala Pi 42, 47
Cala Pi (Formentor) 84
Cala Rajada 70, 77–78
Cala S'Almunia 55–57
Cala S'Amonia 45
Cala Sant Vincenç 84
Cala Santanyí 57
Cala Serena 57
Cala Tuent 92
Caldentey, Don Pedro 73
Calvi, Gianbattista 26
Calvià 107, 108, 111
Camp de Mar 106
Campanet 87–88
Campos del Puerto 49–50
Can Pastilla 39
Can Picafort 79
Cap Blanc 41
Cap Enderrocat 41
Cap Regana 41
Cap Salines 45, 46
Capdella 111, 112, 113, 114
Capdepera 74, 76–77
Capllonch i Rotger, Miquel 86
Capocorb Vell 41–42
Casa Natal Capllonch i Rotger 86
Casesnoves, Francisca und Catalina 94
Castell d'Alaró 54, 115, 123
Castell de Bellver 26, 34–35
Castell de Santueri 53, 54
Castell del Rei 54, 86–87
Castellitx 59
Castello, Amrosia de 30
Catany, Bartolomeu 33
Chopin, Frédéric 14, 15, 101, 102, 118
Chopin-Festival 100
Ciutat Jardí 38
Ciutat Jardí, Hotel 38
Coll Bardolet, Josep 15, 90, 92
Coll d'en Rebassa 38
Coll de Sa Creu 111
Coll de Sa Gremola 105
Coll de Sóller 126
Coll de Vidries 74
Coll des Pi 105
Coll, Antonio Paretti 83
Colònia de Sant Jordi 42, 43, 44, 45
Columbus, Christoph 51
Conejera, Insel 46
Consell 115, 116–117
Coro Blavets (Chor) 89
Costa de los Pinos 74
Costa i Llobera, Miquel 14, 76, 84
Costitx 64, 69
Cova de Sant Martí 79
Coves d'Artà 74
Coves de Campanet 88
Coves de la Mare de Deù 108
Coves del Drac 73
Coves dels Hams 72, 73
Crestatx 87

D

Dalì, Antoni 29
Deià 97–99
Despuig i Dameto, Antoni, Kardinal 33, 126, 127
Domènech i Montaner Lluís 32
Dragut, Pirat 86

E

El Molinar 38
Els Calderers 63
Embalse de Cúber 92
Ermita de Betlem 76
Ermita de la Pau 59
Ermita de Nostra Senyora de Bonany 59, 63
Ermita de Santa Magdalena 119
Ermita de Santissima Trinitat 100
Ermita Nuestra Senyora del Refugi 123
Es Pla 10, 47
Es Pou Jua 44
Es Repic 96
Escorca 91
Esporles 111
Establiments 111
Establiments Nous 111
Estanyol de Mitjorn 42
Estellencs 104–105

F

Felanitx 51–55
Ferdinand II., König von Aragon 13
Ferrà, Bartolomeu 34
Ferrà, Margalida 100
Ferrà, Miquel 33
Ferrán, Adrián 102
Ferrer, Jaume 31
Ferrer, Vincent 86
Finca 84
Foradada, Insel 46
Formentor 79, 83–84
Fornalutx 90, 93
Foro de Mallorca 118
Franco, Francisco, General 15, 36
Fundació Pilar i Joan Miró 35, 109

G

Galatzó, Puig de 104, 105, 107, 111, **112–113**
Galilea 111, 112, 113
Gardner, Ava 97
Gaudí, Antoni 15
Gènova 35
Gorg Blau 92
Graves, Robert 97

I

Illetes 109
Inca 20, 115, 116, **118–119**

J

Jardines de Alfàbia 126–127
Jardins de Casa March 77
Jaume I., König von Aragon 13, 20, 21, 26, 29, 30, 35, 51, 54, 76, 80, 94, 107, 112
Jaume I., König von Aragón 6, 8
Jaume II., König von Mallorca 13, 23, 24, 35, 43, 49, 51, 64, 65, 69, 70, 77, 101, 105
Jaume III., König von Mallorca 13, 24, 35, 48
Jovellanos, Gaspar Melcior 35
Juan Carlos I., König von Spanien 15, 21, 109

L

L'Arenal 39
L'Ofre 90, 93, 123
La Granja 111, 131
La Ràpita 42
La Seu 21
Lliteres, Nicolau 28
Llombards 45, 45
Lloseta 115, 118, 120–121
Lluc 89, 89–91, 93
Llucmajor 13, 20 47–49
Llull, Ramón 13, 28, 30, 60, 61, 76, 100, 118
Ludwig Salvator von Habsburg, Erzherzog 33, 73, 97, 98, 99, 114
Ludwig Salvator von Habsburg, Erzherzog von Österreich 14
Ludwig XIV. König von Frankreich 14

M

Magaluf 109
Mago I. 108
Mago II 108
Majórica-Perlen 70, 71, 131
Malgrats, Insel 107
Manacor 20, 61, **70–71**
March, Familie 45
Marés-Steinbrüche 41, 45
Maria de la Salut 67
Martel, Edouard-Alfred 73
Martel-See 73
Mas, Joan 86
Metellus, Quintus Caecilius 12, 19, 79
Mir, Jaume 51, 69
Mirador de Mal Pas 83
Mirador de Ses Ànimes 103
Mirador de Ses Barques 92
Mirador del Porcalet 100
Mirador Ricard Roca 105
Miramar 99, 100
Miró, Joan 15, 21, 29, 32, 35, 102, 109, 125
Monestir de Lluc 89–90, 91, 124
Montuïri 61
Moreneta de Lluc 97
Muro 64, 68

N

Newman, Philip 86
Nuestra Senyora de Cura de Randa 59, 60–61

O

Oratorio de Nuestra Senyora de Gràcia 60
Oratorio Sant Miquel 88
Oratorio Santa Margalida de Crestatx 87
Orient 115, 117, 123, **124–125**

P

Palma de Mallorca **18–37**, 90, 93, 94, 98, 103, 107, 109, 112
  Ajuntament 28
  Banys Arabs 18, 19, 26
  Bastio de la Pólvora 18
  Bastio del Princep 18
  Born 18, 19
  Bosch 31
  Can Berga 32
  Can Corbella 28
  Can Ferrandell 34
  Can Marquès del Palmer 27
  Can Rei 28
  Can Sant Simón 33
  Can Torrella 33
  Carrer de la Costitució 19
  Carrer de los Oms 30
  Carrer del Sol 27
  Carrer Morey 25
  Carrer Portella 25
  Carrer Sant Domingo 28
  Carrer Sant Jaume 33
  Casal Solleric 31
  Castell de Bellver 34–35
  Claustro Sant Antoniet 29
  Consolat de Mar 30–31
  Drassana Musulmana 21
  Edifici l'Aguila 28
  Es Baluard–Museu d' Art Modern 31
  Església de la Sang 33
  Església Montision 26–27
  Fundació Barceló 34
  Fundació Joan March 29
  Fundació Pilar i Joan Miró 35
  Gènova 35
  Gran Hotel 32
  Karl V., Kaiser 30
  La Seu 18, 21–25, 112
  Llotja 18, 30
  Maura 18
  Mercado Olivar 29
  Museu d'Art Espanyol Contemporani 29
  Museu de Mallorca 25
  Museu Diocesà 25
  Palacio Bellas Artes 32
  Palacio de la Almudaina 18, 19, 20, 21
  Palacio Morell 31
  Palau March 21
  Parc de la Mar 20
  Passeig de Sagrera 30
  Passeig des Born 31
  Plaça Carles I. 31
  Plaça d'Espanya 29
  Plaça de la Reina 19
  Plaça del Rei Joan Carles I. 31
  Plaça Drassana 31
  Plaça Major 28–29, 32
  Plaça Weyler 31, 32
  Porta Vella del Moll 30
  Portella 26
  Pueblo Español 35–36
  Puerta del Mirador 21
  Rambla 30, 32
  S'Hort del Rei 20–21
  Sant Francesc 27
  Sant Jaume 33
  Sant Miquel 29
  Santa Magdalena 32–33
  Santa Margarita 29–30
  Teatre Principal 32
Palma Nova 109
Parc Natural S'Albufera 79, 80
Pedro III., König von Aragon 13
Pedro IV., König von Aragon 13, 35
Petra 63, 64, 66–67
Peyronnet, Juan Bautista 33
Picasso, Pablo 29, 97, 102
Pina 69
Platja (Playa) de Palma 38, 39–40
Platja de Canyamel 74
Platja de la Ràpita 42
Platja de Ses Roquetes 45
Platja des Trenc 42
Pollença 10, 79, 84, **85–88**, 89, 94
  Biblioteca Municipal 86
  El Calvario 85, 86
  Font del Gall 86
  Montesión, Jesuitenkirche 86
  Museu Municipal 86
  Nostra Senyora del Puig 85
  Nostra Senyora del Roser 86
  Nostra Senyora dels Angels 86
  Park 86
  Santo Domingo 86
Pollentia 79, 81
Porreres 59, 61–62
Port d'Alcúdia 79, 83
Port d'Andratx 105, 106
Port d'es Canonge 102, 103
Port de Pollença 83, 84
Port de Sóller 92, 94, 96, 97
Port de Valldemossa 102

Portals Nous 109
Portals Vells 107–108
Porto Pi 109
Portocolom 57–58, 71
Portocristo 70, 71, **72**, 73
Portopetro 57
Procesión de Viernes Santo 86
Pueblo Español 35–36
Puig d'Alaró 123
Puig d'Inca 119
Puig de Galatzó 113, 123
Puig de Maria 86
Puig de Sa Creu 121
Puig de Sant Martí 79
Puig del Castell d'Alaró 121, 124
Puig des Corp 74
Puig Major 10, 91, 93, 123
Puig S'Alcadena 121
Puigpunyent 111, 112
Punta Capicorp 42
Punta d'Amer 74
Punta de la Troneta 84
Punta de Na Foradada 99
Punta de Tors 43
Punta Ferranda 103
Punta Jova 105
Punta la Nao 84

R

Raixa 127
Randa 11, 30, 49, 59, 60, 61
Reserva Africana 73–74
Reserva Puig de Galatzó 112
Roter Blitz 29, 36, 93, 94, 126
Rotger, Ignasi 86

S

S'Albufera 10, 67, 68, 69, 79, 80
S'Arenal 10, 38, **39–40**
S'Arracó 105
Sa Calobra 91–92
Sa Dragonera 105–106
Sa Nau 57
Sa Pobla 64, 68–69, 80
Sa Torre Cega 77
Sagrera, Guillermo 30
Salt de la Bella Donna 90
Sanç, König 77
Sancho I., König von Aragon 13
Sand, George 14, 101, 102, 118
Sans, Graf Nuno 112
Sant Elm 105
Sant Joan 64, 65–66
Sant Pere 91
Santa Margalida 64, 67, 68
Santa Maria del Camí 115–116
Santa Ponça 107–108
Santanyí 11, 50–51
Santuari de la Consolació 51
Santuari de Monti-Sión 62
Santuari de Sant Honorat 60
Selva 69, 90–91
Sencelles 64, 69
Serra d'Alfàbia 125
Serra d'es Canyar 111–113
Serra de Alfàbia 36
Serra de la Punta 86
Serra de Llevant 76, 79
Serra de Torrellas 91, 92–93
Serra de Tramuntana 8
Serra del Norte 10, 116, 118, 121
Serra Tramuntana 84
Serra, Fra Junipero 14
Serranías de Levante 11
Ses Conis 107
Ses Païsses 76
Ses Salines 44–46
Sineu 64–66
Sóller 10, 20, 36, 90, 91, 92, **93–97**, 115, 123, 126
Sollerich 124
Son Burret 111
Son Marroig 99–101
Son Moragues 100
Son Servera 72, 73, 74
Son Veri 40, 41
Son Veri Nou 40, 41

T

Talayot Son Fred 69
Talayot-Kultur 12, 19, 64, 70, 71
Talayot-Siedlung 41, 42, 44, 75, 76, 107
Tomás, Catalina 14
Torre de Canyamel 74, 76
Torre de Pelaires 109
Torre de Ses Puntes 70
Torre del Palau 70
Torre dels Enagistes 70, 71
Torrent de Pareis 91–92
Torrent de Saluet 105, 106
Torrent de Sant Jordi 86
Torrent de Ses Talayotes 72
Torres de Tir 72, 79

V

Valldemossa 99, 101–102
Veri i Salas, Antoni de 90
Vilafranca de Bonany 62

Bildnachweis

Umschlag-Vorderseite: Blick in die Cala Deià. Foto: *Bildagentur Huber (R. Schmid)*
Umschlag-Vorderseite Reiseführer Plus: Cala Santanyí. Foto: *Bilderberg, Hamburg (Rainer Drexel)*

Titelseite
Oben: Der Aussichtspunkt Mirador de Ses Animes an der Südwestküste (Wh. von S. 103)
Mitte: Die Plaça Major von Palma de Mallorca (Wh. von S. 7)
Unten: Bei Inca – Blick auf die Berge der Tramuntana (Wh. von S. 120/121)

Gottfried Aigner, München: 12 – *Bildagentur Huber, Garmisch-Partenkirchen:* 7 (2), 8 unten, 9 oben, 10 oben (R. Schmid), 16/17 (O. Fantuz), 18/19 (Gräfenhain), 25 (R. Schmid), 28/29 (O. Fantuz), 31 (R. Schmid), 34 (Cogli), 45, 52 oben, 56 (R. Schmid), 58 (O. Fantuz), 60, 61, 63 unten, 65, 73 (R. Schmid), 76 (O. Fantuz), 78 oben, 81 oben, 82/83, 87, 100/101 (R. Schmid), 103 (Mader), 114, 123, 125, 126/127 (R. Schmid) – *laif, Köln:* 6 links (Huber), 8 oben (Zielske), 9 Mitte (Heidorn), 9 unten, 33, 40 (Huber), 42/43 (Heuer), 48 oben (Zielske), 54 (Huber), 59 (Zielske), 71 (Heuer), 72 (Amme), 77, 92 (2) (Huber), 97 (Zielske), 102 (Celentano), 110 unten, 128 oben links, 128 oben rechts (Amme), 128 Mitte, 128 unten links (Heuer), 128 unten rechts (Huber) – *LOOK, München:* 37, 44 unten, 68, 78 unten, 98, 99, 110 oben, 122, 127 unten (Jürgen Richter) – *PhotoPress, Stockdorf/München:* 4 (Bartsch), 26 (Bott), 28 unten, 32, 53, 62, 67, 74 (Hackenberg), 94/95 (Schöfmann), 95 unten (Hackenberg), 108 (Master), 118/119 (Hackenberg) – *Ullstein Bilderdienst, Berlin:* 15 (2) – *Ernst Wrba, Wiesbaden:* 10 unten, 11 (2), 13, 20, 21, 24, 27, 35, 39, 41, 44 oben, 46, 47, 50, 52 unten, 55 (2), 63 oben, 66, 75, 80, 81 unten, 82 unten, 85, 88, 89, 90, 91, 93, 96 (2), 100 unten, 104, 106, 109, 111, 112, 113, 115, 116, 117, 120/121

Leserforum

Die Meinung unserer Leserinnen und Leser ist wichtig, daher freuen wir uns von Ihnen zu hören. Wenn Ihnen dieser Reiseführer gefallen hat, wenn Sie wichtige Hinweise zu den Inhalten haben – Ergänzungs- und Verbesserungsvorschläge, Tipps und Korrekturen – dann schreiben Sie uns:

Redaktion ADAC Reiseführer
ADAC Verlag GmbH
81365 München
verlag@adac.de

Impressum

Lektorat: Dagmar Walden und Carin Pawlak
Aktualisierung: Thomas Paulsen
Karten: Mohrbach Kreative Kartographie, München
Herstellung: Martina Baur
Druck, Bindung: Passavia Druckservice, Passau

Printed in Germany

ISBN 978-3-89905-474-3
ISBN 978-3-89905-270-1

Gedruckt auf chlorfrei gebleichtem Papier

Neu bearbeitete Auflage 2007

Ägypten
Algarve
Allgäu*
Amsterdam
Andalusien*
Australien
Bali und Lombok
Baltikum
Barcelona*
Berlin*
Berlin* (english edition)
Bodensee*
Brandenburg*
Brasilien
Bretagne
Budapest*
Bulgarische Schwarzmeerküste
Burgund
Costa Brava und Costa Daurada
Côte d'Azur*
Dalmatien
Dänemark*
Deutschland, City Guide
Dominikanische Republik
Dresden*
Dubai, Vereinigte Arabische Emirate, Oman
Elsass
Emilia Romagna
Florenz
Florida
Französische Atlantikküste*
Fuerteventura*
Gardasee*
Germany, City Guide (engl.)
Golf von Neapel
Gran Canaria
Hamburg*
Harz
Hongkong und Macau
Ibiza und Formentera
Irland*
Israel
Istrien und Kvarner Golf*
Italienische Adria
Italienische Riviera
Jamaika
Kalifornien
Kanada – Der Osten
Kanada – Der Westen
Karibik
Kenia
Korfu und Ionische Inseln*
Kreta*
Kuba*
Kykladen
Lanzarote
Leipzig*
London*
Madeira
Mallorca*
Malta
Marokko
Mauritius und Rodrigues
Mecklenburg-Vorpommern*
Mexiko
München*
Neuengland
Neuseeland
New York*
Niederlande
Norwegen*
Oberbayern*
Österreich*
Paris*
Peloponnes
Piemont, Lombardei, Valle d'Aosta
Polen*
Portugal*
Prag*
Provence
Rhodos*
Rom*
Rügen, Hiddensee, Stralsund*
Salzburg*
Sardinien*
Schleswig-Holstein*
Schottland
Schwarzwald*
Schweden*
Schweiz*
Sizilien*
Spanien
St. Petersburg
Südafrika
Südengland
Südtirol*
Sylt
Teneriffa*
Tessin
Thailand
Toskana*
Tunesien
Türkei-Südküste*
Türkei-Westküste*
Umbrien
Ungarn
USA-Südstaaten
USA-Südwest
Usedom*
Venedig*
Venetien und Friaul
Wien*
Zypern

* auch als ADAC Reiseführer Plus mit CityPlan bzw. UrlaubsKarte

Steigen Sie ein in Ihre Erlebniswelt und erkunden Sie die Schönheiten und geheimen Ecken Ihrer Ferieninsel auf eigene Faust. Egal ob in einem kompakten Flitzer, sportlichem Cabrio oder praktischen Kombi - mit uns fahren Sie einfach immer gut.

Mit World of TUI Cars erleben Sie die Qualität der TUI auch beim Mieten eines Ferienflitzers.

Und das zu wirklich günstigen Preisen und mit einem Reiseführer für alle Buchungen bis zu 8 Tagen vor Reiseantritt.

Mallorca:
z.B. Ford KA mit Klimaanlage schon ab **€ 22**
(Sommer 06, Preis pro Tag bei 7-tägiger Mietdauer)

Weitere tagesaktuelle Preise und Fahrzeugtypen erfragen Sie bitte in Ihrem TUI Reisebüro, direkt bei World of TUI Cars unter 0511 567 8917 oder www.tuicars.com

World of
TUI Cars